Geschäftsmodell-Design für den internationalen Markterfolg

Dietmar Sternad · Alexander Schwarz-Musch ·
Melanie Krenn

Geschäftsmodell-Design für den internationalen Markterfolg

Dietmar Sternad
Fachhochschule Kärnten
Villach, Österreich

Alexander Schwarz-Musch
Fachhochschule Kärnten
Villach, Österreich

Melanie Krenn
Fachhochschule Kärnten
Villach, Österreich

ISBN 978-3-658-35484-8   ISBN 978-3-658-35485-5 (eBook)
https://doi.org/10.1007/978-3-658-35485-5

Die Deutsche Nationalbibliothek verzeichnet diese Publikation in der Deutschen Nationalbibliografie; detaillierte bibliografische Daten sind im Internet über http://dnb.d-nb.de abrufbar.

© Der/die Herausgeber bzw. der/die Autor(en), exklusiv lizenziert durch Springer Fachmedien Wiesbaden GmbH, ein Teil von Springer Nature 2021
Das Werk einschließlich aller seiner Teile ist urheberrechtlich geschützt. Jede Verwertung, die nicht ausdrücklich vom Urheberrechtsgesetz zugelassen ist, bedarf der vorherigen Zustimmung des Verlags. Das gilt insbesondere für Vervielfältigungen, Bearbeitungen, Übersetzungen, Mikroverfilmungen und die Einspeicherung und Verarbeitung in elektronischen Systemen.
Die Wiedergabe von allgemein beschreibenden Bezeichnungen, Marken, Unternehmensnamen etc. in diesem Werk bedeutet nicht, dass diese frei durch jedermann benutzt werden dürfen. Die Berechtigung zur Benutzung unterliegt, auch ohne gesonderten Hinweis hierzu, den Regeln des Markenrechts. Die Rechte des jeweiligen Zeicheninhabers sind zu beachten.
Der Verlag, die Autoren und die Herausgeber gehen davon aus, dass die Angaben und Informationen in diesem Werk zum Zeitpunkt der Veröffentlichung vollständig und korrekt sind. Weder der Verlag noch die Autoren oder die Herausgeber übernehmen, ausdrücklich oder implizit, Gewähr für den Inhalt des Werkes, etwaige Fehler oder Äußerungen. Der Verlag bleibt im Hinblick auf geografische Zuordnungen und Gebietsbezeichnungen in veröffentlichten Karten und Institutionsadressen neutral.

Planung/Lektorat: Susanne Kramer
Springer Gabler ist ein Imprint der eingetragenen Gesellschaft Springer Fachmedien Wiesbaden GmbH und ist ein Teil von Springer Nature.
Die Anschrift der Gesellschaft ist: Abraham-Lincoln-Str. 46, 65189 Wiesbaden, Germany

Danksagung

Die Autoren danken Ihren Familien, den Kolleg*innen an der Fachhochschule Kärnten (insbesondere Verena Fink für die professionelle Zusammenarbeit während der Manuskripterstellung), Susanne Kramer vom Verlag Springer Gabler, Joachim Völkle (WKO AußenwirtschaftsCenter Stockholm), den in diesem Buch in Fallbeispielen vorgestellten Unternehmen sowie dem Land Kärnten und der Wirtschaftskammer Kärnten für die wertvolle Unterstützung bei der Erstellung dieses Buches.

Inhaltsverzeichnis

1	**Einleitung**...	1
2	**Das Geschäftsmodell als Ausgangspunkt**...........................	5
	2.1 Was ist ein Geschäftsmodell?..................................	6
	2.2 Bestehende Ansätze zur Beschreibung eines Geschäftsmodells.........	8
	2.3 Die integrierte Geschäftsmodell-Designvorlage....................	10
	2.4 Wertversprechen und Zielkunden...............................	15
	2.5 Leistungserstellung...	20
	2.5.1 Kern- oder Schlüsselprozesse.............................	20
	2.5.2 Ressourcen und Fähigkeiten..............................	21
	2.5.3 Kooperationspartner.....................................	23
	2.6 Kundenansprache...	25
	2.6.1 Auswahl der Vertriebskanäle..............................	25
	2.6.2 Auswahl der Kommunikationskanäle........................	27
	2.6.3 Ausgestaltung der Kundenbeziehungen.......................	29
	2.7 Gewinnformel..	29
	2.7.1 Erlösströme..	30
	2.7.2 Kostenstruktur...	33
	Literatur..	40
3	**Zielmarkt-Check**..	41
	3.1 Zielmärkte auswählen..	41
	3.1.1 Strategien zur Zielmarktauswahl...........................	42
	3.1.2 Einschätzung des Marktpotenzials..........................	44
	3.1.3 Einschätzung von Marktrisiken............................	46
	3.2 Kundenbedürfnisse verstehen..................................	47
	3.2.1 Kundenbedürfnisse......................................	47
	3.2.2 Customer Insights.......................................	48
	3.2.3 Customer Insights identifizieren...........................	49
	3.2.4 Customer Insights nutzen.................................	53

3.3 Branchengeschäftsmodelle im Zielmarkt verstehen 54
    3.3.1 Die wichtigsten Mitbewerber identifizieren. 54
    3.3.2 Geschäftsmodelle der Mitbewerber verstehen 55
    3.3.3 Typische Branchenmuster erkennen 57
    3.3.4 Stärken und Schwächen bestehender Branchengeschäftsmodelle. 58
3.4 Institutionelle Rahmenbedingungen verstehen 58
    3.4.1 Formen institutioneller Rahmenbedingungen 59
    3.4.2 Institutionelle Rahmenbedingungen erfassen 60
    3.4.3 Institutionelle Rahmenbedingungen berücksichtigen 62
3.5 Das eigene Geschäftsmodell reflektieren. 64
    3.5.1 Stärken und Schwächen des eigenen Geschäftsmodells identifizieren. 66
    3.5.2 Chancen nutzen und Gefahren abwehren. 67
    3.5.3 Maßnahmen zur Weiterentwicklung des Geschäftsmodells ableiten 68
Literatur 75

4 Design – Die Entwicklung eines „idealen" Geschäftsmodells für den Zielmarkt 77
4.1 Innovative Geschäftsmodelle für den internationalen Markterfolg 79
    4.1.1 Digitale Plattform-Geschäftsmodelle. 79
    4.1.2 Lizenzierung als Geschäftsmodell 82
    4.1.3 Franchising als Geschäftsmodell 85
    4.1.4 „Everything as a Service" – Servitization als Geschäftsmodell. 87
    4.1.5 Datenbasierte Geschäftsmodelle 90
4.2 Standardisierungscheck – Welche Elemente des Geschäftsmodells sollen vereinheitlicht werden? 92
    4.2.1 Standardisierung oder Differenzierung als Grundsatzentscheidung 93
    4.2.2 Einflussfaktoren auf den optimalen Standardisierungsgrad. 93
4.3 Abstimmung zwischen Geschäftsmodell und Markteintrittsstrategie 97
    4.3.1 Markteintrittsstrategien für internationale Geschäftsmodelle 97
    4.3.2 Wahl der richtigen Markteintrittsform 103
4.4 Businessplan für das internationale Geschäft 107
    4.4.1 Elemente eines Businessplans 107
    4.4.2 Der finanzielle Teil eines Businessplans 108
Literatur 114

5 Test – Das Geschäftsmodell im Zielmarkt testen ... 117
5.1 Grundlagen des Testens von Geschäftsmodellen ... 118
    5.1.1 Warum sollten Sie Ihr Geschäftsmodell testen? ... 118
    5.1.2 Wann sollten Sie Ihr Geschäftsmodell testen? ... 119
    5.1.3 Was genau sollen Sie testen? ... 119
    5.1.4 Wie wird ein Geschäftsmodell eigentlich getestet? ... 122
5.2 Der Geschäftsmodell-Stress-Test ... 123
    5.2.1 Die beiden Dimensionen des Geschäftsmodell-Stress-Tests ... 123
    5.2.2 Große Risiken mit hoher Priorität ... 124
    5.2.3 Versteckte Risiken mit mittlerer Priorität ... 125
    5.2.4 Offensichtliche Risiken mit niedriger Priorität ... 125
    5.2.5 Akzeptable Risiken mit niedriger Priorität ... 126
5.3 Testen des Wertversprechens ... 126
    5.3.1 Testen der Kundenbedürfnisse ... 127
    5.3.2 Testen des Leistungsangebots ... 128
5.4 Testen der Kundenansprache ... 131
5.5 Testen von Leistungserstellung und Gewinnformel ... 132
    5.5.1 Ist die Leistungserstellung in der geplanten Form im Zielmarkt umsetzbar? ... 133
    5.5.2 Funktioniert die Gewinnformel im Zielmarkt? ... 134
5.6 Auswertung des Geschäftsmodell-Tests ... 135
Literatur ... 138

6 Launch – Das Geschäftsmodell erfolgreich im Zielmarkt etablieren ... 139
6.1 Umsetzung eines neuen Geschäftsmodells im Zielmarkt als professionell geplantes Projekt ... 140
    6.1.1 Planung des Umsetzungsprojektes ... 140
    6.1.2 Umsetzung des Projektplans ... 142
6.2 Mehr Flexibilität in der Umsetzung mittels OKR-System ... 144
    6.2.1 Grundlagen des OKR-Systems ... 144
    6.2.2 Flexible Anpassung bei der Umsetzung ... 146
6.3 Operative Abwicklung des Auslandsgeschäfts ... 148
    6.3.1 Auslandsgeschäfte mit Partnern ... 149
    6.3.2 Ablauf eines Exportgeschäfts ... 150
6.4 Einführung eines neuen Geschäftsmodells als Lernchance ... 154
    6.4.1 Wissen als Rohstoff für den Geschäftserfolg ... 154
    6.4.2 Aufbau von organisatorischem Wissen ... 155
    6.4.3 Durchführung eines „After-Action-Review"-Prozesses ... 157
Literatur ... 159

Einleitung

Zusammenfassung

Innovative Geschäftsmodelle können die Welt erobern – wenn sie richtig auf die Bedürfnisse internationaler Zielmärkte abgestimmt sind. Diese Einleitung gibt einen Überblick darüber, wie ein strukturierter Prozess des intelligenten Geschäftsmodell-Designs für den internationalen Markterfolg aussehen kann. Den einzelnen Phasen dieses Prozesses – der Beschreibung des Start-Geschäftsmodells als Ausgangspunkt, dem Zielmarkt-Check, dem Design eines idealen Geschäftsmodells für den Zielmarkt, dem Testen und dem „Launch" des Geschäftsmodells im Zielmarkt – widmen sich dann im Detail die folgenden Kapitel dieses Buches.

Immer öfter berichten Medien von Start-up-Unternehmen, die Erfolge auf internationalen Märkten feiern. Dahinter steckt sehr oft ein innovatives Geschäftsmodell – ein ganz neuer Ansatz, um ein bestimmtes Kundenproblem zu lösen.

Viele dieser neuen Geschäftsmodelle basieren auf Internet-Technologien. In einer Branche nach der anderen wurden durch innovative Geschäftsmodelle geschäftliche Revolutionen ausgelöst, sei es in der Buch- und Einzelhandelsbranche (Amazon), der TV- und Filmbranche (Netflix), der Reisebranche (airBnB, booking.com) oder der Transportbranche (Uber).

Auch viele bereits lang am Markt tätige Unternehmen haben die Chancen erkannt, welche sich durch ein **intelligentes Geschäftsmodell-Design** auf Auslandmärkten ergeben können. Mit Lizenz- oder Franchisingmodellen erobern sie mit relativ geringem Ressourceneinsatz neue Märkte, erzeugen mit einer Umstellung von Produktverkäufen auf Serviceangeboten neuen Kundennutzen oder erschließen sich mit innovativen Plattform-Geschäftsmodelle ganz neue Kundensegmente und Einnahmequellen.

Hinter all diesen erfolgreichen Geschäftsmodellen stehen natürlich auch kluge Köpfe, die sich ausführlich Gedanken darüber gemacht haben, wie sie mit ihrem Unternehmen am besten Mehrwert für ihre Kunden im In- und Ausland schaffen. Dabei können sich Kundenbedürfnisse in verschiedenen Ländern sehr stark voneinander unterscheiden. Auch institutionelle Rahmenbedingungen oder Marktstrukturen können von Land zu Land ganz verschieden ausgeprägt sein. Aus diesem Grund ist es auch möglich, dass ein Geschäftsmodell, welches in einem Markt ganz hervorragend funktioniert, in einem anderen Land gar nicht ins Laufen kommt.

Geschäftlicher Erfolg entsteht dort, wo es einen guten **„Fit" zwischen Geschäftsmodell und Markt** gibt – wo also die einzelnen Elemente des Geschäftsmodells gut auf die Bedürfnisse und Gegebenheiten des jeweiligen Marktes abgestimmt sind.

Dieses Buch soll Ihnen dabei helfen, **ein Geschäftsmodell für Ihr Unternehmen zu designen, das die Erfolgschancen auf Auslandsmärkten maximiert** – unabhängig davon, ob Sie mit einem ganz neuen Geschäftsmodell an den Start gehen oder ihr bestehendes Geschäftsmodell weiterentwickeln wollen.

In unserer Forschungsarbeit haben wir in verschiedenen Ländern eine Reihe von Unternehmen untersucht, die mit besonders innovativen Geschäftsmodelle sehr erfolgreich neue Märkte erschlossen haben. Die Erkenntnisse aus dieser Forschungsarbeit ist in dieses Buch mit eingeflossen. Sie werden in den einzelnen Kapiteln immer wieder auch Beispiele von diesen auf Auslandsmärkten besonders erfolgreichen Unternehmen finden.

Das Buch folgt dabei einem strukturierten **Prozessmodell für das Geschäftsmodell-Design** (siehe Abb. 1.1). Anhand dieses Prozessmodells können Sie selbst gemeinsam mit Ihrem Team (oder wenn Sie beratend tätig sind gemeinsam mit Ihren Klienten) das Geschäftsmodell bestmöglich für den internationalen Markterfolg (weiter-)entwickeln.

Der Ausgangspunkt ist eine möglichst klare **Beschreibung Ihres „Start-Geschäftsmodells"**. Dabei kann es sich um ein bestehendes und am Heimatmarkt bereits erprobtes Geschäftsmodell handeln, alternativ dazu aber auch um eine ganz neue und innovative Geschäftsidee. In Kap. 2 erfahren Sie, wie sich ein Geschäftsmodell gut erfassen und

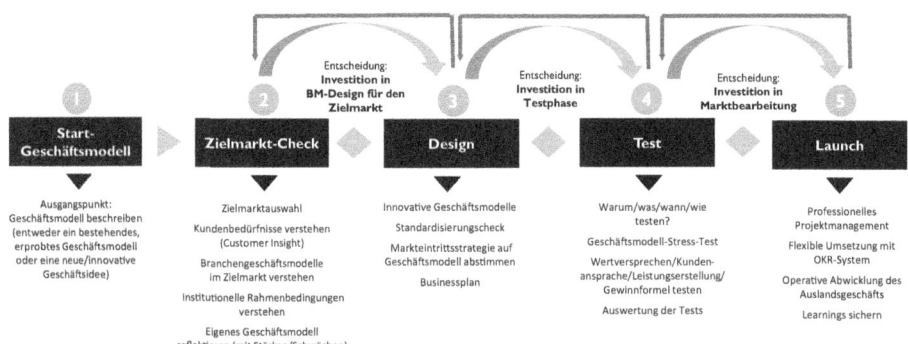

Abb. 1.1 Prozess des Geschäftsmodell-Designs für den internationalen Markterfolg

beschreiben lässt. Haben Sie Ihr Geschäftsmodell durch ein strukturiertes „Durch-Denken" und durch eine klare Beschreibung einmal „fassbar" gemacht, dann können Sie es auch zielgerichtet weiterentwickeln, damit es optimal auf den Zielmarkt angepasst wird.

Welcher Zielmarkt der richtige für Ihr Geschäftsmodell ist, wird in Schritt 2 des Design-Prozesses erarbeitet. Beim **„Zielmarkt-Check"** (Kap. 3) geht es darum, die Märkte mit den attraktivsten Rahmenbedingungen für die eigenen Leistungsangebote zu identifizieren. Dabei spielen lokale Kundenbedürfnisse ebenso eine wesentliche Rolle wie die Wettbewerbssituation und institutionelle Rahmenbedingungen. In weiterer Folge ist dann auch zu überprüfen, welche Voraussetzungen ein Geschäftsmodell erfüllen muss, um auf diesen Zielmärkten erfolgreich tätig werden zu können.

Der Zielmarkt-Check sollte auch dabei helfen, eine Entscheidung darüber zu treffen, ob weiter Zeit und Ressourcen in das Geschäftsmodell-Design gesteckt werden sollen oder nicht. Dies wird im Wesentlichen davon abhängen, ob potenziell attraktive Zielmärkte identifiziert werden können, in denen es gute Chancen für Ihre Geschäftsidee gibt.

Wenn diese Entscheidung positiv ausfällt, geht es im nächsten Schritt um das **Design eines „idealen" Geschäftsmodells** für die angepeilten Zielmärkte. Kap. 4 bietet dazu zunächst einen Überblick über eine Reihe von Geschäftsmodellen, die für die internationale Geschäftstätigkeit besonders geeignet sind, wie zum Beispiel digitale Plattform-Geschäftsmodelle, Lizenzierungs- und Franchising-Modelle, „Servitization"-Modelle und datenbasierte Geschäftsmodelle. Im Rahmen eines sogenannten „Standardisierungs-Checks" lässt sich dann auch feststellen, welche Elemente des Geschäftsmodells grenzüberschreitend standardisiert und welche lokal angepasst werden sollten. Auch die Markteintrittsstrategie sollte gut auf das Geschäftsmodell-Design abgestimmt sein, bevor das Geschäftsmodell im Rahmen eines Businessplans auch „in Zahlen gegossen" werden kann.

Je nachdem, wie sich der Businessplan rechnet, wird die Entscheidung getroffen, ob in die nächste Phase – die **Testphase** – investiert werden soll.

Ein **Testen des Geschäftsmodells** im Zielmarkt kann dabei helfen, Risiken zu reduzieren bevor Sie mit großem Ressourceneinsatz am Markt einsteigen. In Kap. 5 stellen wir verschiedene Teststrategien vor, unter anderem auch einen „Geschäftsmodell-Stress-Test", mit dem Sie die Praxistauglichkeit des Geschäftsmodells überprüfen können.

Auf Basis der Testergebnisse ist dann die endgültige Entscheidung darüber fällig, ob in den Zielmarkt investiert werden soll. Sind die Tests positiv verlaufen, wird in den meisten Fällen einem „Ausrollen" des Geschäftsmodells im Zielmarkt nichts mehr im Wege stehen.

Im abschließenden Kap. 6 erfahren Sie, wie Sie den **„Launch"** (die Markteinführung) Ihres Geschäftsmodells zielgerichtet planen und umsetzen, gleichzeitig aber auch flexibel bleiben, um sich auf geänderte Marktbedingungen anpassen zu können.

Wenn Sie das gesamte Prozessmodell anwenden, können Sie in einer sehr strukturierten Art und Weise Ihr Geschäftsmodell für attraktive Auslandsmärkte optimieren. Der Prozess muss dabei nicht notwendigerweise linear ablaufen. Oft wird man auch einen Schritt zurück machen. Ergibt sich zum Beispiel in der Testphase, dass das Geschäftsmodell noch nicht ideal auf den Markt abgestimmt ist, wird man sich noch einmal ausführlicher mit dem Geschäftsmodell-Design beschäftigen müssen. Und auch während der Launch-Phase wird man vielleicht noch den ein oder anderen Test vornehmen, um das Geschäftsmodell bestmöglich an die jeweiligen Marktverhältnisse anzupassen.

Sie müssen daher dieses Buch auch nicht unbedingt „linear" Kapitel für Kapitel durcharbeiten. Es kann Ihnen auch als Nachschlagewerk dienen, wenn Sie vor bestimmten Aufgabenstellungen stehen – z. B. einen geeigneten Zielmarkt für Ihr neues Geschäftsmodell auszuwählen (siehe Kap. 2) oder sich zu überlegen, wie sie ein bestehendes oder neues Geschäftsmodell am besten in einem neuen Zielmarkt testen können (siehe Kap. 5).

Zur Unterstützung der praktischen Umsetzung finden Sie am Ende jedes Kapitels auch noch eine Reihe von **Tools,** die Sie ganz konkret für Ihr eigenes Geschäftsmodell-Design- und Implementierungsvorhaben einsetzen können.

Wir hoffen, Ihnen damit einen umfangreichen Werkzeugkasten zur Verfügung zu stellen, den Sie für die (Weiter-)Entwicklung und Optimierung des Geschäftsmodells Ihres Unternehmens (bzw. der von Ihnen beratenen Unternehmen) nutzen werden können, und wünschen Ihnen viel Erfolg in internationalen Märkten!

2. Das Geschäftsmodell als Ausgangspunkt

> **Zusammenfassung**
>
> Ein Geschäftsmodell kann dabei helfen, besser zu verstehen, wie ein Unternehmen Wert für seine Kunden schafft und damit auch Gewinne erzielt. Wenn Sie ein für internationale Märkte gut geeignetes Geschäftsmodell entwickeln wollen, müssen Sie Ihr bestehendes oder geplantes Geschäftsmodell zunächst einmal verständlich beschreiben, um es für eine bewusste Optimierung „fassbar" zu machen. Dazu stellen wir in diesem Kapitel neben einer klaren Definition des Begriffes „Geschäftsmodell" und einer kurzen Übersicht über bekannte und bestehende Ansätze zur Beschreibung von Geschäftsmodellen eine Geschäftsmodell-Designvorlage vor, mit der vor allem auch Geschäftsmodelle international tätiger Unternehmen gut abgebildet werden können. Um ein Geschäftsmodell zu verstehen, sollten Sie folgende vier Fragen klar beantworten können: „Welchen Wert schaffen wir für welche Kunden?", „Was brauchen wir zur Leistungserstellung?", „Wie erreichen wir unsere Kunden?" und „Wie erzielen wir Gewinne?". Die Geschäftsmodell-Designvorlage und die dazugehörigen Instrumente bilden eine solide Basis zur Beantwortung dieser Fragen und damit auch für die Weiterentwicklung des Geschäftsmodells mit dem Ziel, Ihr Unternehmen zum internationalen Markterfolg zu führen.

Um ein „ideales" Geschäftsmodell für die internationale Geschäftstätigkeit zu entwickeln, braucht es als Ausgangspunkt eine Beschreibung des bestehenden Geschäftsmodells oder – falls es sich um eine innovative neue Geschäftsidee handelt – der wesentlichen Eckpunkte des geplanten neuen Geschäftsmodells. Die in diesem Kapitel vorgestellten Konzepte und Instrumente sollen dabei helfen, dieses „Ausgangsbild" des Geschäftsmodells Ihres Unternehmens zu entwerfen, welches Sie dann in weiterer

Folge als Basis für die weitere Optimierung des Geschäftsmodell-Designs für den internationalen Markterfolg verwenden können.

Bevor wir uns im Detail ansehen, welche Methoden dabei helfen können, Geschäftsmodelle verständlich abzubilden und zu erfassen, wollen wir aber zunächst einmal klären, was wir unter dem Begriff „Geschäftsmodell" eigentlich verstehen.

2.1 Was ist ein Geschäftsmodell?

Der Begriff **„Geschäftsmodell"** (*engl.* **„business model"**) wird seit Ende der 1990er- und Anfang der 2000er-Jahre immer häufiger verwendet. Befeuert wurde das Interesse an Geschäftsmodellen durch neue Formen der Geschäftstätigkeit, die sich durch und über das Internet entwickelt haben, und dem damit verbundenen Wunsch, diese zu beschreiben und im Detail verstehen zu können.

Was verstehen wir aber jetzt genau darunter, wenn wir von einem „Geschäftsmodell" sprechen? Die Meinungen gehen hierzu weit auseinander und die Anzahl von **Definitionen** ist mittlerweile unüberschaubar. Die Autoren Alexander Osterwalder und Yves Pigneur (2011), die unter dem Titel *Business Model Generation* eines der erfolgreichsten Bücher zum Thema Entwicklung von Geschäftsmodellen geschrieben haben, schlagen folgende Definition vor: „Ein Geschäftsmodell beschreibt das Grundprinzip, nach dem eine Organisation Werte schafft, vermittelt und erfasst" (S. 18). Im Gabler Wirtschaftslexikon lesen wir von einer „modellhaften Repräsentation der logischen Zusammenhänge, wie eine Organisation bzw. [ein] Unternehmen Mehrwert für Kunden erzeugt und einen Ertrag für die Organisation sichern kann" (Grösser 2020). Harvard-Professor Clayton Christensen und zwei seiner Autorenkollegen wiederum formulieren es folgendermaßen: „Ein Geschäftsmodell besteht aus ineinandergreifenden Elementen, die zusammengenommen Wert schaffen und Wert liefern" (Johnson et al. 2008, S. 52).

Der gemeinsame Nenner all dieser Definitionen ist, dass es sich bei einem Geschäftsmodell um eine Beschreibung davon handelt, **wie ein Unternehmen für seine Kunden Wert schafft** und wie es dem Unternehmen in Folge gelingt, einen Teil dieses (Mehr-) Wertes für sich selbst (in Form von Erträgen bzw. Gewinnen) zu behalten. Allerdings bleibt zu klären, was mit „Grundprinzip", einer „modellhafte(n) Repräsentation der logischen Zusammenhänge" oder „ineinandergreifenden Elementen" gemeint ist. Im Unterschied zu diesen abstrakten Formulierungen werden der St.Galler Managementprofessor Oliver Gassmann (einer der führenden Proponenten des Geschäftsmodell-Gedankens im deutschen Sprachraum) und seine Kollegen schon etwas konkreter – für sie beschreibt ein Geschäftsmodell „*wer* die Kunden sind, *was* verkauft wird, *wie* man es herstellt und wie man einen *Ertrag* realisiert" (Gassmann et al. 2017, S. 356).

Im Wesentlichen geht es bei diesen vier Fragen um grundlegende **Entscheidungen** darüber, wie man mit einem Unternehmen Wert schaffen will.

Manchmal wird das Geschäftsmodell eines Unternehmens mit der **Unternehmensstrategie** verwechselt. Das mag daran liegen, dass Strategien wie auch Geschäftsmodelle auf Entscheidungen basieren. Während es bei der Strategieentwicklung aber vorrangig um Entscheidungen über langfristige Unternehmensziele („*Wohin wollen wir?*") und Initiativen zu deren Erreichung („*Wie kommen wir dorthin?*") geht (Sternad 2015), stehen bei einem Geschäftsmodell Entscheidungen über das **Wertversprechen** und die **Kundengruppen** („*Welchen Wert schaffen wir für welche Kunden?*"), die **Leistungserstellung** („*Was brauchen wir zur Leistungserstellung?*") und die **Art und Weise, wie das Unternehmen Gewinne erwirtschaftet** („*Wie erzielen wir Gewinne?*") im Vordergrund.

Hier kann es natürlich auch zu Überschneidungen kommen, zum Beispiel, wenn Entscheidungen darüber, welche Initiativen zur Erreichung der Unternehmensziele angestoßen werden sollen, gleichzeitig auch Entscheidungen darüber sind, welche Kundengruppen in Zukunft verstärkt mit dem Leistungsangebot des Unternehmens angesprochen werden sollen. Das bedeutet allerdings nicht, dass ein Geschäftsmodell gleichzeitig bereits eine Strategie ist (es fehlen ja die strategischen Zielsetzungen). Umgekehrt stellt eine Strategie auch noch kein Geschäftsmodell dar (da strategische Richtungsentscheidungen nicht notwendigerweise alle Elemente eines Geschäftsmodells umfassen).

Neben den bisher besprochenen Kernelementen eines Geschäftsmodells – Wertversprechen, Zielkunden, Leistungserstellung und „Gewinnformel" (oder Kosten- und Erlösmodell) – kommt in vielen Beschreibungen von Geschäftsmodellen noch ein weiterer wichtiger Faktor vor, nämlich Entscheidungen darüber, wie man eigentlich **seine Kunden erreichen** kann. Die Kunden müssen vom Wertangebot erfahren und davon überzeugt werden, sonst wird das Unternehmen weder Erlöse noch Gewinne erwirtschaften können. Im sogenannten „Business Model Canvas", dem bekannten Rahmenmodell von Osterwalder und Pigneur (2011) zur Beschreibung von Geschäftsmodellen, spielen deshalb auch **Kundenbeziehungen** und **(Vertriebs-) Kanäle** eine wesentliche Rolle. Solange Sie nicht wissen, wie Sie Ihre Kunden erreichen können, wird Ihr Geschäftsmodell – so gut es auch in den anderen Bereichen erdacht wurde – nicht funktionieren.

Zusammengefasst können wir jetzt klar definieren, worum es in diesem Buch geht, wenn wir über ein „Geschäftsmodell" sprechen.

▶ **Definition Geschäftsmodell** „*Ein Geschäftsmodell ist eine Beschreibung der wesentlichen Entscheidungen, die in einem Unternehmen darüber getroffen werden, (a) welcher Wert für welche Kunden geschaffen wird, (b) wie die Leistung für die Kunden erstellt wird, (c) wie die Kunden erreicht werden und (d) wie das Unternehmen durch den geschaffenen Mehrwert Gewinne erzielt.*"

Nachdem wir nun ein gemeinsames Verständnis davon haben, was man unter dem Begriff „Geschäftsmodell" versteht, können wir in einem nächsten Schritt einen näheren Blick darauf werfen, welche Bausteine man benötigt, um ein bestehendes Geschäftsmodell oder ein auf einer innovativen Geschäftsidee aufbauendes neues Geschäftsmodell klar beschreiben zu können.

2.2 Bestehende Ansätze zur Beschreibung eines Geschäftsmodells

Es gibt verschiedene Modelle, die dabei helfen, ein Geschäftsmodell zu verstehen. Ein wesentlicher Vorteil dieser Modelle ist, dass sie dazu beitragen können, dass im Unternehmensteam, aber auch im Austausch mit Investoren und Kooperationspartnern, ein gemeinsames Verständnis über das Geschäftsmodell entwickelt werden kann. Damit schafft man auch eine gute Basis, um mit anderen konkret darüber diskutieren zu können, wie man das bestehende oder geplante Geschäftsmodell für internationale Märkte gemeinsam weiterentwickeln kann.

Breite Bekanntheit hat in diesem Zusammenhang vor allem das bereits erwähnte **„Business Model Canvas"**-Modell erlangt. Das Wort „canvas" kommt aus dem Englischen und bedeutet „Leinwand". Es wurde gewählt, weil eine wesentliche Idee des Modells darin besteht, auf einem Bildschirm, einem großen Blatt Papier oder einem Poster quasi wie auf einer Leinwand alle wichtigen Elemente eines Geschäftsmodells zu beschreiben und damit „auf einen Blick" sichtbar zu machen.

Konkret besteht das „Canvas"-Modell aus neun Feldern oder „Bausteinen" (Osterwalder und Pigneur 2011):

1. *Kundensegmente:* Wer sind die Kunden, für die das Unternehmen Wert schafft?
2. *Wertangebote:* Mit welchen Produkten bzw. Dienstleistungen schafft das Unternehmen Wert für die Kunden?
3. *Kanäle:* Über welche Vertriebs- und Kommunikationskanäle erreicht das Unternehmen seine Kunden?
4. *Kundenbeziehungen:* Wie wird die Beziehung zu den Kunden ausgestaltet bzw. was erwarten die Kunden in dieser Hinsicht vom Unternehmen (wünschen sie z. B. persönliche Unterstützung oder läuft die Kundenbeziehung ausschließlich über Selbstbedienung)?
5. *Einnahmequellen:* Auf welche Art und Weise kommen die Einnahmen des Unternehmens zustande (z. B. mit dem einmaligen Verkauf von Produkten, durch Lizenzgebühren und Provisionen oder über ein Abo-Modell)?
6. *Schlüsselressourcen:* Welche Ressourcen (Kapital, Know-How, Mitarbeiter, physische Güter, Software etc.) braucht das Unternehmen, um seine Leistung für die Kunden erstellen zu können?
7. *Schlüsselaktivitäten:* Welche konkreten Handlungen muss das Unternehmen setzen, um sein Geschäft erfolgreich betreiben zu können?
8. *Schlüsselpartnerschaften:* Welche externen Partner werden für das Funktionieren des Geschäftsmodells benötigt und wie läuft die Zusammenarbeit mit den Partnern?
9. *Kostenstrukturr:* Was sind die wichtigsten Kostenpositionen, die anfallen, wenn das Geschäftsmodell umgesetzt wird?

Durch die Beantwortung dieser Fragen lässt sich ein ganz gutes Bild über ein Geschäftsmodell entwickeln. Allerdings stellen Gassmann und seine Kollegen (2017) fest, dass es in der Praxis oft schwierig sein kann, so ein doch recht umfangreiches Modell anzuwenden – vor allem dann, wenn es darum geht, die wesentlichen Aspekte eines Geschäftsmodells gemeinsam mit anderen zu diskutieren. Sie schlagen daher ein vereinfachtes Modell vor, das ihrer Meinung nach „in Workshops und Diskussionen zielführender als komplexe Canvas-Strukturen" ist, „da fokussierter diskutiert wird" (S. 6). Dieses „vereinfachte" **St.Galler Modell** sieht nur vier Dimensionen eines Geschäftsmodells vor (Gassmann et al. 2017):

1. *Kunde ("Wer?"):* Für wen erbringt das Unternehmen Leistungen?
2. *Nutzenversprechen ("Was?"):* Was genau bietet das Unternehmen seinen Kunden an?
3. *Wertschöpfungskette ("Wie?"):* Wie wird die Leistung hergestellt?
4. *Ertragsmechanik ("Wert"):* Wie erzielt das Unternehmen mit der Leistungserbringung Wert (bzw. Gewinn)?

Gassmann und seine Kollegen sprechen dann von einer **„Geschäftsmodellinnovation"**, wenn mindestens zwei dieser vier Elemente verändert werden. Wenn man hier zum Beispiel das Geschäftsmodell des Personenbeförderungs-Vermittlungsunternehmens Uber mit dem klassischen Geschäftsmodell eines Taxiunternehmens vergleicht, so sprechen zwar beide dieselbe Kundengruppe an (Menschen, die von A nach B fahren wollen) und geben auch dasselbe Nutzenversprechen („Mit uns kommst Du einfach und schnell von A nach B!"), die Wertschöpfungskette ist aber eine ganz andere (Uber besitzt keine eigene Taxiflotte) und auch die Ertragsmechanik weist wesentliche Unterschiede auf (Uber bekommt einen bestimmten Prozentsatz als Provision von den Fahrern). Demnach handelt es sich hier also – bei wesentlichen Änderungen von zwei der vier Dimensionen des Geschäftsmodells – um eine „Geschäftsmodellinnovation".

Das Beispiel zeigt aber auch, dass (unabhängig davon, dass Uber mittlerweile sein Geschäft auch noch mit ganz anderen Leistungen – vor allem Liefer- und Zustellservices – macht) mit der reinen Anwendung der vier Geschäftsmodell-Dimensionen Vieles noch im Unklaren bleibt darüber, wie das Geschäftsmodell von Uber wirklich funktioniert. Wie gewinnt Uber neue Kunden? Wie sind die wichtigsten Geschäftsprozesse ausgestaltet? Mit welchen Partnern arbeitet man in welcher Form zusammen? Diese Fragen werden im St.Galler Modell nicht explizit adressiert.

Während also das „Business Model Canvas" mit seinen neun Bausteinen von manchen für seine Komplexität kritisiert wird, stellt das St.Galler „Wer-Was-Wie-Wert?"-Modell einen Teil der Zusammenhänge und Erfolgsfaktoren in einem Geschäftsmodell nur sehr vereinfacht dar. Zudem fehlt in beiden Modellen ein für die internationale Geschäftstätigkeit ganz wesentlicher Aspekt, nämlich in welchen **geografischen Zielmärkten** ein Unternehmen sein Geschäftsmodell implementiert.

Ein weiterer Aspekt, der für viele Unternehmen ein wichtiges Unterscheidungs- oder sogar Alleinstellungsmerkmal ihres Geschäftsmodells darstellt, bleibt in den bisher beschriebenen Modellen unerwähnt – die „**Customer Experience**". Diese umfasst das ganzheitliche Kundenerlebnis, welches zu einer emotionalen Bindung zum Unternehmen führen kann (siehe dazu auch Abschn. 2.3). Gerade das subjektive Erleben der Kunden kann in verschiedenen Ländern und Kulturen ganz unterschiedlich ausgeprägt sein, sodass dies auf internationalen Märkten einen entscheidenden Faktor für den Erfolg oder Misserfolg eines Unternehmens darstellen kann. Eine Beschreibung eines Geschäftsmodells, das für die internationale Geschäftstätigkeit optimiert werden soll, müsste also idealerweise die Customer Experience auch explizit beinhalten.

Im Folgenden wollen wir deshalb ein neues Modell zur Beschreibung von Geschäftsmodellen vorstellen, das Klarheit und Einfachheit weniger „Dimensionen" mit der Möglichkeit zu einer tieferen Analyse der wesentlichen Bestandteile eines Geschäftsmodells verbindet, und dabei außerdem für die internationale Geschäftstätigkeit besonders wichtigen Faktoren – wie eben z. B. geografische Zielmärkte und Customer Experience – berücksichtigt.

2.3 Die integrierte Geschäftsmodell-Designvorlage

Als Ausgangspunkt für das Design eines für die Bearbeitung von internationalen Zielmärkten „idealen" Geschäftsmodells schlagen wir die in Abb. 2.1 dargestellte **integrierte Geschäftsmodell-Designvorlage** vor.

Die integrierte Geschäftsmodell-Designvorlage bietet folgende **Vorteile**:

a) Die Designvorlage integriert die wesentlichen Bestandteile der am häufigsten verwendeten Ansätze zur Beschreibung von Geschäftsmodellen.
b) Sie verbindet die Einfachheit von vier Kernfragen, die man für die Entwicklung eines Geschäftsmodell zu beantworten hat, mit der Möglichkeit, in einzelnen Themenfeldern stärker in die Tiefe zu gehen, um spezifische Differenzierungsmerkmale zu anderen Geschäftsmodellen klar herausarbeiten zu können.
c) Anders als die bestehenden Modelle macht sie die internationale Ausrichtung ebenso explizit sichtbar wie die Faktoren Customer Experience und Kundenansprache, die in der internationalen Geschäftstätigkeit zielmarktspezifisch unterschiedlich ausgestaltet werden können.

Wie bereits erwähnt, geht es bei der Darstellung und/oder Entwicklung eines Geschäftsmodells um folgende vier Kernfragen:

Frage 1: Welchen Wert schaffen wir für welche Kunden? (Wertversprechen und Zielkunden)
Das ist der eigentliche Kern des Geschäftsmodells – der Grund, warum das Unternehmen existiert. Hier sollten zunächst die **Zielkunden** genau beschrieben werden. Es ist für jedes Unternehmen wichtig, seine **Kundensegmente** klar zu definieren, also jene

2.3 Die integrierte Geschäftsmodell-Designvorlage

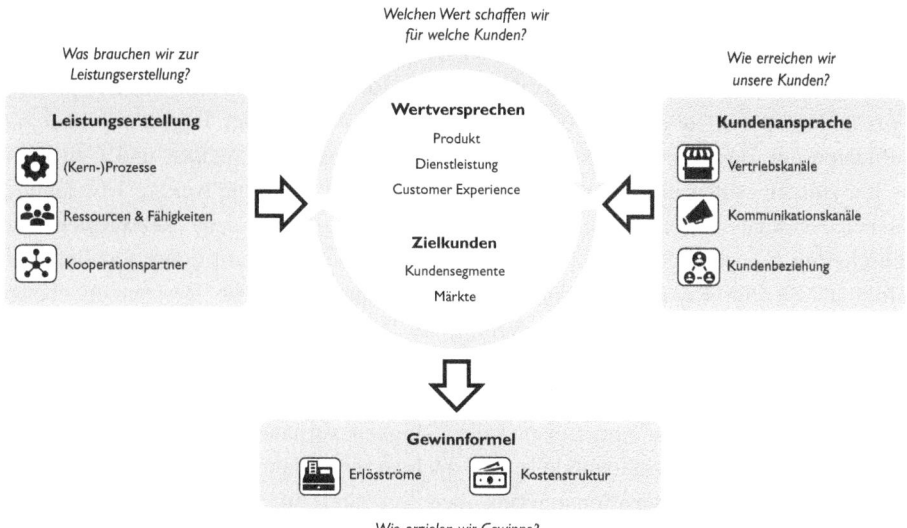

Abb. 2.1 Die integrierte Geschäftsmodell-Designvorlage

Teile des Gesamtmarktes, die es mit seinen Leistungen ansprechen will. Für die internationale Geschäftstätigkeit sollte man zudem eine klare Vorstellung von den (**geografischen**) **Zielmärkten** haben. In welchen Ländern sollen Kunden angesprochen und die Leistungen des Unternehmens angeboten werden? Der nächste wesentliche Schritt zum Verständnis eines Geschäftsmodells ist eine möglichst genaue Beschreibung des **Wertversprechens.** Darunter versteht man die Leistungen des Unternehmens, die für die Kunden einen Mehrwert darstellen und für die sie dann auch bereit sind, entsprechend zu bezahlen. Das Wertversprechen setzt sich aus drei Komponenten zusammen: (a) dem physischen **Produkt** (sofern es sich nicht um ein reines Dienstleistungsangebot handelt), (b) den **Dienstleistungen** des Unternehmens (dazu zählen auch erweiterte Services rund um ein physisches Produkt wie zum Beispiel Montage oder Wartung) und (c) der **Customer Experience** – allen emotional erlebten Erfahrungen, die ein Kunde mit dem Unternehmen macht. Manchmal wird man bei der Entwicklung eines Geschäftsmodells mit den Bedürfnissen einer bestimmten Kundengruppe beginnen, manchmal mit einer konkreten Idee für ein neues Produkt, eine Dienstleistung oder ein besonderes Kundenerlebnis. In jedem Fall ist es für ein funktionierendes Geschäftsmodell wichtig, dass Zielkunden und Wertversprechen gut zueinander passen (in Abb. 2.1 durch die beiden im Kreis zeigenden Pfeile schematisch dargestellt).

Frage 2: Was brauchen wir zur Leistungserstellung? (Leistungserstellung)

Drei Faktoren haben für die Leistungserstellung besondere Bedeutung: (a) die Kernprozesse der Leistungserstellung, (b) Ressourcen und Fähigkeiten, die zur Leistungserstellung notwendig sind, und (c) externe Kooperationspartner, mit denen man im

Rahmen der Leistungserstellung zusammenarbeitet. Unter dem Begriff **Kernprozesse** versteht man alle wesentlichen Aktivitäten und Abläufe, mit denen ein Unternehmen seine Leistungen für die Kunden erbringt. Für ein Restaurant sind das zum Beispiel der Prozess der Speisenzubereitung oder der Serviceprozess von der Begrüßung über die Aufnahme der Bestellung, dem Servieren und Abräumen der Speisen und Getränken bis hin zum Bezahlen und Verabschieden. Daraus ergibt sich eine weitere Überlegung, die bei der Analyse der Leistungserstellung notwendig ist: Welche **Ressourcen und Fähigkeiten** brauchen Sie, um die Kernprozesse effizient und mit hoher Qualität auszuführen? Zu den Ressourcen zählen finanzielle und personelle Ressourcen ebenso wie Know-How oder entsprechende Netzwerke. Darüber hinaus müssen Unternehmen über verschiedenste Fähigkeiten verfügen, die für die erfolgreiche Umsetzung eines bestimmten Geschäftsmodells gebraucht werden (für ein erfolgreiches Geschäftsmodell in der Gastronomie sollte zum Beispiel die Fähigkeit vorhanden sein, ein gutes Essen zuzubereiten). Viele Geschäftsmodelle sind auch so ausgestaltet, dass an der Leistungserstellung externe **Kooperationspartner** beteiligt sind. Im internationalen Geschäft könnten das zum Beispiel Outsourcing-Partner in anderen Ländern oder Distributionspartner in den Zielmärkten sein. In der Beschreibung des Geschäftsmodells sollten Sie daher auch berücksichtigen, welche Partner Ihr Unternehmen benötigt und welchen Beitrag diese für die Leistungserstellung erbringen.

Frage 3: Wie erreichen wir unsere Kunden? (Kundenansprache)
Damit Sie Ihr Geschäftsmodell erfolgreich auf internationalen Märkten um- und durchsetzen können, müssen Sie in der Lage sein, Ihre Zielkunden in den verschiedenen Märkten mit Ihren Leistungen tatsächlich zu erreichen. Zunächst sollten Sie daher entsprechende **Vertriebskanäle** aufbauen, über welche die Kunden die Leistung beziehen können. Hier gibt es verschiedenste Möglichkeiten, vom Direktvertrieb vor Ort über die Zusammenarbeit mit lokalen Distributionspartnern bis hin zum Vertrieb über digitale Plattformen oder eigene Webshops. Sind die grundsätzlichen Vertriebsstrukturen einmal aufgebaut, geht es darum, potenzielle Kunden über das eigene Angebot zu informieren und sie dafür zu begeistern. Dafür bedarf es entsprechender **Kommunikationskanäle.** Vielfältige Möglichkeiten, die Kommunikation mit Kunden zu organisieren reichen von klassischer Werbung in verschiedenen Medien über die Nutzung von Social Media und anderen internetbasierten Kommunikationskanälen bis hin zur direkten persönlichen Ansprache von Kunden. Um effektive Kommunikationsstrukturen aufzubauen, sollten Sie bei der internationalen Geschäftstätigkeit Faktoren wie unterschiedliche Landessprachen oder Zeitzonen berücksichtigen. Schließlich unterscheiden sich Geschäftsmodelle auch noch darin, in welcher Form man eine **Kundenbeziehung** aufbaut und pflegt. Manche Unternehmen setzen hier auf persönliche Ansprechpartner für ihre Kunden, andere auf Support-Hotlines oder ein reines „Self-Service-Angebot", zum Beispiel über das Internet. In Abschn. 2.5 werden die verschiedenen Varianten der Kundenansprache und deren Vor- und Nachteile ausführlich diskutiert.

2.3 Die integrierte Geschäftsmodell-Designvorlage

Frage 4: Wie erzielen wir Gewinne? (Gewinnformel)
Beim Geschäftsmodell geht es natürlich – der Name verrät es schon – auch darum: ein Geschäft zu machen, also Gewinne für das eigene Unternehmen zu erzielen. Dazu benötigen Sie natürlich Einnahmen, die aus verschiedenen **Erlösströmen** kommen können. Ein klassischer Erlösstrom ist der einmalige Verkauf eines Produktes oder einer Dienstleistung. Allerdings können Sie auch andere Varianten in Betracht ziehen, wie Sie sich Ihre Leistungen von den Kunden bezahlen lassen können, von Abo-Modellen (also der Bezahlung für eine bestimmte Zeit, in der eine Leistung genutzt werden kann) bis zu Erfolgsmodellen (also der Bezahlung dann, wenn durch eine Leistung ein bestimmter Erfolg eingetreten ist). Eine Übersicht über verschiedene Erlösmodelle bietet Abschn. 2.6.1 in diesem Kapitel. Da der Gewinn nicht nur von den Erlösen, sondern auch von den anfallenden Kosten abhängt, sollten Sie auch die **Kostenstruktur** Ihres Unternehmens eingehend betrachten. Hier geht es einerseits darum, die wichtigsten Kostenblöcke und die Faktoren, welche diese stark beeinflussen, zu identifizieren. Andererseits bestehen auch in diesem Fall verschiedene Varianten, wie Kosten anfallen können, zum Beispiel als Einmalkosten (Investition) oder als laufende Kosten (z. B. wenn Lizenzgebühren zu zahlen sind). Das Geschäftsmodell kann auch darauf aufgebaut sein, durch hohe Produktionszahlen möglichst geringe Stückkosten zu erzielen („Economies of scale"). Um die **„Gewinnformel"** (*engl.* „profit formula") zu entwickeln (Johnson et al. 2008), müssen Sie daher sowohl die Erlös- als auch die Kostenseite in Ihrem Unternehmen sowie den Zusammenhang zwischen beiden Seiten verstehen.

In den folgenden Abschnitten dieses Kapitels werden wir im Detail beschreiben, wie Sie die vier oben vorgestellten Kernfragen zur Geschäftsmodellbeschreibung beantworten können, um das Ausgangs-Geschäftsmodell Ihres Unternehmens möglichst gut verstehen zu können. Damit legen Sie eine gute Basis für die Weiterentwicklung des Geschäftsmodells für den internationalen Markterfolg.

Fallbeispiel Elite SA

Das Schweizer Unternehmen Elite SA blickt auf eine lange Unternehmenshistorie zurück. Seit 1895 legt Elite Wert darauf, Kunden einen guten und gesunden Schlaf zu ermöglichen. Traditionell produziert und vertreibt Elite qualitativ hochwertige Matratzen in der Schweiz. Um den Absatzmarkt auch außerhalb des begrenzten Heimatmarktes anzukurbeln, insbesondere für die Zielgruppe der Hotels, hat Elite das „Smart Lease" Geschäftsmodell entwickelt.

Lassen Sie uns im Folgenden gemeinsam ansehen, wie es dem Unternehmen mit dem neuen Geschäftsmodell gelingt, mehr Matratzen an Hotelbetriebe im Ausland zu vertreiben.

Frage 1: Welchen Wert schafft Elite für welche Kunden? (Wertversprechen und Zielkunden)
„Smart Lease" eröffnet Hotels die Möglichkeit, hochwertige Matratzen über eine vertraglich geregelte Laufzeit zu leasen und in Abhängigkeit von der tatsächlichen

Nutzung zu bezahlen. Die besondere Hochwertigkeit der Matratzen ermöglicht es den Hoteliers, mit dem Wertversprechen höchsten Komfort und außergewöhnlicher Schlafqualität zu werben und sich so von ihren Mitbewerbern abzuheben. Besonders interessant ist für Hoteliers, dass dabei keine hohen Investitionskosten anfallen. Die Matratzen gehen am Ende der Leasinglaufzeit in das Eigentum der Hoteliers über. Es entfallen aber hohe Anschaffungskosten, die viele Hotels davon abgehalten haben, in teure Matratzen zu investieren. Da auch dem Thema Nachhaltigkeit eine wichtige Rolle im Wertversprechen zukommt, profitieren die Hotels selbst nach Ablauf der Vertragslaufzeit von der Langlebigkeit der Produkte (sie können diese ja auch weit über die Leasingvertragslaufzeit hinaus nutzen).

Die Zielkunden des „Smart Lease"-Geschäftsmodells sind Hotels im In- und Ausland, die Wert auf Nachhaltigkeit legen und ihren Gästen einen besonders hohen Komfort bieten möchten. Indirekt profitiert Elite darüber hinaus von einem „Werbeeffekt". Gäste können die Elite-Matratzen testen und entscheiden sich später vielleicht auch selbst zum Kauf einer Matratze für sich zu Hause. „Smart Lease" wird von Elite in der Schweiz sowie unter anderem auch in Italien, Deutschland, Frankreich, Zypern und in Asien vertrieben. Diese Märkte sprechen auch deshalb gut auf das Geschäftsmodell an, weil Nachhaltigkeit in vielen dieser Märkte ein starkes Kundebedürfnis darstellt.

Frage 2: Was braucht Elite zur Leistungserstellung? (Leistungserstellung)

Um eine nutzungsabhängige Abrechnung zu ermöglichen, werden die Matratzen mit Sensoren ausgestattet, welche die belegten Nächte pro Matratze aufzeichnen. Die Nutzungsstatistik wird über ein digitales Dashboard angezeigt. Durch die exakte Erfassung der Nutzungsdaten kann der Hotelier außerdem Matratzen regelmäßig rotieren, um eine gleichmäßige Abnutzung der Matratzen sicher zu stellen. Da die Kernkompetenz von Elite nach wie vor die Produktion von Matratzen ist, hat man zur Entwicklung des Sensors mit einem externen Kooperationspartner zusammengearbeitet. Das Dashboard hingegen wurde intern entwickelt und umgesetzt. Damit bekommt der Kunde einen Überblick über Leistungen und Übernachtungen.

Elite kümmert sich selbst um die Aufstellung der Matratzen in den Hotels und übernimmt auf Wunsch auch die Entsorgung der alten Matratzen. Daher ist man auch auf die Flexibilität und Reisebereitschaft von Mitarbeitern angewiesen. Weitere Dienstleistungen wie das Desinfizieren und Reinigen der Matratzen runden das Leistungsangebot des „Smart Lease" Konzepts von Elite exklusiv auf Schweizer Boden ab.

Frage 3: Wie erreicht Elite seine Kunden? (Kundenansprache)

Traditionell verkauft Elite seine Matratzen an Privatkunden über sogenannte „Galerien" bzw. „Boutiquen", die man in den jeweiligen Zielmärkten einrichtet. Für die Hotelbranche hat Elite mit „Smart Lease" auch die Kundenansprache verändert. Potenzielle Hotelkunden können nun auch vom Heimatmarkt aus angeworben werden. Über Direktmailings kann Elite die Kundenansprache auch grenzüberschreitend effizient gestalten.

Frage 4: Wie erzielt Elite Gewinne? (Gewinnformel)
Während man mit dem Verkauf von Matratzen klassische Einmalerlöse erzielt, stellt „Smart Lease" ein sogenanntes „Pay-per-Use"-Modell dar. Es ist ein Mindestbetrag („Flat Rate") pro Monat zu bezahlen, damit im Falle keiner einzigen Übernachtung während der Vertragslaufzeit die Matratze trotzdem abbezahlt wird. Ansonsten erfolgt die Abrechnung pro belegter Matratze und Nacht über die Vertragslaufzeit hinweg. Durch die zusätzliche Nutzung von Zubehör und von sonstigen Dienstleistungen können sich die monatlichen Gebühren auch erhöhen. ◄

2.4 Wertversprechen und Zielkunden

Der Ausgangspunkt für die Erstellung des Geschäftsmodells ist ein gutes Verständnis der Zielkunden und deren Erwartungshaltungen. Grundlage dafür ist eine **Marktsegmentierung,** bei der entweder Zielgruppen innerhalb eines Ländermarktes identifiziert (intranationale Marktsegmentierung) oder aber länderübergereifend Zielgruppen mit ähnlichen Merkmalen gebildet werden (integrale Marktsegmentierung) (Berndt et al. 2016).

Die Vorgehensweise beim **Identifizieren von Zielkunden** in einem Auslandsmarkt unterscheidet sich dabei grundsätzlich nicht von jener der Marktsegmentierung im Heimatmarkt. Auch am Auslandsmarkt gruppieren Sie Kunden anhand demographischer, sozioökonomischer, psychographischer oder verhaltensorientierter Kriterien bzw. anhand von Nutzenerwartungen. Am Auslandsmarkt ist es in den meisten Fällen jedoch aufwändiger, diese Daten zu erheben. Um länderübergreifend Zielgruppen mit ähnliche Merkmalen zu identifizieren kann auf **Lifestyle-Typologien** zurückgegriffen werden. Hier bieten sich beispielsweise die Sinus-Meta-Milieus oder die GfK Roper Consumer Styles an (Schwarz-Musch 2020).

Für die von Ihnen identifizierten und ausgewählten Zielgruppen sollte in einem nächsten Schritt ein **Customer Avatar** (bzw. eine „Buyer Persona") entwickelt werden. Dabei handelt es sich um die archetypische Beschreibung eines realen oder potenziellen Käufers Ihrer Produkte. Diese Beschreibungen zeigen, „wer die Käufer sind, was sie erreichen wollen, welche Ziele ihr Handeln antreibt, wie sie denken, wie sie kaufen, wo sie kaufen, wann sie entscheiden zu kaufen und warum sie Kaufentscheidungen treffen" (Burkholz 2017, S. 51). Sorgfältig entwickelte Buyer Personas ermöglichen es Ihnen, Ihre Kundengruppen noch besser zu verstehen und Ihr Wertversprechen und Ihre Kommunikation in weiterer Folge gezielter auf Ihre Kundengruppen auszurichten. Wie wichtig das gerade im internationalen Umfeld ist, zeigt das Beispiel der Markteinführung des iPhone 3G in Japan.

> **Unterschiedliche Kundenanforderungen am Beispiel Smartphone**
>
> Im Jahr 2007 führte Apple das iPhone 3G in den USA ein. 2008 war es bereits in 22 Ländern zu kaufen und international ein großer Verkaufserfolg. Nicht allerdings im sonst so technikverliebten Japan. Obwohl in Japan jährlich rund 50 Mio. Mobiltelefone verkauft wurden, lagen die Verkaufszahlen beim iPhone 3G Ende 2008 bei nur 200.000 Stück. Was war der Grund? Die japanischen Konsumenten waren es gewohnt, auf ihren Smartphones Videos aufzunehmen und digitale TV-Programme zu schauen. Das iPhone 3G hatte aber keine Videokamera und kam deshalb für den Großteil der japanischen Kunden schlichtweg nicht infrage – egal wie benutzerfreundlich und technisch fortschrittlich es sonst auch war. Darüber hinaus fehlten dem iPhone 3G weitere Features, die den japanischen Kunden wichtig waren (z. B. Chips für Bankomattransaktionen oder Zugfahrkarten). Apple hatte angenommen, das japanische Kunden dieselben Anforderungen an Smartphones stellen wie Kunden in Europa oder den USA. Hätte der Konzern – wie bei der Erstellung von Buyer Personas üblich – einige ausführliche Interviews mit potenziellen Käufern geführt, wäre dieser Unterschied in den Kundenanforderungen schnell ersichtlich gewesen (Revella 2015; Burkholz 2017). ◀

Wichtig für das Verständnis von Buyer Personas ist es, dass sie mehr als schablonenartige Kundenprofile sein müssen, um tatsächliche Customer Insights liefern zu können. Um Einsichten in den Kaufentscheidungsprozess zu gewinnen, sollten Ihre Buyer Personas zusätzlich zu den „typischen" Informationen, die bereits im Rahmen der Marktsegmentierung erhoben werden, folgende Informationen beinhalten (Revella 2015):

1. **Investitionsauslöser (Priority Initiatives)**
   Hier geht es um den Hauptgrund, warum ein Kunde das Produkt oder die Dienstleistung kaufen will. Sowohl im B2C- als auch im B2B-Bereich sollten Sie hier die Frage beantworten, was den Kunden dazu bringt, sich mit dem Kauf des Produktes auseinanderzusetzen.
2. **Erfolgsfaktoren (Success Factors)**
   Erfolgsfaktoren beschreiben Szenarien und Ergebnisse, die sich Käufer vom Erwerb Ihres Produktes oder Dienstleistung erwarten. Als Frage formuliert bedeutet dies: Wie würde Ihr Käufer das ideale Ergebnis des Kaufs beschreiben?
3. **Wahrgenommene Hürden (Perceived Barriers)**
   Hier geht es um Hürden, die Entscheider davon abhalten, das Problem zu kaufen. Fragen Sie sich, welche Einstellungen oder Fakten verhindern, dass der Entscheider ein Produkt wie dieses kauft?
4. **Entscheidungsfindung (Buyer's Journey)**
   Bei diesem Punkt geht es darum, zu verstehen, wie Entscheider verschiedene Optionen beurteilen, Anbieter ausschließen und ihre endgültige Wahl treffen. Von besonderem Interesse sind dabei auch die externen Einflüsse, welche die Beurteilung

von Optionen und die Auswahl des Entscheiders beeinflussen. Es geht hier sowohl um Personen, die Kaufentscheider beeinflussen, als auch um Informationsquellen, denen sie am meisten vertrauen.

5. **Entscheidungskriterien (Decision Criteria)**
Entscheidungskriterien sind die Merkmale der Lösung, anhand derer der Entscheider verschiedene Alternativen vergleicht. Bedenken Sie, dass es hier nicht nur um das eigentliche Produkt geht, sondern auch ergänzende Dienstleistungen eine wesentliche Rolle spielen können. Fragen Sie sich hier, welche Merkmale des Produkts, der Dienstleistung oder des Unternehmens im Fokus des Kunden stehen, während er seine Optionen abwägt.

Eine Buyer Persona, bei deren Entwicklung die oben genannten Fragen beantwortet wurden, ist eine wichtige Voraussetzung, um die **Erwartungshaltungen** der Kunden gut zu verstehen und das eigene Leistungsangebot und Wertversprechen daraufhin abzustimmen (vgl. dazu die Ausführungen in Abschn. 3.2.). Wichtig ist es dabei, das Wertversprechen ganzheitlich zu denken. Im Kern steht dabei der **Nutzen der Leistung für den Kunden** („Customer Value" oder Kundenvorteil). Dabei sollte aber auch berücksichtigt werden, dass Preise, Sortimente und Technologien für sich alleine genommen künftig nicht mehr ausreichen werden, um Wettbewerbsvorteile aufzubauen. Vielmehr wird die dem Kunden gebotene **Customer Experience** in Zukunft der vielleicht wichtigste Faktor sein, um die Wettbewerbsfähigkeit zu erhalten oder um eine führende Position im Markt zu erreichen (Rusnjak und Daniel 2018).

Den Begriff „Experience" kann man im Deutschen sowohl mit „Erlebnis", als auch mit „Erfahrung" übersetzen. Beide Aspekte sind für das Verständnis von Customer Experience wichtig: das (Kunden-)erlebnis bezeichnet eher kurzfristige, emotionale Erlebnisse, die ein Kunde mit dem Unternehmen, seinen Produkten oder auch Mitarbeitern hat. Die (Kunden-)erfahrung wiederum ist das Resultat verschiedener Kundenerlebnisse und setzt eine Reflexion der vergangenen Erlebnisse voraus (Heinrich Holland o. J.).

Hier wird klar, dass die Customer Experience mehr ist, als das positive oder negative Erlebnis eines Kunden mit einem Produkt. Vielmehr ist Customer Experience die **Summe aller Erlebnisse und damit verbundenen Emotionen eines Kunden,** die über die Dauer einer Geschäftsbeziehung durch den Kontakt mit den Produkten und Dienstleistungen eines Unternehmens und seiner Touchpoints (z. B. Mitarbeiter, Online- und Offline-Kommunikationskanäle) entstehen (Heinrich Holland o. J.; Rusnjak und Daniel 2018). Customer Experience ist damit ein sehr umfassendes Konzept, das sich aus unterschiedlichen Teilbereichen zusammensetzt (Tiffert 2019):

1. **Product Experience**
Die Product Experience bezeichnet das Erlebnis bzw. die Erfahrung des Kunden mit dem Produkt oder einer Dienstleistung. Beim Kauf von Gebrauchsgütern (z. B. einem Kfz oder Fahrrad) kann die Product Experience bereits mit der Auswahl des Produkts

am POS beginnen (z. B. bei einer Probefahrt), bei anderen Produkten (z. B. bei Fast-Moving-Consumer-Goods – FMCG) erst nach dem Kauf bei der Verwendung.

2. **Service Experience**
Die Service Experience bezieht sich auf das Kundenerlebnis während der Interaktion zwischen Kunde und Dienstleistungsunternehmen (z. B. ein Beratungsgespräch). Großen Einfluss haben hier nicht nur Kompetenz und Kundenorientierung der Mitarbeiter, sondern auch die Qualität der Prozesse (z. B. in Bezug auf Wartezeiten). Die Service Experience kann aber auch beim reinen Produktkauf relevant werden, zum Beispiel im Falle von Reklamationen.

3. **Brand Experience**
Die Brand Experience bezieht sich auf die Reaktion eines Kunden auf die Marke bzw. deren spezifische Merkmale (z. B. Logo, Markenfarbe). In der Literatur wird Brand Experience teilweise auch als eigenständiges Erlebniskonzept der Customer Experience gegenübergestellt.

4. **Shopping Experience**
Die Shopping Experience bezieht sich auf das Kundenerlebnis während der Kaufsituation. Dieses spielt nicht nur für den stationären Handel eine große Rolle (z. B. hinsichtlich der Ladengestaltung), sondern ist auch für den Onlinehandel relevant (z. B. hinsichtlich der Einfachheit des Bezahlsystems).

5. **Consumption Experience**
Die Consumption Experience fasst das Erlebnis zusammen, das beim Konsum des Produktes entsteht. Sie überschneidet sich damit mit der Product Experience. Sie kann sich sowohl auf das Kernprodukt (z. B. das Getränk) als auch die Verpackung (z. B. wiederverschließbar) beziehen und sowohl den funktionalen Nutzen (z. B. Geschmack) als auch den emotionalen Nutzen (z. B. Heimatverbundenheit beim Verzehr regionaler Produkte) beinhalten.

Für die Gestaltung der Customer Experience im Rahmen eines Geschäftsmodells sollten grundsätzlich alle Teilbereiche berücksichtigt werden, da auch ein noch so gutes Produkt (mit der entsprechenden Product- und Consumption Experience) erfolglos sein wird, wenn die dazugehörige Service- und Shopping Experience nicht den Erwartungen der Kunden entspricht.

Bei der Gestaltung der Customer Experience können Unternehmen auf sechs Erlebnisdimensionen zurückgreifen (Gentile et al. 2007; Bruhn und Hadwich 2012; Kreutzer 2018):

1. **Sensorische Erlebnisdimension**
Sensorische Erlebnisse beziehen sich auf die Ansprache der Sinne (Sehen, Riechen, Hören, Schmecken, Fühlen) und spielen zum Beispiel bei der Gestaltung des Verkaufsumfelds eine Rolle. So beeinflusst das Ambiente eines Einkaufszentrums die Einkaufsatmosphäre und Aufenthaltsdauer und ist damit zentral für eine positive Shopping Experience. Selbstverständlich kommt sensorischen Erlebnissen auch

bei der Produktgestaltung (z. B. durch die Auswahl von Materialien) und damit der Product- und Consumption Experience eine hohe Bedeutung zu.

2. **Emotionale bzw. affektive Erlebnisdimension**

   Sie beziehen sich auf Emotionen und Stimmungen, die zum Beispiel mit der Shopping Experience oder auch der Service Experience zusammenhängen. Der Modehändler Peek & Cloppenburg beispielsweise verschickt an Inhaber der P&C-Kundenkarte vor Beginn des offiziellen Abverkaufs personalisierte Einladungen für exklusive Shopping-Abende.

3. **Kognitive Erlebnisdimension**

   Die kognitive Erlebnisdimension zielt auf den Intellekt des Kunden ab und soll die Kreativität, die gedankliche Auseinandersetzung und das Problemlösungsverhalten des Kunden stimulieren. So kann ein Hersteller von Lebensmitteln beispielsweise durch neue und raffinierte Rezepte kognitive Erlebnisse anstoßen, die einen Mehrwert für den Kunden bringen. Kognitive Erlebnisse können in allen Teilbereichen der Customer Experience relevant sein.

4. **Verhaltensbezogene Erlebnisdimension**

   Verhaltensbezogene Erlebnisse vermitteln physische Erlebnisse oder spezielle Interaktionsmöglichkeiten. Moderne mobile Endgeräte (z. B. Smartphones, Tablets) bieten dank einer nahezu unüberschaubaren Anzahl an Apps vielfältige Interaktionsmöglichkeiten und alternative Nutzungsmöglichkeiten (z. B. das Smartphone als Fitnessgerät durch Schrittzähler und andere Features). Hier zeigt sich eine enge Verbindung der verhaltensbezogenen Erlebnisse mit der Product- und Consumption Experience.

5. **Lifestyle-Erlebnisdimension**

   Die Lifestyle-Erlebnisdimension bezieht sich auf Werte und Meinungen des Kunden. Hier besteht ein enger Zusammenhang mit der Brand Experience, da über die Marke Werthaltungen kommuniziert werden können, die für den Kunden relevant sind. Wird über die Marke eine bestimmte Werthaltung und Lifestyle kommuniziert, muss sich dieser natürlich auch im Produkt (Product- und Consumption Experience), im Einkaufserlebnis (Shopping Experience) und im Service (Service Experience) widerspiegeln.

6. **Soziale Erlebnisdimension**

   Die soziale Erlebnisdimension stellt die sozialen Beziehungen und Interaktionen zwischen Kunden in den Mittelpunkt der Betrachtung. Es geht hier um Kontakt- und Beziehungspflege mit dem Ziel, ein Zugehörigkeitsgefühl aufzubauen, wie dies zum Beispiel bei Fans einer Marke der Fall ist. Ein bekanntes Beispiel dafür ist die Marke Harley-Davidson, die mit der „Harley Owners Group" einen Fanclub anbietet, der ausschließlich Eigentümern einer Harley-Davidson offensteht.

Die Überlegungen zur Persona, Wertversprechen und Customer Experience bieten eine wesentliche Ausgangslage für die Leistungserstellung, die im nächsten Abschnitt behandelt werden.

2.5 Leistungserstellung

Geschäftsmodelle unterscheiden sich nicht nur darin, für welche Zielkunden sie welches Wertversprechen machen, sondern auch in der Art und Weise, wie die Leistung erstellt wird, mit der für die Kunden Wert geschaffen wird.

Zur Leistungserstellung braucht man zunächst einmal **Prozesse**, also strukturierte Abläufe bestimmter Aktivitäten. In jedem Geschäftsmodell gibt es üblicherweise ein paar wesentliche **Kern- oder Schlüsselprozesse**, die man besonders gut beherrschen sollte, um Wertschöpfung zu erzielen. Um diese Kernprozesse effizient und mit hoher Qualität auszuführen, bedarf es dann bestimmter **Ressourcen und Fähigkeiten**. Manches davon wird man im Unternehmen selbst abdecken können, es besteht aber auch die Möglichkeit, sich externe **Kooperationspartner** zu suchen, welche die im Rahmen der Leistungserstellung benötigten Kompetenzen mit einbringen können.

2.5.1 Kern- oder Schlüsselprozesse

Mit dem Begriff „**Kernprozesse**" werden üblicherweise jene Abläufe im Unternehmen bezeichnet, die direkt zur Erzeugung von Kundennutzen und damit auch zur Wertschöpfung beitragen. Das Ergebnis dieser Prozesse wird von den Kunden wahrgenommen. Wenn die Kernprozesse gut ausgeführt werden, sollten die Kunden am Ende bereit dazu sein, Geld für die vom Unternehmen angebotenen Leistungen auszugeben. Zu den Kernprozessen zählen nicht nur der Produktionsprozess (also der Leistungserstellungsprozess im engeren Sinne), sondern zum Beispiel auch Logistik- oder Vertriebsprozesse, die ja auch unbedingt gebraucht werden, um den Kunden die Leistung zur Verfügung stellen zu können.

Demgegenüber werden mit dem Begriff „**Schlüsselprozesse**" jene (meist sehr wenigen) Prozesse im Unternehmen beschrieben, die für den Erfolg des Unternehmens besonders maßgeblich sind. In vielen Fällen werden die Kernprozesse gleichzeitig auch Schlüsselprozesse sein. In manchen Fällen können aber auch Prozesse erfolgskritisch sein, die zwar nicht direkt zur Herstellung oder zum Vertrieb der Leistungen des Unternehmens beitragen, dennoch aber eine ganz wesentliche Rolle dafür spielen, dass der Betrieb in hoher Qualität aufrechterhalten werden kann. Man nennt solche Prozesse auch **Support- oder Unterstützungsprozesse.**

Ein Beispiel dafür wären Recruiting- und Trainingsprozesse. Sie tragen zwar nicht unmittelbar zur Leistungserstellung bzw. Wertschöpfung bei, wohl aber mittelbar, indem gut ausgesuchte und eingeschulte Mitarbeiter eine bessere Leistung erbringen. In manchen Geschäftsmodellen können auch Supportprozesse erfolgskritisch sein. Denken wir dabei zum Beispiel nur an den Spitzenfußball. Wenn ein Verein in der Bundesliga seine Talent Scouting-, Talent Recruitment- und Talententwicklungsprozesse nicht entsprechend gut aufstellt, wird er es langfristig schwer haben, an der Spitze mitzuspielen.

2.5 Leistungserstellung

Ähnliches gilt auch für führende Unternehmen in der Management Consulting-Branche, weshalb auch hier Recruiting- und Personalentwicklungsprozesse einen besonderen Stellenwert besitzen und damit auch als Schlüsselprozesse gelten können.

Auf jeden Fall sollte bei der Beschreibung eines Geschäftsmodells eindeutig festgestellt werden, welche Prozesse einen entscheidenden Beitrag dazu leisten, dass das Unternehmen Wert (für die Kunden und sich selbst) schaffen kann.

Folgende Fragen können dabei helfen, die **Kern- bzw. Schlüsselprozesse in Ihrem Geschäftsmodell zu identifizieren:**

- Welche Problemlösungen erwarten sich die Kunden von unserem Unternehmen?
- Welche Aktivitäten müssen unbedingt ausgeführt werden, damit wir die Probleme unserer Kunden ihren Erwartungen entsprechend lösen können?
- Welche Prozesse tragen am meisten dazu bei, dass die Kunden einen wahrnehmbaren Nutzen von unseren Leistungen haben, für den sie dann bereit sind zu bezahlen?
- Welche für den Kunden Wert schaffenden Prozesse sind nur schwer (oder gar nicht) von den Mitbewerbern imitierbar oder durch andere Problemlösungsansätze substituierbar?
- Bei der Einstellung welcher Aktivitäten würden wir sofort Kunden verlieren?

Es geht hier bei der Beschreibung des Geschäftsmodells nicht darum, eine ganzheitliche Übersicht über alle Prozesse des Unternehmens zu bekommen (im Sinne einer „Prozesslandkarte", wie sie im Prozessmangement oft zur Darstellung aller Prozesse eines Unternehmens verwendet wird), sondern eben genau darum, die wenigen **Kern- bzw. Schlüsselprozesse** herauszuarbeiten, ohne deren Beherrschung es unmöglich ist, das Geschäftsmodell erfolgreich im Markt umzusetzen.

2.5.2 Ressourcen und Fähigkeiten

Um die zur Leistungserstellung notwendigen Prozesse ausführen zu können, benötigt ein Unternehmen Ressourcen und Fähigkeiten. Unter **Ressourcen** versteht man die Gesamtheit aller Mittel, die einem Unternehmen zur Leistungserstellung zur Verfügung stehen. Ressourcen können materielle Güter sein wie zum Beispiel Geld (bzw. Finanzkapital), Gebäude, Rohstoffe oder Maschinen. In vielen Geschäftsmodellen sind aber auch immaterielle Ressourcen besonders wichtig. Dazu zählen zum Beispiel die „Human Resources" (also die Arbeitskraft der Menschen, die für das Unternehmen arbeiten), Daten, Lizenzen, Markennamen, Patente, bestehende Netzwerke oder auch die Bekanntheit und Reputation eines Unternehmens am Markt.

Während Ressourcen also das sind, was das Unternehmen „hat", repräsentieren die **Fähigkeiten** all das, was das Unternehmen „kann". Das Vorhandensein bestimmter Fähigkeiten ermöglicht dem Unternehmen auch, verschiedene Ressourcen miteinander zu kombinieren und dadurch Wert zu schaffen.

Bei der Beschreibung eines Geschäftsmodells geht es nun ähnlich wie bei den Kern- oder Schlüsselprozessen nicht darum, alle Ressourcen und Fähigkeiten zu benennen, auf die ein Unternehmen Zugriff hat, sondern jene herauszufiltern, die besonders wichtig sind (Osterwalder und Pigneur (2011) sprechen hier deshalb auch von **„Schlüsselressourcen"**).

Für verschiedene Geschäftsmodelle wird es ganz unterschiedliche Schlüsselressourcen (bzw. Schlüsselfähigkeiten) brauchen. So werden in vielen Handwerksbetrieben entsprechend qualifizierte Mitarbeiter eine Schlüsselressource darstellen. Für ein Geschäftsmodell, das von Werbeeinnahmen lebt, die über eine Internetseite generiert werden, wird es die Aufmerksamkeit der User sein (messbar anhand der Zahl der Zugriffe und der Verweildauer auf der Website), für ein Sägewerk die Nähe zu Wäldern, in denen es genügend Rundholz gibt. Für stark wachsende Start-ups kann die Verfügbarkeit von Wachstumskapital zumindest für eine gewisse Zeit zur Schlüsselressource werden. Und beim Transportdienstleister Uber wird wohl das mit Fahrern auf der ganzen Welt aufgebaute Netzwerk eine wesentliche Schlüsselressource darstellen.

Wie lassen sich aber nun die **„Schlüsselressourcen" bzw. „-fähigkeiten" für ein bestehendes oder geplantes Geschäftsmodell identifizieren**? Eine einfache Möglichkeit ist es, die Kern- bzw. Schlüsselprozesse als Ausgangspunkt zu nehmen und sich einfach zu fragen, welche Ressourcen bzw. Fähigkeiten gebraucht werden, um diese so durchführen zu können, dass am Ende jene Leistungen erbracht werden können, für welche die Kunden bereit sind, auch entsprechend zu bezahlen. Dabei können folgende Fragen helfen:

Welche Ressourcen und Fähigkeiten werden unbedingt benötigt, ...

- ... um die Produkte bzw. Dienstleistungen in der von den Kunden gewünschten Form herzustellen?
- ... um die Kundenbeziehung aufzubauen und zu pflegen? (Marketing/Verkauf/Kundenservice).
- ... um die Produkte bzw. Dienstleistungen zum Kunden zu bringen? (Distribution).
- ... um alle Vorprodukte bzw. Leistungen zu erwerben, die man für die Herstellung der Produkte und Dienstleistungen braucht? (Supply Chain Management).
- ... um ein weiteres Wachstum (eine „Skalierung") des Geschäftsmodells zu ermöglichen?

Weiterhin ist auch zu überlegen, welche Ressourcen oder Fähigkeiten das eigene Unternehmen vom Wettbewerb abheben. Was hat Ihr Unternehmen, was andere nicht haben? Was kann es, was andere nicht können? Wenn die so identifizierten Ressourcen und Fähigkeiten dann auch noch schwer imitierbar sind und gleichzeitig einen entscheidenden Beitrag zum Kundennutzen leisten, dann hat man es auch hier mit hoher Wahrscheinlichkeit mit Schlüsselressourcen oder -fähigkeiten zu tun.

Wenn man die Schlüsselressourcen und -fähigkeiten kennt, dann weiß man auch, worauf man besonders aufpassen muss, um das Geschäftsmodell erfolgreich umsetzen bzw. weiterentwickeln zu können. Im internationalen Geschäft hat das insofern auch besondere Relevanz, weil manche (Schlüssel-)Ressourcen und Fähigkeiten in mehreren Ländern vorhanden sein müssen, um ein Geschäftsmodell dort jeweils auch vor Ort mit Erfolg implementieren zu können.

Im Anhang zu diesem Kapitel finden Sie mit Tool 2a ein einfaches Werkzeug, dass Ihnen die Möglichkeit gibt, sich einen Überblick sowohl über die Schlüsselprozesse des Geschäftsmodells Ihres Unternehmens als auch über die zu deren Abwicklung benötigten Schlüsselressourcen und -fähigkeiten zu verschaffen.

2.5.3 Kooperationspartner

Es ist für die erfolgreiche Umsetzung eines Geschäftsmodells nicht immer unbedingt notwendig, alle Ressourcen und Fähigkeiten im eigenen Unternehmen vorzuhalten. Diese können alternativ dazu auch von Kooperationspartnern abgedeckt werden.

Gerade auch für die internationale Geschäftstätigkeit in mehreren Zielmärkten gibt es oft eine Vielzahl von Ressourcen und Kompetenzen, die auch in spezifischer Ausprägung für die jeweiligen lokalen Märkte benötigt werden. Dazu zählen zum Beispiel Kundenbeziehungen bzw. andere Netzwerkkontakte vor Ort, lokale Infrastruktur, Zugang zu Vertriebskanälen im Zielmarkt, Sprachkompetenz, spezielle Marktkenntnisse oder Erfahrung im Umgang mit lokalen Rechtsvorschriften (Krenn et al. 2016). Mit Kooperationspartnern, welche die entsprechenden Erfahrungen in der lokalen Geschäftstätigkeit mitbringen, lässt sich ein Geschäftsmodell oft schneller und wirksamer international umsetzen als mit dem Aufbau eigener Strukturen vor Ort.

Es gibt eine ganze Reihe potenzieller **Kooperationspartner,** die in einem internationalen Geschäftsmodell von Bedeutung sein können. Dazu zählen zum Beispiel:

- **Lieferanten** von wesentlichen Komponenten oder Vorprodukten bzw. mit besonderes wichtigen Kompetenzen (möglicherweise auch Outsourcingpartner, die das Produkt oder Teile davon im Zuge einer Vertragsfertigung herstellen).
- **Distributionspartner** und andere Absatzmittler (z. B. Makler oder Handelsvertreter) mit starken Beziehungen zu lokalen Kunden.
- **Logistikdienstleister,** die dafür sorgen, dass die Ware physisch zum Kunden transportiert wird.
- **Finanz- und Zahlungsdienstleister,** mit deren Hilfe Finanzierungen (auch für die Kunden) und Zahlungen abgewickelt werden können.
- **Forschungs- und Entwicklungspartner,** mit deren Unterstützung neue Prozesse und Leistungsangebote entwickelt werden (z. B. Hochschulen oder spezialisierte Forschungsinstitute).
- **Normierungs- und Prüfinstitute,** die zum Beispiel für die Zulassung von Produkten im Zielmarkt zuständig sind oder Industriestandards beeinflussen können.

- **Berater,** die bestimmte (lokale) Kompetenzen mit einbringen, wie zum Beispiel auf den Zielmarkt spezialisierte Anwälte oder Steuerberater.

Für die Beschreibung des Ausgangs-Geschäftsmodells ist es zunächst einmal wichtig, die wesentlichen Kooperationspartner zu identifizieren: Welche Lieferanten sind für die Erstellung der Leistung für unsere Zielkunden besonders wichtig? Wer sind die wichtigsten Partner, die wir brauchen, um unsere Leistungen den Kunden zur Verfügung zu stellen? Welche externen Partner stellen für unser Geschäftsmodell wichtige Ressourcen und Fähigkeiten zur Verfügung?

Für jeden „**Schlüsselpartner**" (dieser Begriff wird von Osterwalder und Pigneur (2011) für die für ein Geschäftsmodell besonders wichtigen Kooperationspartner verwendet) kann dann auch noch die bestehende Form der Partnerschaft erhoben werden:

- **Kunden-Lieferanten-Beziehung:** die „klassische" Form der Zusammenarbeit, in der das Partnerunternehmen entweder bestimmte Leistungen gegen Bezahlung zuliefert oder (wie z. B. bei Handelspartnern auf der Distributionsseite) die Leistungen des eigenen Unternehmens zukauft.
- **Kooperationsvereinbarungen,** in denen rechtlich selbstständige Unternehmen zum gegenseitigen Nutzen bestimmte Aktivitäten (z. B. die Abwicklung des Exportgeschäfts) gemeinsam durchführen und dabei die Ressourcen und Fähigkeiten aller an der Kooperation beteiligten Unternehmen nutzen. Kooperationsvereinbarungen können in bestimmten Bereichen auch mit Mitbewerber abgeschlossen werden (dann spricht man auch von Co-opetition).
- **Joint Ventures,** die Gründung bzw. Führung eines rechtlich selbstständigen Unternehmens im gemeinsamen Eigentum mehrerer Kooperationspartner. Wenn man auf Auslandsmärkten mit lokalen Partnern ein gemeinsames Unternehmen gründet, handelt es sich dabei um ein internationales Joint Venture.

Auch der **Grund der Partnerschaft** sollte klar definiert sein: Geht es darum, über den Partner bestimmte, für das Geschäftsmodell wichtige Ressourcen oder Fähigkeiten zu erlangen, die im eigenen Unternehmen nicht vorhanden oder sonst nur mit großem Aufwand aufzubauen sind? Schafft man es gemeinsam mit dem Partnerunternehmen leichter bzw. schneller, das Geschäftsmodell zu skalieren? Oder lassen sich vielleicht durch eine Partnerschaft Risiken minimieren (z. B. indem das Partnerunternehmen lokales Markt-Know-How mit einbringt oder einfach dadurch, dass die eigene Investitionssumme durch den Beitrag des Partnerunternehmens geringer wird)?

Das Tool 2b im Anhang zu diesem Kapitel kann dabei helfen, die Schlüsselpartner für das bestehende bzw. geplante Geschäftsmodell Ihres Unternehmens zu identifizieren.

2.6 Kundenansprache

Eine zentrale Frage im Rahmen der Geschäftsmodellentwicklung ist jene, wie ein Unternehmen seine Kunden erreicht. Damit sind drei Entscheidungen angesprochen: die **Auswahl der Vertriebskanäle**, die **Auswahl der Kommunikationskanäle** und die **Ausgestaltung der Kundenbeziehungen**.

2.6.1 Auswahl der Vertriebskanäle

Die Auswahl der Vertriebskanäle stellt eine wesentliche Grundsatzentscheidung dar. Sie müssen hier festlegen, ob der Vertrieb.

- direkt oder indirekt,
- einstufig oder mehrstufig, sowie.
- eingleisig oder mehrgleisig.

erfolgen soll (Homburg 2020).

Direkter oder indirekter Vertrieb
Die Frage, ob Unternehmen ihre Produkte und Dienstleistungen selbst vertreiben oder auf Handelspartner zurückgreifen sollen, hängt von einer Vielzahl an Einflussfaktoren ab, die nicht isoliert voneinander betrachtet werden können (vgl. Abb. 2.2).

- **Unternehmensbezogene Einflussfaktoren:** Hier sind in erster Linie die Unternehmens- und Marketingziele, Finanzkraft des Unternehmens und die Sortimentsbreite und -tiefe zu berücksichtigen. Stehen Ziele wie Exklusivität und Kundenbindung im Vordergrund, verfügt das Unternehmen über die Finanzkraft zum Aufbau eigener Vertriebskanäle und eine umfangreichere Produktpalette, spricht dies eher für einen Direktvertrieb. Hohe Marktanteile und eine rasche Marktdurchdringung werden – vor allem bei geringeren finanziellen Mitteln – nur über die Nutzung bestehender Vertriebskanäle erzielbar sein.
- **Produktbezogene Einflussfaktoren:** Hier sind die Produktkomplexität, der finanzielle Wert des Produkts und der Individualisierungsgrad zu betrachten. Komplexere, teure und erklärungsbedürftige Produkte mit hohem Individualisierungsgrad sprechen für einen Direktvertrieb. Im umgekehrten Fall werden einfachere Standardprodukte ohne großen Beratungs- oder Individualisierungsaufwand auch gut indirekt vertrieben.
- **Kundenbezogene Einflussfaktoren:** Hier sollten Sie sich fragen, wie hoch das vom Kunden empfundene Risiko beim Kauf des Produktes ist, die Anzahl und Größe der Kunden sowie der von Ihnen geforderte Service- und Liefergrad. Ein als höher

Abb. 2.2 Direkter vs. indirekter Vertrieb

empfundenes Kaufrisiko (z. B. weil es sich um neuartige oder teure Leistungen handelt) in Verbindung mit einer geringeren Anzahl an größeren Kunden, die hohe Erwartungen an Service und Liefergrad haben, sprechen für einen direkten Vertrieb. Bei einem geringen subjektiven Kaufrisiko (das dementsprechend auch weniger Beratungsaufwand erfordert), einer höheren Anzahl an (kleineren) Kunden mit geringeren Ansprüchen an Service und Lieferzeiten ist ein indirekter Vertrieb besser geeignet.

- **Handelsbezogene Einflussfaktoren:** Letztendlich hängt die Entscheidung zwischen direktem und indirektem Vertrieb auch eng mit den Gegebenheiten bei potenziellen Handelspartnern zusammen. Fehlen beim Verkaufspersonal der Handelspartner wichtige Qualifikationen bzw. passt Ihr Produkt schlecht in das Sortiment – weil zum Beispiel Mitbewerber hier bereits stark vertreten sind – so spricht dies eindeutig für einen direkten Vertrieb. Im umgekehrten Fall ist dem indirekten Vertrieb über Handelspartner den Vorzug zu geben.

Einstufiger oder mehrstufiger Vertrieb

Haben Sie sich für einen indirekten Vertrieb entschieden, so stellt sich die Frage, ob dieser einstufig (d. h. mit nur einem Handelspartner zwischen Ihnen und dem Endkunden, zum Beispiel Unternehmen – Einzelhändler – Endkunde) oder mehrstufig (z. B. Unternehmen – Großhandel – Einzelhandel – Endkunde) erfolgen soll.

2.6 Kundenansprache

Die Beantwortung dieser Frage hängt naturgemäß stark von den **Handelsstrukturen** Ihrer Branche – im internationalen Umfeld insbesondere auch von den Handelsstrukturen des jeweiligen Ländermarktes – ab. Je mehr Vertriebsstufen zwischen Ihnen und den Endkunden stehen, desto größer wird der Anteil der Marge, die an Handelspartner abgegeben werden muss, und desto geringer wird Ihr Einfluss darauf, wie Ihr Produkt dem Endkunden präsentiert wird.

Eingleisiger oder mehrgleisiger Vertrieb
Eine wesentliche Entscheidung beim Aufbau der Vertriebsstrukturen ist jene, ob Sie Ihre Produkte über nur **einen Vertriebskanal** (d. h. „eingleisig") oder über **mehrere Vertriebskanäle** (d. h. „mehrgleisig") vertreiben wollen. Im Fall eines mehrgleisigen Vertriebs („Multi-Channel") reduziert sich die Abhängigkeit von nur einem Vertriebskanal, gleichzeitig steigen die Chancen einer besseren Marktabdeckung. Demgegenüber stehen potenzielle **Kanalkonflikte,** die dann auftreten, wenn über die Vertriebskanäle dieselben Zielgruppen mit den gleichen Produkten angesprochen werden. Typische Probleme, die bei einem Mehrkanalvertrieb auftreten können, sind Konflikte mit und zwischen Vertriebspartnern, Kannibalisierungseffekte zwischen den Vertriebskanälen oder Verärgerung der Konsumenten (z. B. bei nicht nachvollziehbaren Unterschieden bei Preisen und/oder beim Service).

Um solchen **Konflikten vorzubeugen,** stehen Ihnen grundsätzlich mehrere Möglichkeiten zur Verfügung:

- Differenzierung der Vertriebskanäle nach Zielgruppen (über verschiedene Vertriebskanäle werden schwerpunktmäßig unterschiedliche Zielgruppen angesprochen).
- Differenzierung des Sortiments nach Vertriebskanälen (die Produkte unterscheiden sich (teilweise) nach Vertriebskanälen).
- Differenzierung der Marken nach Vertriebskanälen (die in den einzelnen Vertriebskanälen angebotenen Produkte werden mit unterschiedlichen Marken versehen).

2.6.2 Auswahl der Kommunikationskanäle

Um Ihre Kunden bestmöglich zu erreichen, müssen die geeigneten **Kommunikationskanäle** ausgewählt werden. Dazu müssen Sie zunächst – auf Basis der entwickelten Personas – die Customer Journey Ihrer Kunden identifizieren.

Der Begriff „**Customer Journey**" ist eine Metapher für den Kaufentscheidungsprozess des Kunden. Er beschreibt die „Reise des Kunden" vom ersten Kaufimpuls bis zum Kaufabschluss und der Nachkaufphase. Während dieser Reise kommt der Kunde über verschiedene digitale und physische Interaktions- und Kontaktpunkte („Touchpoints") mit einem Unternehmen und dessen Angebot in Berührung (Lemon und Verhoef 2016). Eine häufig getroffene Unterscheidung ist auch jene in Online-Touchpoints (z. B. e-mails, Homepage, soziale Medien) und Offline-Touchpoints (z. B.

Empfehlungen, Werbeeinschaltungen in klassischen Medien, Kontakte mit Mitarbeitern des Unternehmens) (Kreutzer 2019).

Wie die Customer Journey konkret aussieht, hängt vom jeweiligen Kaufentscheidungsprozess ab. In der Literatur finden sich verschiedene Ansätze, wie die Customer Journey ausgestaltet sein kann. So wird in der Regel zwischen einer Vorkauf-, Kauf- und Nachkaufphase unterschieden, wobei diese Phasen – je nach Autor – weiter untergliedert werden. Eine der bekanntesten Unterteilungen ist jene nach AIDA (attention, interest, desire, action). Kotler und seine Kollegen adaptieren das AIDA-Modell und sprechen von den 5 A, nämlich: aware, appeal, ask, act, advocate (Kotler et al. 2017) (siehe Abb. 2.3).

Alle in Abb. 2.3 gezeigten Modelle der Customer Journey beinhalten eine **Awareness-Phase.** Das ist jener Moment, in dem sich der Kunde des Bedarfs bewusst wird bzw. ein Kaufanreiz gesetzt wird. Hier ist es für Ihr Unternehmen besonders wichtig zu wissen, wodurch und wann der Bedarf beim Kunden ausgelöst wird und über welche Kanäle (Touchpoints) sich der Kunde über Produkte und Marken informiert. Dann geht es darum, über die Präsenz auf solchen Kanälen von Ihren (potenziellen) Kunden als mögliche Alternative wahrgenommen zu werden.

Das heißt, dass es für Unternehmen wichtig ist, einen gewissen **Bekanntheitsgrad** aufzubauen. Kotler verweist in seinem 5 A-Modell mit der Phase „Appeal" darauf, dass Kunden in der Awarenessphase mit einer Vielzahl an Marken konfrontiert sind. Aufgrund dieser Angebotsvielfalt genügt Markenbekanntheit alleine nicht, da im weiteren Kaufprozess des Kunden nur Marken berücksichtigt werden, die als besonders attraktiv („appealing") wahrgenommen werden. Nur über diese Marken wird der Kunde weitere Informationen suchen, diese bewerten und letztlich eine Auswahl treffen und kaufen.

Kotler spricht hier von der „Ask"-Phase, da Kunden Informationen im digitalen Zeitalter nicht mehr nur bei Freunden und Bekannten erfragen, sondern leicht auch über Bewertungsplattformen und soziale Medien von Fremden erhalten. Die an den Kauf anschließende Nachkaufphase hat das Ziel, Kundenbindung aufzubauen und Kunden zu Wiederkäufen und aktiven Weiterempfehlungen anzuregen.

Über alle Phasen hinweg gilt es, über die wichtigsten von Ihren Kunden genutzten On- und Offline-Touchpoints zu kommunizieren. Während in der **Vorkaufphase**

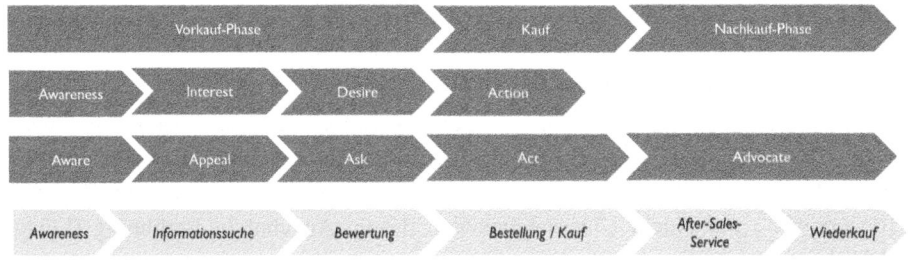

Abb. 2.3 Phasen der Customer Journey

Kommunikationsziele wie der Aufbau von Markenbekanntheit, Markenimage, Präferenzen, Produktwissen im Vordergrund stehen, geht es in der **Nachkaufphase** verstärkt um Kundenbindung. Damit ist die Frage nach der Ausgestaltung der Kundenbeziehungen angesprochen, die wir im nächsten Abschnitt behandeln.

2.6.3 Ausgestaltung der Kundenbeziehungen

Die Frage nach der Ausgestaltung der Kundenbeziehungen beinhaltet zwei wesentliche Aspekte: die Art der Kundenbeziehung, die mit dem jeweiligen Kundensegment aufgenommen werden soll, sowie die Art der Kundenbindung.

Hinsichtlich der **Art der Kundenbeziehung** unterscheiden Osterwalder und Pigneur (2011) zwischen persönlichen (z. B. durch persönliche Kundenbetreuer) oder nichtpersönlichen (z. B. durch Selbstbedienung oder automatisierte Serviceleistungen) Kundenbeziehungen. Darüber hinaus geht es hier aber auch um die Frage, inwieweit Communities aufgebaut werden sollen oder der Kunde sogar in die Produktentwicklung eingebunden werden soll (Osterwalder und Pigneur 2011). Welche Art der Kundenbeziehung Sie auswählen, hängt stark von den Erwartungshaltungen der Kunden, den Branchenstandards und auch strategischen Überlegungen Ihres Unternehmens ab.

Bei der **Art der Kundenbindung** kann zwischen Kunden<u>v</u>erbundenheit und Kunden<u>g</u>ebundenheit unterschieden werden. Während der Kunde im Falle von Kundenverbundenheit nicht wechseln will (weil er z. B. mit dem Unternehmen sehr zufrieden ist oder eine emotionale Bindung besteht), kann er im Falle von Kundengebundenheit nicht wechseln. Hier spricht man von einem Lock-in-Effekt, der unterschiedliche Ursachen haben kann: vertragliche (z. B. Vertragsstrafen), technische (z. B. Kosten durch Umstieg auf ein neues System), wirtschaftliche (wenn z. B. Abschreibungen der Investition erst verdient werden müssen), aber auch Transaktionskosten für die Suche nach neuen Anbietern oder Produktivitätsverluste bei der Einarbeitung auf neue Systeme (Knyphausen-Aufseß et al. 2011). Diese Form der Kundenbindung führt daher zu Wechselkosten und stellt damit eine Art „Austrittsbarriere" aus einer Geschäftsbeziehung für den Kunden dar. Beim Aufbau solcher „Austrittsbarrieren" sollten Sie allerdings berücksichtigen, dass diese auch eine „Eintrittsbarriere" darstellen: der Kunde wird in solchen Fällen genauer prüfen, ob der erhaltene Gegenwert diese Bindung auch wert ist.

2.7 Gewinnformel

Unternehmen erzielen dann nachhaltig Gewinne, wenn sie in der Lage sind, laufend Erlöse aus dem Verkauf ihrer Leistungen an die Kunden generieren und gleichzeitig eine Kostenstruktur zu haben, mit der die Aufwendungen für die Leistungserstellung deutlich geringer ausfallen als die Erlöse. Die „Gewinnformel", also die Art und Weise, wie das Unternehmen aus verschiedenen Erlösströmen unter Abzug der für die Leistungserstellung notwendigen wesentlichen Kostenpositionen Gewinne erwirtschaftet, muss zu einem positiven Ergebnis führen, damit ein Geschäftsmodell langfristig erfolgreich sein kann.

Im Folgenden werden wir uns näher ansehen, wie man die zwei wesentlichen Bestandteile der „Gewinnformel" als Teil eines Geschäftsmodells – die **Erlösströme** und die **Kostenstruktur** des Unternehmens – gut analysieren und beschreiben kann.

2.7.1 Erlösströme

Mit dem Begriff „**Erlösströme**" wird – wie aus dem Wort ja schon ersichtlich ist – beschrieben, auf welchen Wegen „Erlöse in das Unternehmen strömen" – wie das Unternehmen also seine Umsätze generiert. Nehmen wir als Beispiel ein Magazin. Sie können dieses im Einzelverkauf am Kiosk erwerben – das ist schon einmal ein erster Erlösstrom für das Verlagsunternehmen. Sie könnten das Magazin aber auch im Abonnement erwerben. Dann bekommen Sie jede neue Ausgabe nachhause geliefert und der Verlag hat einen weiteren Weg geschaffen, um Umsätze zu erzielen (das wäre dann ein zweiter Erlösstrom). Einen dritten Erlösstrom kann der Verlag aufbauen, wenn er Werbekunden akquiriert, die dafür bezahlen, dass sie im Magazin ihre Anzeigen schalten dürfen. Und wenn sich das findige Management des Verlags jetzt auch noch überlegt, ein Abo für die Online-Ausgabe des Magazins anzubieten, eine Kooperation mit anderen Webseiten einzugehen, von denen man Vermittlungsprovisionen bekommt, wenn man auf sie verweist, und auf der Website des Magazins einen Marktplatz aufzubauen, auf denen Anbieter gegen Gebühr ihre Waren feilbieten können, dann kämen damit auch noch Erlösströme Nummer vier, fünf und sechs dazu.

Wie wir an diesem Beispiel sehen können, gibt es sehr viele verschiedene Arten von Erlösströmen und zugleich auch vielfältige Möglichkeiten, diese in einem spezifischen Geschäftsmodell miteinander zu kombinieren.

Abb. 2.4 bietet eine Übersicht über die vier wesentlichen Faktoren, die bei der Festlegung auf Erlösströme mit überlegt werden sollten:

1. Für was wird bezahlt?
2. Wer bezahlt?
3. Wann wird bezahlt?
4. Wie wird der Preis festgesetzt?

Sie können Abb. 2.4 auch als eine Art „Baukastensystem" sehen, das dabei hilft, verschiedene potenzielle Erlösströme zu identifizieren.

Lassen Sie uns nun einen näheren Blick auf die vier Faktoren werfen:

2.7 Gewinnformel

Wofür wird bezahlt?	Wer bezahlt?	Wann wird bezahlt?	Wie wird der Preis festgesetzt?
Physisches Produkt	Direkte Kunden	Einmaliger Kauf	Fixpreis
Dienstleistung/Service	Werbekunden	Bezahlung je Nutzungseinheit	Dynamischer Preis
Kontaktanbahnung/Werbung	Anbieter (z. B. auf Marktplattformen)	Bezahlung je Zeiteinheit	Personalisierter Preis
Informationen/Daten	Partner (z. B. über Provisionen)	Bezahlung bei Erfolg	„Freemium"
…	…	…	…

Abb. 2.4 Varianten von Erlösströmen

1. **Wofür wird bezahlt?** Hier geht es zunächst einmal darum, sich darüber im Klaren zu sein, für welchen Nutzen bzw. für welche Leistung jemand bereit ist, zu bezahlen. Die Definition des Wertversprechens im „Kern" des Geschäftsmodells (siehe dazu auch Abschn. 2.3) kann hierzu einen guten Ausgangspunkt darstellen. Bekommt der Kunde ein physisches Produkt? Eine Dienstleistung – entweder „klassisch" oder digital über das Internet? Oder besteht die wesentliche Leistung darin, Kontakte zu Kunden anzubahnen oder zu vermitteln (z. B. durch die Zurverfügungstellung einer Marktplattform im Internet, wie das bei Uber der Fall ist)? Auch Werbung würde übrigens in diese Kategorie fallen, schließlich stellt auch sie eine Form der Kontaktanbahnung dar. Manche Unternehmen – gerade auch aus dem digitalen Sektor – machen ihr Geld auch mit der Zurverfügungstellung von Daten und Informationen (auch wenn die Datenschutzgrundverordnung diesbezüglichen Geschäftsmodellen gewisse Schranken auferlegt). Wie das Beispiel des Magazinverlags, der seinen Kunden zusätzlich auch digitale Angebote macht, zeigt, ist es durchaus auch möglich und üblich, mehrere dieser Leistungen zu kombinieren.
2. **Wer bezahlt?** Es gibt eine sehr einfache Antwort auf diese Frage: Wer soll schon bezahlen – der Kunde natürlich! Bei näherem Hinsehen zeigt sich aber auch hier, dass es ganz verschiedene Erlösquellen geben kann. Natürlich wird in vielen Fällen der Kunde, welcher die Leistung des Unternehmens erhält, diese auch direkt bezahlen. Es gibt aber auch Modelle, bei denen der Kunde die Leistung quasi „gratis" erhält, weil sie ein anderer, nämlich ein Werbekunde, bezahlt (in diesem Fall zahlt der Kunde ja auch indirekt – mit seinen Daten oder zumindest mit seiner Aufmerksamkeit, aber eben nicht direkt mit seinem eigenen Geld). Auf manchen Vermittlungsplattformen zahlt nur eine Seite (z. B. die anbietenden Unternehmen auf einem Online-Gebrauchtwagenmarkt), während die andere Seite (in diesem Fall also die Nachfrager) das Service kostenlos nutzen kann. Wieder andere Geschäftsmodelle basieren auf Provisionseinnahmen, die man für die Vermittlung bestimmter Kundenkontakte bekommt. Es ist also nicht immer der auf den ersten Blick „offensichtliche" Leistungsempfänger (der traditionell als „der Kunde" gesehen wird) derjenige, der für die Leistung auch bezahlt.

3. **Wann wird bezahlt?** Bei der Beantwortung dieser Frage im Rahmen der Beschreibung und Entwicklung von Geschäftsmodellen geht es weniger um Zahlungsziele, sondern darum, welches Ereignis den Zahlungsstrom auslöst. Ist es der (einmalige) Kauf eines Produktes oder dessen Nutzung? So können Sie zum Beispiel ein Auto kaufen oder sich alternativ dazu an einem Car Sharing-Modell beteiligen, bei dem Sie nur für die tatsächliche Nutzung eines Autos zahlen (je nach der Anzahl der gefahrenen Kilometer). Sie könnten sich aber auch für ein Bezahlmodell entscheiden, bei dem Sie die Nutzung nach Zeiteinheiten abgerechnet bekommen (also z. B. die Miete eines Fahrzeuges für eine Woche). Abonnements – zum Beispiel für die Nutzung einer bestimmten Softwareplattform für eine bestimmte Zeiteinheit – fallen auch unter diese Kategorie. Schließlich gibt es auch noch Modelle, in der die Zahlungsverpflichtung nur bei einem bestimmten eingetretenen Erfolg ausgelöst wird – denken Sie dabei zum Beispiel an Personalberater (sogenannte „Headhunter"), die ihre Provisionen kassieren, wenn sie eine geeignete Person für die Besetzung einer offenen Stelle gefunden haben, und zwar nur dann, wenn diese Person auch den Arbeitsvertrag unterschreibt. Oder – in einem ganz anderen Geschäftsmodell – an die von Google angebotene Suchmaschinenwerbung, bei der Sie nicht dann bezahlen, wenn die Werbung „gesehen" wird, sondern nur dann, wenn sie zum gewünschten „Erfolg" (in diesem Fall zu einem tatsächlichen Besuch Ihrer Website) führt.
4. **Wie wird der Preis festgesetzt?** Auch bei der Preisfestsetzung gibt es wieder unterschiedliche Varianten. Da gibt es einmal „Fixpreise" – also eine bestimmte Summe, welche für eine bestimmte Leistung verlangt wird. Alternativ dazu kann man aber auch einen dynamischen Preismechanismus wählen, bei dem die Preise von verschiedenen Faktoren abhängen, wie zum Beispiel der Tageszeit („Happy Hour"), der Buchungszeit („Frühbucher-Bonus"), der aktuellen Nachfrage oder dem Wetter. Wenn Sie öfters ins Flugzeug steigen, dann kennen Sie das – der Preis hängt nicht nur von Ihrer Buchungskategorie ab, sondern auch davon, wann Sie Ihren Flug buchen. Es gibt aber auch Preissetzungsmodelle, bei denen der Preis, den Sie bezahlen, davon abhängt, wer Sie sind. Das mag jetzt am ersten Blick vielleicht diskriminierend klingen, wird aber dennoch oft angewandt. Das kennen Sie auch – Kinder unter 12 Jahren zahlen weniger als Erwachsene, Erstkäufer bekommen einen Bonus, Unternehmen verschiedener Größe bekommen verschiedene Angebote. Vor allem bei Internet-Angeboten liest man immer wieder auch von sogenannten „Preis-Plänen" (*engl.* price plan), bei denen den Kunden gleich eine Auswahl verschiedener (Abo-)Preise vorgelegt wird, je nachdem, wie viele Services der Kunde jeweils nutzen möchte. Ein ganz besonderes Preismodell ist des sognannte „Freemium"-Modell, dass sich aus den englischen Begriffen für „gratis" (*engl.* free) und „hochwertig" (*engl.* premium) zusammensetzt. In einem solchen Modell bietet das Unternehmen ein kostenloses Basisservice an (z. B. bekommt man beim Online-Dateispeicherungsdienst Dropbox einen Gratis-Speicherplatz in der „Cloud"), um Kunden anzuziehen, denen man dann weiterführende „Premium"-Leistungen gegen Bezahlung anbieten kann (z. B. bei Dropbox zusätzlichen Speicherplatz, da der Gratis-Speicherplatz bei vielen recht bald verbraucht ist).

Durch eine Kombination dieser Faktoren ergibt sich eine große Zahl möglicher Erlösmodelle, die auch aus verschiedenen Erlösströmen „gespeist" werden können. Bei der Beschreibung der Erlösströme eines bestehenden oder geplanten Geschäftsmodells kann das Tool 2c, das Sie im Anhang zu diesem Kapitel finden, verwendet werden.

Bevor man sich dann allerdings für bestimmte Erlösströme im Geschäftsmodell-Design entscheidet, empfiehlt es sich auf jeden Fall, die möglichen finanziellen Auswirkungen verschiedener Varianten von Erlösmodellen in einem Businessplan genau durchzurechnen (zu weiterführenden Informationen dazu siehe Kap. 4).

2.7.2 Kostenstruktur

Ob ein Geschäftsmodell gewinnbringend umsetzbar ist – das wird nicht nur auf der Erlös-, sondern auch auch auf der **Kostenseite** entschieden. Ein guter Ausgangspunkt, um die einem Geschäftsmodell zugrunde liegende Kostenstruktur zu erfassen, ist ein erneuter Blick auf die Prozesse der Leistungserstellung (siehe dazu auch Abschn. 2.4):

- Welche Kosten entstehen in den Kernprozessen zur Leistungserstellung?
- Welche Kosten entstehen in den unterstützenden Prozessen (z. B. IT, Buchhaltung)?
- Welche Kosten fallen an, um die Ressourcen und Fähigkeiten zu erwerben, die zur Leistungserstellung benötigt werden?
- Welche Kosten fallen in der Zusammenarbeit mit externen Kooperationspartnern an, die man für die Leistungserstellung benötigt.

Für die Beschreibung des Geschäftsmodells geht es dabei nicht unbedingt darum, alle möglichen anfallenden Kosten im Detail aufzulisten, sondern die wesentlichen **Kostenblöcke** und **Kostentreiber** zu identifizieren. Oft sind es nur ein paar sehr wenige (vielleicht auch nur zwei oder drei) Kostenblöcke oder Kostentreiber, die für das Geschäftsmodell besonders relevant sind.

Wichtig ist dabei vor allem auch, festzustellen, ob es sich bei den wesentlichen Kostenblöcken um **Einmalkosten oder (fixe oder variable) laufende Kosten** handelt. Das Verhältnis der wesentlichen Kostenblöcke zueinander nennt man dann **Kostenstruktur**.

Zu den **Einmalkosten** zählen vor allem die Investitionen in physische und immaterielle Anlagegüter wie zum Beispiel den Maschinenpark oder die Erstellung einer Unternehmenswebsite. Die **laufenden Kosten** fallen wie der Name schon sagt „laufend" an, also solange das Unternehmen in einem bestimmten Bereich geschäftlich aktiv ist.

Fixe Kosten (oder Fixkosten) sind dabei jener Teil der Kosten, welche in einem bestimmten Zeitabschnitt (z. B. einem Geschäftsjahr) unabhängig von der Produktions- bzw. Absatzmenge eines Produktes oder einer Dienstleistung entstehen. Typische Beispiele sind Mietkosten für Büros oder Produktionshallen, Versicherungskosten oder Kosten für fix angestellte Verwaltungsmitarbeiter. **Variable Kosten** hingegen ändern sich in Abhängigkeit von der Produktions- bzw. Absatzmenge. Je mehr man produziert und verkauft, desto höher steigen die variablen Kosten. Das können zum Beispiel Materialkosten sein, die bei der Herstellung von Produkten anfallen, Kosten für Subauftragnehmer für bestimmte Kundenprojekte oder Versandkosten im Vertrieb (oder auch Rücksendekosten im Online-Vertrieb).

Ob bestimmte Kostenblöcke „fix" oder „variabel" sind, das lässt sich manchmal auch durch unternehmerische Entscheidungen beeinflussen. So kann zum Beispiel eine Werbeagentur eine Grafikerin fest anstellen (= fixe Kosten) oder Grafikleistungen für jedes einzelne Kundenprojekt einzeln extern zukaufen (= variable Kosten). Auch andere **„Make-or-buy"-Entscheidungen** (Entscheidungen über Eigenfertigung versus Fremdbezug) können das Verhältnis von fixen Kosten und variablen Kosten beeinflussen. So kann zum Beispiel auch die Kundenakquisition über fix angestellte Vertriebsmitarbeiter abgewickelt werden (fixe Kosten) oder vorrangig digital über Suchmaschinen- und Social-Media-Marketing, für das man nur dann bezahlt, wenn man auch direkte Kundenzugriffe auf die eigenen Angebote bekommt. Wenn es dann eine starke Korrelation der Werbemaßnahmen mit der Absatzmenge gibt, könnten man auch hier im weiteren Sinne von „variablen" Kosten sprechen.

Eine Kostenstruktur mit einem geringeren Fixkostenanteil scheint auf den ersten Blick einmal risikoärmer zu sein. Läuft das Geschäft nicht ganz so wie geplant, dann fallen die Verluste durch die geringere Fixkostenbasis zunächst einmal geringer aus. Andererseits sind Geschäftsmodelle, die zwar höhere Fixkosten, dafür aber auch geringere variable Kosten haben, oft auch leichter **skalierbar** – d. h. bei höheren Produktions- und Absatzmengen steigen die Gesamtkosten weniger stark an als die Umsätze (wenn nicht durch die Erreichung bestimmter Größenschwellen auch wieder größere Investitionen oder neue Fixkosten anfallen). Auf jeden Fall sollte bei der Analyse von Geschäftsmodellen auch ein bewusster Blick darauf geworfen werden, wie sich die wesentlichen Kostenblöcke verändern, wenn das Unternehmen weiterwachsen sollte.

Neben der Bestimmung der wesentlichen Kostenblöcke und deren Entwicklung während eines Wachstumsprozesses macht es in einem weiteren Schritt auch noch Sinn, die wichtigsten **Kostentreiber** zu identifizieren. Das sind die wesentlichen Einflussfaktoren, welche bestimmen, wie hoch die Kosten einer bestimmten Aktivität sind. So kann zum Beispiel die Anzahl der Retouren ein wesentlicher Kostentreiber für einen Online-Händler darstellen, da sie sowohl Versand- als auch Bearbeitungskosten zur Rückabwicklung des Geschäftes – möglicherweise aber auch Kosten des erneuten „kundengerechten" Aufbereitens der Ware verursachen. Es ist wichtig, die grundlegenden Kostentreiber eines Geschäftsmodells zu kennen, um hier auch bessere Einschätzungen für deren mögliche Entwicklung auf internationalen Märkten treffen zu können. So kann es zum Beispiel in verschiedenen Ländern eine unterschiedliche Neigung von Konsumenten geben, online bestellte Waren wieder zurückzusenden, was dann das Geschäftsmodell eines Online-Shops aus einer kostenseitigen Betrachtung auch länderspezifisch unterschiedlich attraktiv erscheinen lässt.

2.7 Gewinnformel

Das Tool 2d im Anhang zu diesem Kapitel kann dabei helfen, die **wesentlichen Kostenblöcke und Kostentreiber Ihres Geschäftsmodells zu beschreiben** und damit auch die gesamte Kostenstruktur besser zu verstehen.

Damit haben wir jetzt alle Bausteine für eine klare Beschreibung des bestehenden oder geplanten neuen Geschäftsmodells behandelt, die uns dann als Basis für die weitere Optimierung des Geschäftsmodells für den internationalen Markterfolg dienen kann. Im nächsten Schritt wird es darum gehen, den internationalen Zielmarkt zunächst auszuwählen und dann genauer zu analysieren, um darauf aufbauend die weiteren Schritte zur Entwicklung eines für den Zielmarkt „idealen" Geschäftsmodells setzen zu können.

> **Fazit**
>
> In diesem Kapitel haben wir ausführlich besprochen, was ein Geschäftsmodell ist und wie man es durch eine klare Beschreibung „fassbar" und damit auch bewusst bearbeitbar machen kann. Wir haben die Geschäftsmodell-Designvorlage kennengelernt, basierend auf den vier Leitfragen „Welchen Wert schaffen wir für welche Kunden?", „Was brauchen wir zur Leistungserstellung", „Wie erreichen wir unsere Kunden" und „Wie erzielen wir Gewinne?" und den dazugehörigen Bausteinen eines Geschäftsmodells in den (den Leitfragen zugeordneten) Handlungsfeldern Wertversprechen/Zielkunden, Leistungserstellung, Kundenansprache und Gewinnformel. Zusammen mit den weiteren Erläuterungen und Tools zu den einzelnen Bausteinen haben wir damit die Voraussetzungen geschaffen, um ein bestehendes Geschäftsmodell (oder ein geplantes neues Geschäftsmodell) im Detail zu beschreiben. Eine solche genaue Beschreibung des Ausgangs-Geschäftsmodells ist natürlich auch mit einigem Aufwand verbunden. Dafür können wir aber auch in mehrfacher Weise einen Nutzen daraus ziehen: Durch das genaue „Durch-Denken" des Geschäftsmodells kann einerseits ein besseres Verständnis dafür geschaffen werden, welche Faktoren für das Funktionieren des Geschäftes erfolgskritisch sind. Andererseits ergeben sich alleine durch das intensive Nachdenken über die einzelnen Elemente des Geschäftsmodells oft schon Ideen für Optimierungen und Erweiterungen. Auf jeden Fall aber haben wir damit einen guten Ausgangspunkt dafür geschaffen, um das Geschäftsmodell systematisch und strukturiert für eine erfolgreiche internationale Marktbearbeitung weiterzuentwickeln. ◄

Tool 2a: Schlüsselprozesse, -ressourcen und –fähigkeiten

Diese Tool verschafft einen Überblick (a) über die wichtigsten Aktivitäten, die Sie für die Umsetzung Ihres Geschäftsmodells brauchen und (b) über die Schlüsselressourcen und –fähigkeiten, die zu einer erfolgreichen Ausführung dieser Aktivitäten unbedingt notwendig sind.

1. **Was sind die wichtigsten Aktivitäten bzw. Prozesse, die wir in unserem Geschäftsmodell zur Leistungserstellung brauchen?**

	Aktivität/Prozess	Welche Ressourcen bzw. Fähigkeiten brauchen wir dafür?
1		
2		
3		

2. **Was sind die wichtigsten Aktivitäten bzw. Prozesse, die wir in unserem Geschäftsmodell benötigen, um unsere Leistungen zu den Kunden zu bringen?**

	Aktivität/Prozess	Welche Ressourcen bzw. Fähigkeiten brauchen wir dafür?
1		
2		
3		

3. **Welche der unter 1. und 2. identifizierten Aktivitäten/Prozesse bzw. Ressourcen/Fähigkeiten sind nur sehr schwer von den Mitbewerbern imitierbar oder durch andere Lösungsansätze substituierbar?**

	Schwer imitierbare Schlüsselaktivitäten/-prozesse	Schwer ersetzbare Schlüsselressourcen/-fähigkeiten
1		
2		
3		

2.7 Gewinnformel

Tool 2b: Übersicht über die wesentlichen Kooperationspartner

Mit diesem Tool schaffen Sie sich einen Überblick darüber, welche Kooperationspartner für eine erfolgreiche Implementierung Ihres Geschäftsmodells benötigt werden.

1. **Welche Lieferanten sind für die Erstellung der Leistung für unsere Zielkunden im Geschäftsmodell unseres Unternehmens besonders wichtig?**

	Partner (Lieferant)	Leistung des Partners	Grund für die Kooperation *
A			
B			
C			

2. **Welche Schlüsselpartner brauchen wir auf der Vermarktungs- und Distributionsseite, um unsere Leistungen den Kunden zur Verfügung zu stellen?**

	Partner	Leistung des Partners	Grund für die Kooperation *
A			
B			
C			

3. **Welche weiteren externen Partner gibt es, welche Ressourcen oder Fähigkeiten zur Verfügung stellen bzw. Aktivitäten durchführen, die für unser Geschäftsmodell von wesentlicher Bedeutung sind?**

	Partner	Leistung des Partners	Grund für die Kooperation*
A			
B			
C			

* Beispiele für Gründe für eine Kooperation sind kostengünstiger Zugang zu Ressourcen und Fähigkeiten oder leichtere Skalierbarkeit des Geschäftsmodells durch die Kooperation oder Risikominimierung.

Tool 2c: Die Erlösströme des Geschäftsmodells

Diese Tool hilft dabei, die einzelnen Erlösströme eines Geschäftsmodells zu identifizieren und zu beschreiben.

1. **Wofür wird bezahlt?**

   Für welche (verschiedenen) Leistung bezahlen die Kunden (für welches physisches Produkt, welche Dienstleistung, Werbung, Daten …)?

Erlösstrom 1	Erlösstrom 2	Erlösstrom 3

2. **Wer bezahlt?**

   Wer bezahlt in den einzelnen Erlösströmen für die Leistung des Unternehmens (direkte Kunden, Werbekunden, Partner …)?

Erlösstrom 1	Erlösstrom 2	Erlösstrom 3

3. **Wann wird bezahlt?**

   Wann wird in den einzelnen Erlösströmen die Zahlungsverpflichtung/ der Zahlungsstrom ausgelöst (einmaliger Kauf, Bezahlung je Benutzungseinheit, je Zeiteinheit, bei Erfolg …)?

Erlösstrom 1	Erlösstrom 2	Erlösstrom 3

3. **Wie wird der Preis festgesetzt?**

   Welchen Preismechanismus gibt es in den einzelnen Erlösströmen (Fixpreis, dynamischer Preis, personalisierter Preis, „Freemium"…)?

Erlösstrom 1	Erlösstrom 2	Erlösstrom 3

2.7 Gewinnformel

Tool 2d: Analyse der Kostenstruktur des Geschäftsmodells

1. Identifizieren Sie die wesentlichen Kostenblöcke und Kostentreiber

Stellen Sie zunächst mithilfe folgender Fragen fest, welche die größten Kostenblöcke sind:
- Welche Kosten fallen in den Prozessen der Leistungserstellung an?
- Welche Kosten fallen in den unterstützenden Prozessen an?
- Welche Kosten fallen an, um die für die Geschäftstätigkeit wichtigen Ressourcen und Fähigkeiten zu erwerben?
- Welchen Kosten fallen in der Zusammenarbeit mit externen Partnern an?

Überlegen Sie im Anschluss, welche Einflussfaktoren die Höhe jeweiligen Kostenblöcke maßgeblich mitbestimmen (Kostentreiber).

	Kostenblock	Kostentreiber
1		
2		
3		
4		
5		

2. Analysieren Sie die Kostenstruktur

Stellen Sie nun fest, welchen Anteil an den Gesamtkosten die einzelnen Kostenblöcke haben und um welche Kostenkategorie es sich dabei jeweils handelt.

	Kostenblock	Einmalkosten	Laufend fix	Laufend variabel	In % von laufenden Kosten gesamt	Anmerkung Entwicklung bei Wachstum
1		○	○	○		
2		○	○	○		
3		○	○	○		
4		○	○	○		
5		○	○	○		

Literatur

Berndt, R., Altobelli, C. F., & Sander, M. (2016). *Internationales Marketing-Management* (5. Aufl.). Springer Gabler.

Bruhn, M., & Hadwich, K. (2012). Customer Experience – Eine Einführung in die theoretischen und praktischen Problemstellungen. In M. Bruhn & K. Hadwich (Hrsg.), *Customer Experience: Forum Dienstleistungsmanagement* (S. 3–36). Gabler Verlag.

Burkholz, R. (2017). Entwicklung einer Buyer Persona. In: Hannig, U. (Hrsg.), *Marketing und Sales Automation Grundlagen – Tools – Umsetzung. Alles, was Sie wissen müssen* (S. 49–58). Wiesbaden: Springer Fachmedien.

Gassmann, O., Frankenberger, K., & Csik, M. (2017). *Geschäftsmodelle entwickeln: 55 innovative Konzepte mit dem St.Galler Business Model Navigator*, (2. Aufl.). München: Hanser.

Gentile, C., Spiller, N., & Noci, G. (2007). How to Sustain the Customer Experience: An Overview of Experience Components that Co-create Value With the Customer. *European Management Journal, 25*(5), 395–410.

Grösser, S. (2020). Geschäftsmodell. https://wirtschaftslexikon.gabler.de/definition/geschaeftsmodell-52275#:~:text=Definition%3A%20Was%20ist%20%22Gesch%C3%A4ftsmodell%22%3F&text=Business%20Model)%20ist%20eine%20modellhafte,f%C3%BCr%20die%20Organisation%20sichern%20kann. Zugegriffen: 25. Sept. 2020.

Holland, H. (o. J.). *Customer Experience Management • Definition | Gabler Wirtschaftslexikon.* https://wirtschaftslexikon.gabler.de/definition/customer-experience-management-54478. Zugegriffen: 31. Jan. 2021.

Tiffert, A. (2019). *Customer Experience Management in der Praxis: Grundlagen – Zusammenhänge – Umsetzung.* Wiesbaden: Springer Gabler.

Zielmarkt-Check 3

> **Zusammenfassung**
>
> Um den Erfolg auf internationalen Märkten nicht dem Zufall zu überlassen, sollten die Zielmärkte für die internationale Vermarktung von innovativen Geschäftsmodellen systematisch ausgewählt werden. In diesem Kapitel erfahren Sie, wie Sie die Marktattraktivität von potenziellen Zielmärkten beurteilen und welche Kriterien dabei helfen können, eine solche Entscheidung möglichst objektiv und auf Basis von Daten und Fakten zu treffen. Außerdem ist zu überlegen, ob und inwiefern Geschäftsmodelle in den identifizierten Zielmärkten anderen Voraussetzungen als am Heimmarkt unterliegen, und welche Schlüsse daraus für Ihr Unternehmen zu ziehen sind. Ein besonderer Fokus wird dabei auf die Kundenbedürfnisse, die Wettbewerbssituation in der Branche sowie auf institutionelle Rahmenbedingungen in den ausgewählten Zielmärkten gelegt. Welche Konsequenzen dieser Zielmarkt-Check für Ihr Geschäftsmodell hat, hängt dabei insbesondere auch von der Frage ab, ob Sie ein neues Geschäftsmodell entwickeln oder ein bestehendes Geschäftsmodell für die internationale Vermarktung anpassen.

3.1 Zielmärkte auswählen

Es gibt viele Unternehmen, die ihre internationalen Zielmärkte mehr oder weniger „zufällig" auswählen und bearbeiten. So zeigen zum Beispiel Forschungsergebnisse über Dienstleistungsunternehmen, dass die Bearbeitung neuer Zielmärkte sehr oft von bestehenden Kunden und Lieferanten „ausgelöst" wird (Majkgård & Sharma, 1998). Weitere Studien belegen allerdings auch, dass eine **systematischere Vorbereitung der**

Zielmarktauswahl die Wahrscheinlichkeit des Internationalisierungserfolgs deutlich erhöhen kann (Brouthers & Nakos, 2005).

3.1.1 Strategien zur Zielmarktauswahl

Grundsätzlich besteht für Unternehmen die Möglichkeit, Schritt für Schritt einzelne neue Märkte zu erschließen (das nennt man dann eine „**Wasserfallstrategie**") oder gleichzeitig in mehrere neue Zielmärkte einzusteigen („**Sprinklerstrategie**") (Kreutzer, 1990; Sternad, 2020).

Vor allem auch Start-ups haben oft auch schon bei der Unternehmensgründung eine globale Ausrichtung. Ihr Markteintritt erfolgt dann über eine „Sprinklerstrategie" mehr oder weniger parallel in mehreren Märkten (deshalb werden sie manchmal auch als „Born Globals" bezeichnet). Ermöglicht wird das in vielen Fällen durch das Internet, das in vielen Branchen neue Möglichkeiten zur raschen Abdeckung mehrerer Ländermärkte ohne großen zusätzlichen Investitionsaufwand schafft. Zu den wesentlichen Nachteilen der „Sprinklerstrategie" zählt allerdings, dass sie einen weitaus höheren Einsatz von Ressourcen erfordert, als wenn Märkte schrittweise einer nach dem anderen bearbeitet werden. Außerdem sind damit oft auch ein höherer Koordinationsaufwand und zusätzliche wirtschaftliche Risiken verbunden. Unternehmen mit begrenzten Ressourcen sollten daher zunächst einmal eher eine „Wasserfallstrategie" in Betracht ziehen und gezielt einzelne Ländermärkte für ihre Internationalisierungsinitiativen auswählen.

Wie kann man aber nun systematisch an die Aufgabe herangehen, den oder die richtigen Zielmärkte für sein Geschäftsmodell auszuwählen? Sie können dazu zum Beispiel dem in Abb. 3.1 dargestellten **Trichtermodell zum Zielmarkt-Check** folgen. Dieses Modell kann Sie dabei unterstützen, jene Ländermärkte zu identifizieren, die für Ihr Geschäftsmodell am besten geeignet sind.

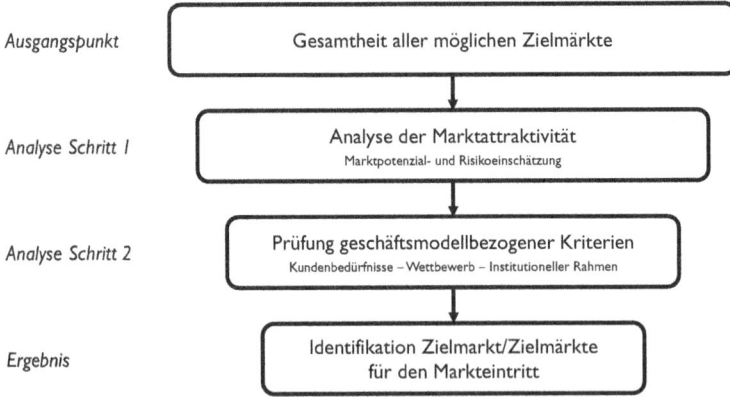

Abb. 3.1 Trichtermodell zum Zielmarkt-Check

Der Ausgangspunkt sind dabei alle Länder, die grundsätzlich in Frage kommen, wobei „grundsätzlich" natürlich nicht bedeutet, dass alle dann auch wirklich für eine Marktbearbeitung geeignet sind. Wenn Sie für ein etabliertes Unternehmen ein innovatives Geschäftsmodell entwickelt haben, das Sie nun auch international nutzen wollen, so liegt es nahe, dass Sie in erster Linie schon bestehende Zielmärkte ins Auge fassen, weil Sie dort zum Beispiel auch auf bestehende Vertriebsstrukturen zurückgreifen können. Mit einer solchen Vorgangsweise laufen Sie aber auch Gefahr, andere Zielmärkte auszuschließen, obwohl diese möglicherweise für Ihr Geschäftsmodell gleich attraktiv oder sogar noch attraktiver sein könnten als die bestehenden Märkte.

Zentral für eine systematische Zielmarktauswahl ist, **potenzielle Märkte möglichst objektiv anhand von Daten und Fakten zu beurteilen** und Ihre Entscheidung dann auch auf Basis der Ergebnisse dieser Analyse zu treffen.

Der erste wesentliche Schritt einer Zielmarktauswahl besteht in einer generellen **Analyse des Marktpotenzials sowie des Risikos** aller grundsätzlich infrage kommenden Zielmärkte. Für jene Märkte, die ein hohes Marktpotenzial bei gleichzeitig überschaubaren Risiken aufweisen, folgt dann der nächste Analyseschritt: eine genauere Prüfung von **Faktoren, die speziell bei der Internationalisierung von (innovativen) Geschäftsmodellen berücksichtigen werden sollten.** Dazu zählen insbesondere die spezifischen Kundenbedürfnisse am potenziellen Zielmarkt, die Wettbewerbssituation und die institutionellen Rahmenbedingungen. Für bestimmte Geschäftsmodelle wird sich zusätzlich auch noch die Frage nach der lokalen Verfügbarkeit von Lieferanten und Kooperationspartnern stellen. Möglicherweise gibt es auch bestehende Partner, die Ihrem Unternehmen in die möglichen Zielmärkte folgen können. Falls Ihr Geschäftsmodell stark von bestimmten Lieferanten oder Partnern abhängt, sollte dies unbedingt in Ihrer Zielmarktauswahl berücksichtigt werden.

Lassen Sie uns aber bei Schritt 1 beginnen, der Identifikation von Zielmärkten, die für das Geschäftsmodell Ihres Unternehmens besonders attraktiv sind.

Was kennzeichnet einen **„attraktiven" Zielmarkt**? Es sind jene Märkte, in denen Sie im Vergleich zu anderen Ländern ein höheres Gewinnpotenzial haben, und das bei einem gleichzeitig geringen Risiko, mit Ihren Internationalisierungsvorhaben zu scheitern.

Es gibt also zwei wesentliche Dimensionen, die uns dabei helfen, die Marktattraktivität zu beurteilen: **Marktpotenzial und Marktrisiko.** Indem Sie das Potenzial, das ein Markt hat, eventuellen Risiken in diesem Markt gegenüberstellen, erhalten Sie als Ergebnis eine Liste der „attraktivsten" Märkte für die internationale Vermarktung Ihres Geschäftsmodells.

Die wesentliche Herausforderung, vor der Sie nun stehen, ist dann natürlich, das Marktpotential und das Marktrisiko messbar zu machen. Es gibt dazu leider keine allgemeingültige und leicht einsetzbare „Formel", mit der Sie hier zuverlässige Werte für die Potenzial- und Risikoeinschätzung ermitteln können. Das ist aber auch gar nicht unbedingt notwendig. Vielmehr geht es darum, für Ihr konkretes Geschäftsmodell zu überlegen, welche Kriterien Ihnen dabei helfen könnten, das Marktpotential und das Marktrisiko möglichst realistisch einzuschätzen. Diese Kriterien werden sich je nach

Branche, Unternehmen und Geschäftsmodell unterscheiden. Im Folgenden finden Sie ein paar Tipps dazu, wie Sie die richtigen Kriterien finden und definieren können.

3.1.2 Einschätzung des Marktpotenzials

Sehen wir uns zunächst an, wie Sie das Marktpotenzial einschätzen könnten. Unter **Marktpotenzial** verstehen wir die gesamte *mögliche* Absatzmenge, also das, was in einem Zielmarkt theoretisch abgesetzt werden kann (Springer Gabler, 2020). Es handelt sich dabei um eine „hypothetische" Zahl, um einen ungefähren Schätzwert. Das Marktpotenzial gibt Ihnen noch keine Auskunft darüber, wie hoch Ihr Absatz tatsächlich sein wird.

Im ersten Schritt geht es zunächst einmal darum, das Marktpotenzial verschiedener Märkte miteinander zu vergleichen. Dabei gilt: Je größer das Marktpotenzial eines Zielmarkts, umso höher die Marktattraktivität – schließlich wollen Sie Ihre Geschäfte ja in jenen Ländern voranbringen, in denen Sie besonders gute Aussichten darauf haben, hohe Gewinne zu erwirtschaften.

Gerade wenn Sie das Marktpotenzial für ein innovatives Geschäftsmodell einschätzen wollen, erhält diese Aufgabe eine zusätzliche Komplexität. Nehmen wir an, Sie haben bisher Bücher verkauft und wollen jetzt ein neues Geschäftsmodell am Markt etablieren, bei dem die Leser die Bücher in digitaler Form kaufen, um sie auf einem elektronischen Tablet lesen zu können (z. B. auf Amazon Kindle). Dieses neue Geschäftsmodell stellt dann natürlich auch andere Anforderungen an die Auswahlkriterien für einen geeigneten Zielmarkt als wenn Sie nach Märkten für die weitere Verbreitung ihrer physischen Bücher suchen. Mag beim Verkauf von Büchern grundsätzlich zum Beispiel der Bildungsgrad eines Landes, die Landessprache oder die Kaufkraft maßgeblich sein, um das Potenzial einzuschätzen, so müssen Sie nun überlegen, ob für die Nutzung Ihres digitalen Produktes bestimmte technische oder kulturelle Voraussetzungen (z. B. ein Internetzugang oder die Kaufbereitschaft über das Internet) gegeben sein müssen, die Sie dann als weitere Anforderungen in Ihren Kriterienkatalog für die Zielmarktauswahl aufnehmen sollten.

Die Kriterien, anhand derer das Marktpotenzial eingeschätzt werden kann, werden natürlich von Branche zu Branche und von Unternehmen zu Unternehmen unterschiedlich ausfallen. Dennoch wollen wir hier kurz zwei Beispiele für Kriterien diskutieren, die branchenübergreifend oft im Rahmen einer Zielmarktauswahl Anwendung finden.

Ein erstes klassisches Beispiel ist das **Bruttoinlandsprodukt (BIP) pro Kopf,** eine Messgröße für den materiellen Wohlstand eines Landes. In Ländern mit hohem BIP pro Kopf wird üblicherweise auch die Kaufkraft der Kunden stärker sein, was auch das Marktpotenzial für bestimmte (gerade auch höherpreisige) Produktkategorien erhöht.

Ein weiteres Beispiel ist der **Digitalisierungsgrad** eines Landes. Dieses Kriterium kann insbesondere dann interessant sein, wenn Sie ein digitales Geschäftsmodell internationalisieren möchten. Plattformgeschäftsmodelle, die über das Internet laufen, aber

3.1 Zielmärkte auswählen

auch sogenannte „Pay-per-use"-Modelle (bei denen die Abrechnung nach der tatsächlichen Nutzung eines digitalen Produktes erfolgt) oder andere digitale Services setzen zum Beispiel eine gute Internetverbindung voraus, um Daten möglichst lückenlos übertragen zu können. Um solche Services vollumfänglich nutzen zu können, kann es also eine wesentliche Voraussetzung sein, dass Ihre Zielgruppe einen entsprechenden Internetzugang bzw. entsprechende digitale Kompetenzen hat. Der Digitalisierungsgrad einzelner europäischer Ländermärkte wird zum Beispiel mit dem *Digital Economy and Society Index* der Europäischen Kommission (DESI) gemessen.

Das Tool 3a am Ende dieses Kapitels gibt Ihnen eine Übersicht über weitere Kriterien, die Ihnen bei der Einschätzung des Marktpotenzials möglicher Zielmärkte helfen können.

Neben solchen relativ „breiten" Kriterien zur Einschätzung des generellen Marktpotenzials macht es natürlich bei Vorhandensein entsprechender Daten auch Sinn, in den Zielmarkt-Auswahlprozess auch Kriterien mit aufzunehmen, die konkret auf die Leistungsangebote Ihres Unternehmens ausgerichtet sind. Das könnten zum Beispiel Importdaten, der aktuelle Pro-Kopf-Verbrauch oder die Wachstumsraten für eine bestimmte Produkt- und Dienstleistungskategorie sein oder die Anzahl potenzieller Kunden im Zielmarkt.

Die einzelnen Kriterien müssen dabei nicht unbedingt immer gleich wichtig sein. Manchmal wird es notwendig sein, die Kriterien nach der Bedeutung für Ihr Unternehmen zu gewichten. Sie können hier zum Beispiel ein **Punktbewertungsverfahren** anwenden. Legen Sie dazu zunächst alle Kriterien fest, die aus Ihrer Sicht für die Einschätzung des Marktpotenzials relevant sind. Bestimmen Sie dann für jedes dieser Kriterien einen Prozentsatz, der die Bedeutung des jeweiligen Kriteriums ausdrückt.

Vielleicht sind für Sie die Kriterien Import in Ihrer Warenkategorie, Digitalisierungsgrad und Preisniveau von Bedeutung – und zwar genau in dieser Reihenfolge. Dann könnten Sie zum Beispiel den Import mit 50 % gewichten, den Digitalisierungsgrad mit 30 % und das Preisniveau mit 20 % (die Summe für alle Kriterien sollte immer 100 % betragen). Im nächsten Schritt würden Sie dann für jeden grundsätzlich infrage kommenden Zielmarkt die Kriterien bewerten und anschließend mit dem Gewichtungs-Prozentsatz multiplizieren. Details zu dieser Methode finden Sie auch im Tool 3b am Ende dieses Kapitels.

Auch wenn Sie bei diesem Verfahren noch keine konkrete potenzielle Absatzmenge erhalten, so gibt es Ihnen doch die Möglichkeit, die Anzahl möglicher Zielmärkte weiter einzugrenzen. Das Ergebnis dieser Analyse ist also eine reduzierte Anzahl von potenziellen Zielmärkten, für die Sie dann im nächsten Schritt eine detailliertere Analyse vornehmen können.

3.1.3 Einschätzung von Marktrisiken

Neben dem Marktpotenzial sind für die Einschätzung der Marktattraktivität auch die **Marktrisiken** zu beurteilen. Selbst wenn das Marktpotenzial in einem Land sehr hoch zu sein scheint, wird die Attraktivität des Marktes doch geringer ausfallen, wenn der Markteintritt mit hohen Risiken verbunden ist. Ein höheres Risiko bedeutet, dass es wahrscheinlicher ist, dass Sie Schwierigkeiten haben werden, mit Ihrem Geschäftsmodell erfolgreich in diesen Zielmarkt einzusteigen. Das kann dann zum Beispiel auch bedeuten, dass höhere Kosten auf Sie zukommen oder Sie Ihre Produkte und Dienstleistungen vielleicht nicht wie geplant absetzen werden können.

Auch hier stellt sich nun wieder die Frage, wie Sie das Risiko eines Marktes möglichst gut einschätzen können. Ein mögliches Kriterium, das Sie zur Risikoeinschätzung heranziehen können, ist zum Beispiel der *Corruption Perception Index* von Transparency International. Dieser Index gibt Auskunft über die wahrgenommene **Korruption** in allen Staaten dieser Erde. Er ist also keine tatsächliche Messung der Korruption (die auch schwer zu messen wäre), kann Ihnen aber eine gute Einschätzung dafür liefern, ob und in welchem Ausmaß Sie in bestimmten Ländern mit korrupten Praktiken rechnen müssen, die sich möglicherweise negativ auf Ihre Geschäftstätigkeit auswirken können. Die großen Ratingagenturen (z. B. Moody's oder Standard & Poor's) bieten zudem auch **Länderrisikoeinschätzungen** an, die Ihnen ebenfalls bei Ihrer Risikobeurteilung helfen können.

Es gibt aber darüber hinaus auch kulturelle, rechtliche oder branchenspezifische Rahmenbedingungen, die einen möglichen Eintritt in bestimmte Zielmärkte erschweren oder verhindern können. Da die Analyse dieser Rahmenbedingungen auch schon recht viel Zeit in Anspruch nehmen kann, könnten Sie diese auch auf jene Länder einschränken, für die Sie aufgrund der Erkenntnisse aus Ihren bisherigen Recherchen ein besonders hohes Marktpotenzial sehen. Andererseits laufen Sie bei der zu frühen Einbindung zum Beispiel von kulturellen Kriterien in Ihre Analyse Gefahr, möglicherweise interessante Zielmärkte bereits von vornherein auszuschließen, obwohl diese eigentlich – bei entsprechender Anpassung des Geschäftsmodells – sehr interessant für eine Bearbeitung wären.

Das Ergebnis dieser ersten Phase der Zielmarktanalyse sollte dann eine reduzierte Liste von Märkten sein, die Sie aufgrund ihres hohen Marktpotenzials und relativ überschaubaren Risikos für besonders attraktiv halten. Im zweiten Analyseschritt gilt es nun, diese Märkte noch genauer verstehen zu lernen. Dabei geht es einerseits um die Kundenbedürfnisse im Zielmarkt, andererseits aber auch um bestehende Branchengeschäftsmodelle und institutionelle Rahmenbedingungen, die eine Auswirkung auf die Erfolgschancen Ihres Geschäftsmodells haben können.

3.2 Kundenbedürfnisse verstehen

Will ein Unternehmen mit seinem Leistungsangebot erfolgreich sein, so muss Klarheit darüber bestehen, was der Kunde eigentlich will. Es ist dabei möglich, dass sich Kundenbedürfnisse in verschiedenen Zielmärkten voneinander unterscheiden. Dies sollte unbedingt berücksichtigt werden, wenn man die erfolgreiche Übertragung eines Geschäftsmodells in internationale Zielmärkte ins Auge fasst. Gründe für verschiedene Kundenbedürfnisse können vor allem auch in kulturellen Unterschieden liegen und mit anderen (Nutzungs-)Gewohnheiten einhergehen. Die Kundenbedürfnisse in potenziellen Zielmärkten zu verstehen ist daher ein wesentlicher Schritt für die Auswahl eines geeigneten Zielmarktes.

3.2.1 Kundenbedürfnisse

Um Kundenbedürfnisse erfassen und anschließend richtig adressieren zu können, wollen wir zunächst einmal klären, was wir eigentlich unter dem Begriff **„Kundenbedürfnisse"** genau verstehen. Im Kern geht es darum, wie Kunden in ihren eigenen Worten den Vorteil beschreiben, den sie sich von einem Produkt oder von einer Dienstleistung erwarten. Dabei ist es wichtig, die Kundenstimme (*engl.* „voice of the customer") (Griffin & Hauser, 1993) nicht mit den Produkteigenschaften zu verwechseln.

Dieser Unterschied lässt sich auch an Hand des englischsprachigen Begriffs **„Job-to-be-done"** (*dt.* „zu erledigende Aufgabe") erklären. Demnach sind Menschen nämlich weniger am Produkt selbst interessiert als vielmehr daran, **Lösungen für ein bestimmtes Problem** zu bekommen, welche sie im Produkt finden. Ein klassisches Beispiel ist der Kunde, der eigentlich keinen Bohrer will, sondern ein Loch in der Wand (Christensen & Raynor, 2013). Oder wie schon Henry Ford erkannte: Menschen wollen keine schnelleren Pferde, sondern in erster Linie schneller von einem Ort A an einen Ort B gebracht werden.

Abb. 3.2 fasst einige Beispiele für Kundenbedürfnisse im Überblick zusammen.

Manche Kundenbedürfnisse sind direkt auf das Produkt bezogen. Dazu zählt etwa ein günstiger Preis (manche Kunden greifen gerne zu günstigen Produkten, weil sie das Bedürfnis haben, durch einen Kauf ein „Schnäppchen" ergattern zu können) oder der Wunsch nach einem visuell und haptisch ansprechenden Produktdesign. Daneben gibt es auch noch servicebezogene Kundenbedürfnisse. Digitale Dienstleistungen (z. B. Apps oder Plattformen) adressieren zum Beispiel häufig das Kundenbedürfnis „Convenience", bei dem es um eine einfache Handhabbarkeit oder massive Zeitersparnis geht. Neben den produkt- und servicebezogenen Kundenbedürfnissen gibt es auch noch Bedürfnisse, die sich auf das Befinden der Konsumenten selbst beziehen, wie zum Beispiel das Bedürfnis nach Sicherheit oder der Wunsch, nachhaltiger zu leben.

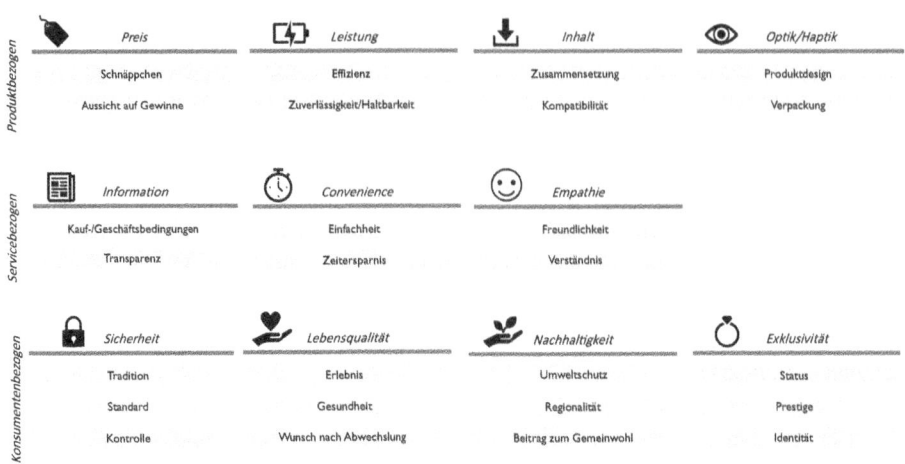

Abb. 3.2 Übersicht über mögliche Kundenbedürfnisse

3.2.2 Customer Insights

Für das Business Model Design für den internationalen Markterfolg reicht es nicht aus, Kundenbedürfnisse zu verstehen. Sie müssen diese dann auch interpretieren und die richtigen Maßnahmen ableiten, die für die (Weiter-)Entwicklung von Geschäftsmodellen relevant sind. Deshalb wollen wir Sie hier auch mit den sogenannten „**Customer Insights**" (*dt.* „Kundenwissen") vertraut machen – einem Konzept, das in den letzten Jahren stetig an Bedeutung gewonnen hat.

Dabei geht es einerseits darum, ein besseres Verständnis auch für nicht „offensichtliche" und von den Kunden direkt artikulierte Bedürfnisse zu bekommen, andererseits darum, die dadurch gewonnenen Erkenntnisse in bessere Leistungsangebote und neue Geschäftsmodelle umzusetzen (Laughlin, 2014).

Es stehen bei den „Customer Insights" also **alle Kundenbedürfnisse** im Fokus – die von den Kunden direkt formulierten ebenso wie jene, die nicht sofort erkennbar sind. Gleichzeitig geht es aber auch um die Konsequenzen, die sich aus den Kundenbedürfnissen für das Leistungsangebot (Nutzen für Kunden) und für das Erlösmodell (Nutzen für Unternehmen) ergeben.

„Customer Insights" nehmen gewissermaßen eine Position zwischen der Marktforschung (Erkennen und Verstehen von Kundenbedürfnissen) und den Aktivitäten der Geschäftsentwicklung (Interpretation für das Geschäft) ein (Price & Wrigley, 2016). Das zentrale Ziel dabei ist, mit Ihrem Wertangebot wirklich genau die Bedürfnisse Ihrer Kunden zu decken.

„Customer Insights" sind für die **Internationalisierung von Geschäftsmodellen** vor allem in folgenden zwei Anwendungsfällen relevant:

1. Auf Basis der identifizierten Kundenbedürfnisse soll ein neues Geschäftsmodell entwickelt werden, welches Sie dann auf internationalen Märkten einführen wollen.
2. Sie haben ein bestehendes Geschäftsmodell und erkennen regionale Unterschiede in den Kundenbedürfnissen. Hier gibt es dann drei Varianten:
   a) Sie passen bestimmte Eigenschaften des Leistungsangebots an (z. B. durch die Aufnahme von Zusatzleistungen).
   b) Sie erkennen, dass Sie die unterschiedlichen Kundenbedürfnisse bereits erfüllen, müssen aber eventuell Ihre Kommunikations- und Vermarktungsstrategie in den Zielländern anpassen (z. B. indem Sie Inhalte für die Bewerbung bzw. den Verkauf Ihrer Produkte und Dienstleistungen generieren, welche den lokalen Kundenbedürfnissen entsprechen).
   c) Sie beziehen die Kundenbedürfnisse in die Wahl Ihrer Zielmärkte mit ein und sortieren jene Märkte aus, in denen die Kundenanforderungen vom Leistungsangebot Ihres Unternehmens so weit abweichen, dass eine Anpassung im Hinblick auf Qualität oder Kommunikation nicht umsetzbar zu sein scheint.

Wie Sie sehen, können die Entscheidungen, die Sie auf Basis der „Customer Insights" treffen, weitreichende Konsequenzen für das Geschäftsmodell wie auch auf die Internationalisierung Ihres Geschäfts haben. Um „Customer Insights" also richtig zu nutzen, müssen diese richtig „gemanagt" werden. Das **Management von „Customer Insights"** umfasst dabei nicht nur die Sammlung und Speicherung von Kundendaten. Die aus diesen Daten gezogenen Schlüsse müssen dann auch an alle relevanten Entscheidungsträger und Umsetzungsverantwortliche im Unternehmen herangetragen werden, damit die entsprechenden Maßnahmen zur Anpassung des Geschäftsmodells getroffen werden können (Said et al., 2015).

Im Folgenden werden wir noch etwas detaillierter darauf eingehen, wie die Datensammlung und Anwendung der Daten basierend auf einem „Customer Insights"-Ansatz erfolgen kann.

3.2.3 Customer Insights identifizieren

Im ersten Schritt geht es um die **Identifikation von Kundenbedürfnissen.** Wir haben ja weiter oben bereits von der „Kundenstimme" gesprochen – nun liegt es also an Ihnen, richtig zuzuhören und diese auch wahrzunehmen.

Es empfiehlt sich auch hier eine **systematische Herangehensweise** beim Sammeln und Auswerten von Daten. Wie bereits angedeutet, ist die **Marktforschung** ein wesentlicher Teilbereich der „Customer Insights", weshalb wir uns auch aus deren Werkzeugkoffer bedienen wollen.

Das wesentliche Ziel der Marktforschung ist es, die Meinung von Konsumenten zu erheben – sei es, um neue Trends zu erkennen, neue Leistungen zu entwickeln, oder aber auch das bestehende Wertangebot zu verbessern. Die Methoden (oder „Werkzeuge") der Marktforschung sind sowohl als Basis für die Entwicklung neuer und innovativer Kundenlösungen (und damit auch neuer Geschäftsmodelle) geeignet, als auch für die Evaluierung eines bestehenden Wertangebots, das für neue Zielmärkte angepasst werden soll.

Zunächst sollten Sie aber **Klarheit über Ihre Ziele** gewinnen. Was genau möchten Sie herausfinden? Was damit erreichen? Geht es um die Entwicklung eines Geschäftsmodells oder die Anpassung eines bestehenden Geschäftsmodells für internationale Märkte? Je nach Ziel werden sich Ihre Fragestellungen unterscheiden. Diese wiederum werden darüber entscheiden, mit welcher Methode Sie Ihre Fragen beantworten können. Wenn Sie ein Geschäftsmodell für internationale Märkte designen wollen, so werden Sie wahrscheinlich an konkreten Kundenbedürfnissen in bestimmten Zielmärkten interessiert sein. Es könnte aber auch relevant sein, zukünftige Bedürfnisse vorauszusehen. Wenn es darum gehen soll, bestehende Geschäftsmodelle zu übertragen, so wird es wichtig sein, herauszufinden, ob und ich welcher Form es Unterschiede zwischen dem Heimmarkt und den ausländischen Zielmärkten gibt. In Tab. 3.1 finden Sie einige Beispiele, die Ihnen dabei helfen könnten, Klarheit über die für Sie relevanten Fragestellungen zu schaffen.

Als Nächstes wäre dann festzulegen, wie die **Erhebung der Daten** erfolgen soll. Grundsätzlich können Sie die Daten selbst neu erheben oder erheben lassen (wir sprechen dann von **Primärdaten**), oder Sie greifen auf bereits vorliegende Daten zurück (**Sekundärdaten**). Im Zuge einer Primärerhebung von Daten müssen Sie entscheiden, wie die Datenerhebung genau aussehen soll, um Ihre Fragen am besten beantworten zu können. Sie haben dabei im Grunde die Wahl zwischen **qualitativen Einzel- oder Gruppeninterviews** (d. h. eine tiefgehende Befragung mit möglichst offenen Fragen) und **quantitativen Befragungen** (d. h. geschlossenen Fragen, die an eine größere Zahl von Befragten gerichtet sind). Auch **Beobachtungen** können als eine weitere Methode zur Gewinnung von Erkenntnissen über das Kundenverhalten dienen.

Tab. 3.1 „Customer Insights" im Rahmen der Internationalisierung – mögliche Fragestellungen

Entwicklung eines neuen Geschäftsmodells
Wer sind unsere Zielkunden?
Was möchten diese Kunden tun?
Welche Ziele haben Kunden?
Was könnten unsere Kunden zukünftig brauchen?
Wie denken die Kunden?
Übertragung eines bestehenden Geschäftsmodells
Wer sind unsere Kunden am Heimmarkt?
Inwiefern unterscheiden sich unsere Zielkunden in den Zielmärkten?
Warum kaufen Kunden am Heimmarkt?
Inwiefern könnten sich Kaufmotive in Zielmärkten unterscheiden?
Wo und wann kaufen Kunden am Heimmarkt?
Haben Kunden im Zielmarkt dieselben Kaufbedingungen?

3.2 Kundenbedürfnisse verstehen

Der größte Nachteil bei der Erhebung von Primärdaten ist der meist relativ aufwändige Prozess der Datenerhebung. Dies wird oft als „abschreckend" gesehen, vor allem, weil damit auch viele Ressourcen in die Datenerhebung gesteckt werden müssen. Dabei kann sich entweder ein Team in Ihrem Unternehmen darum kümmern, dem Sie diese Aufgabe anvertrauen, oder Sie lagern diese Tätigkeit an externe Anbieter aus. Es scheint daher oft einfacher zu sein, auf bereits bestehende Daten zurückzugreifen und diese zu analysieren. Bevor Sie diese Entscheidung treffen, sollten Sie aber genau überlegen, ob Sie mit diesen Daten Ihre Fragen wirklich auch beantworten können. In vielen Fällen wird es sinnvoll sein, verschiedene Datenquellen und die Erkenntnisse aus Primär- und Sekundärdaten miteinander zu kombinieren. Außerdem ist es, wenn man die Kunden wirklich verstehen will, empfehlenswert, sich nicht auf rein quantitative Daten zu verlassen (Smith et al., 2006). Wir wollen daher nachfolgend einen Fokus auf die qualitative Primärerhebung legen.

Grundsätzlich hängt die Wahl der Methode immer davon ab, was Sie erheben möchten. **Qualitative Befragungen** eignen sich insbesondere dann, wenn Sie wenig über die „Stimme der Kunden" wissen und erfassen möchten, wie die Kunden ihre Bedürfnisse in eigenen Worten artikulieren. Qualitative Verfahren erweisen sich also vor allem dann als geeignet, wenn man sich einen ersten Überblick über mögliche Kundenbedürfnisse verschaffen möchte. Die dabei gewonnenen Daten können Ihnen dabei helfen, ein neues Geschäftsmodell zu entwickeln, das ganz auf die bestmögliche Erfüllung von Kundenwünschen ausgerichtet ist.

Wie bereits erwähnt, können qualitative Befragungen als **Einzel- oder Gruppeninterviews** umgesetzt werden. In Gruppeninterviews können sich die befragten Kunden gegenseitig zum „Weiter-Denken" anregen, indem sie auf den bereits von anderen Kunden angesprochenen Ideen und Meinungen weiter aufbauen. Durch eine ausführlichere Diskussion lassen sich dabei oft auch Bedürfnisse oder Kaufmotive ergründen, die vielleicht in Einzelinterviews in dieser Form nicht angesprochen werden würden. Nachteilig gegenüber Einzelinterviews ist allerdings ein höherer Koordinationsaufwand. Außerdem ist es bei Gruppeninterviews möglich, dass die Diskussion von extrovertierteren Persönlichkeiten dominiert werden, die vielleicht gar nicht repräsentativ für die gesamte Zielgruppe sind.

Vor dem Hintergrund der Internationalisierung werden Sie möglicherweise zusätzlich vor der Herausforderung stehen, dass qualitative Befragungen mit mehreren Kunden in Auslandsmärkten viel Zeit und Kosten in Anspruch nehmen können. Auch im B2B-Bereich kann es sich schwierig gestalten, zukünftige Kunden für eine solche Befragung zu gewinnen. Eine mögliche andere Variante wäre daher, **Experteninterviews** zu führen. „Experten" sind dabei Personen, die mit dem Markt und den Kundenbedürfnissen bestens vertraut sind und Ihnen daher einen guten Einblick in die Branche im Zielmarkt geben können. Auch wenn diese nicht „aus erster Hand" die Kundenstimme wiedergeben können, können solche Gespräche mit (lokalen) Experten für eine erste Einschätzung des Marktes und der Kundenbedürfnisse durchaus hilfreich sein. Diese Variante würde sich auch dann eignen, wenn Sie mit einem bestehenden Geschäftsmodell ausländische

Märkte bearbeiten wollen und dafür prüfen wollen, welche Elemente Ihres Geschäftsmodells Sie eventuell anpassen müssen. Solche Interviews können Sie auch recht unkompliziert telefonisch oder online in einer Videokonferenz durchführen.

In Tab. 3.2 finden Sie eine Zusammenfassung der einzelnen Methoden zum Identifizieren von „Customer Insights".

Nach der Auswahl der richtigen Methode geht es dann um die **Durchführung der Erhebung.** Sie müssen sich dabei um die Organisation kümmern und genau festlegen, wie Sie zu den Daten kommen möchten. Dazu zählt insbesondere auch die Frage, wer die Daten sammelt und auswertet, ob Sie externe Dienstleister beauftragen oder die Erhebung selbst durchführen wollen, welche Mitarbeiter dafür verantwortlich sein sollen und ob diese die entsprechenden Ressourcen und Kompetenzen dafür mitbringen. Auch die konkrete Wahl der Zielgruppe für die Befragung ist zu entscheiden – idealerweise adressieren Sie nicht nur bestehende, sondern auch mögliche zukünftige Kundengruppen. Wenn Sie im Rahmen von qualitativen Befragungen Kundenbedürfnisse identifizieren wollen, wird eine der größten Herausforderungen darin liegen, dass Sie die befragten Kunden dazu bringen müssen, ihr „Kundenproblem" gut zu beschreiben. Den Befragten wird es üblicherweise leichter fallen, über Vor-und Nachteile bestimmter vorliegender Lösungen zu reden, als das eigentliche (oft etwas abstraktere) Problem zu erfassen und zu formulieren. Für den Interviewer ist es daher besonders wichtig, die richtigen Fragen zu stellen, aus denen man dann ableiten kann, was das eigentliche Kundenproblem darstellt (Olsen, 2015).

Es ist also nicht ganz einfach, eine qualitative Erhebung effektiv anzuwenden, auch wenn dies eine sehr sinnvolle Methode ist, um neue Kundenbedürfnisse „sichtbar" zu machen. Natürlich haben Sie immer auch die Möglichkeit, die Befragung an qualifizierte Personen bzw. Institute zu übertragen, die mit der Interviewführung vertraut sind und wissen, wie man die oben dargestellten, verschiedenen Erhebungsmethoden für „Customer Insights" so einsetzt, dass man das Risiko einer Fehlinterpretation minimiert.

Tab. 3.2 Zusammenfassung von Methoden zum Identifizieren von „Customer Insights"

Primärdaten	Einzelinterviews mit (potenziellen) Kunden Experteninterviews Fokusgruppen Beobachtung	(Online-)Befragung mit standardisiertem Fragebogen
Sekundärdaten	Analyse von Social-Media-Posts und Blog-Beiträgen Analyse von Korrespondenz mit Kunden Verhalten der Kunden auf der Unternehmenswebsite …	Branchenbezogene Daten Daten von Verkaufsstellen Reklamationsdaten Google Analytics …

Es besteht zusätzlich auch die Möglichkeit, die aus Kundenbefragungen bzw. -interviews gewonnenen Daten **mit Sekundärdaten zu kombinieren.** Vielleicht haben Sie ja auch schon entsprechende Daten aus den Interaktionen mit Kunden im Unternehmen (z. B. Kundenkorrespondenz, Reklamationsdaten, Verhalten der Kunden auf Ihrer Website), die Sie zielgerichtet auswerten können? Aber auch externe Daten – zum Beispiel von lokalen Branchenverbänden in Auftrag gegebene Studien – können weitere „Customer Insights" liefern.

Eine weitere Möglichkeit, möglichst nahe an die „Kundenstimme" heranzukommen, hat sich in den letzten Jahren durch die weite Verbreitung der sozialen Medien ergeben. Mit dem Begriff **„Social Listening"** bezeichnet man die systematische Analyse von Inhalten über ein Unternehmen in den sozialen Netzwerken. Kunden kommunizieren mittlerweile sehr viel über ihre Probleme und Bedürfnisse auf sozialen Medien. Wenn Sie auch auf diesen Kanälen gut „zuhören", eröffnen sich weitere Möglichkeiten für die Gewinnung von „Customer Insights".

3.2.4 Customer Insights nutzen

Bei der **Auswertung von qualitativen Daten** geht es darum, die Inhalte, die Sie zum Beispiel aus den Interviews gewonnen haben, zu strukturieren und Muster zu erkennen (Griffin & Hauser, 1993). Achten Sie darauf, dass zumindest zwei Personen in eine solche Auswertung involviert sind, um die Kundenbedürfnisse möglichst objektiv beurteilen zu können. Es ist hier allerdings auch zu empfehlen, mit qualifizierten Experten zusammenzuarbeiten und bei der Auswertung auch Mitarbeiter mit einzubinden, die im Bereich der Produkt- bzw. Geschäftsmodellentwicklung tätig sind, damit keine für das weitere Design des Geschäftsmodells wesentlichen Informationen im Interpretationsprozess verloren gehen.

Wenn die Ergebnisse Ihrer Untersuchung vorliegen, sollten diese im nächsten Schritt im Unternehmen entsprechend kommuniziert werden. Beschränken Sie die **Kommunikation der „Customer Insights"** nicht nur auf Produktentwickler und Techniker. Überlegen Sie, auch weitere Bereiche im Unternehmen (z. B. Marketing, Vertrieb, Business Development) mit einzubinden, die einen großen Einfluss auf die erfolgreiche Umsetzung eines Geschäftsmodells haben können. Sie können die Kommunikation über die „Customer Insights" dabei entweder formal aufsetzen (z. B. in Workshops mit Vertretern der betroffenen Unternehmensbereiche) oder auch informell (wie etwa über den „Flurfunk") (Said et al., 2015).

Der darauf folgende Schritt ist dann der wohl der Schwierigste, aber auch der Wichtigste: die gewonnenen **„Customer Insights" für das optimale Design Ihres Geschäftsmodells nutzbar zu machen.** „Customer Insights" sind „auf den ersten Blick" nicht nur schwer zu erkennen – sie können oft auch unterschiedlich interpretiert werden. Es geht also auch darum, ein einheitliches Verständnis in den verschiedenen involvierten Abteilungen zu bekommen, was die Kunden wirklich wollen und brauchen. Dabei kann es durchaus auch nützlich sein, voneinander abweichende Perspektiven, wie man die „Customer Insights" im Geschäftsmodell nutzbar machen möchte, auszutauschen und durch die Diskussion unterschiedlicher Standpunkte darüber noch mehr „Insights" zu gewinnen.

3.3 Branchengeschäftsmodelle im Zielmarkt verstehen

Egal welche Leistungen Sie im Zielmarkt anbieten wollen – die Wahrscheinlichkeit ist hoch, dass es auch andere Unternehmen gibt, die den Kunden gleiche oder zumindest ähnliche Problemlösungen anbieten. Die Art und Weise, wie sich Mitbewerber am Markt positionieren, kann große Auswirkungen auf den Erfolg Ihres eigenen Geschäftsmodells haben. Um einen Zielmarkt wirklich gut zu verstehen und das bestmögliche Geschäftsmodell für diesen Markt zu entwickeln, sollten Sie sich daher nicht nur mit den Kundenbedürfnissen, sondern auch mit den Geschäftsmodellen der Mitbewerber in Ihrer Branche beschäftigen.

Eine **Analyse der bestehenden Branchengeschäftsmodelle** kann in den folgenden vier Schritten erfolgen:

1. Identifizieren Sie **die wichtigsten Mitbewerber** im Zielmarkt.
2. Versuchen Sie, die **wesentlichen Elemente der Geschäftsmodelle der Mitbewerber** gut zu verstehen.
3. Stellen Sie die Geschäftsmodelle der Mitbewerber gegenüber, um **„typische" Branchenmuster** zu erkennen.
4. Analysieren Sie die **Stärken und Schwächen der bestehenden Branchengeschäftsmodelle**.

Lassen Sie uns im Folgenden die einzelnen Schritte etwas näher beleuchten.

3.3.1 Die wichtigsten Mitbewerber identifizieren

Im ersten Schritt geht es einmal darum, herauszufinden, wer die wesentlichen Mitbewerber im Zielmarkt sind. Es gibt mehrere Möglichkeiten, diese zu identifizieren. Eine **Recherche im Internet** kann einen Startpunkt darstellen. Versuchen Sie einfach, die von Ihnen angebotene Leistung im Zielland über eine Suchmaschine zu finden – möglicherweise auch mit Suchbegriffen in der Landessprache (die Übersetzungsfunktion von Google kann Ihnen dabei helfen). Möglicherweise bieten andere im Zielmarkt ansässige Unternehmen ihre Produkte oder Dienstleistungen auch auf großen Marktplattformen im Internet an (wie z. B. Amazon), wo Sie dann auch noch weitere Informationen bekommen können. Das gibt Ihnen dann wahrscheinlich schon eine erste Übersicht über mögliche Mitbewerber. Wenn Sie über Suchmaschinen oder Marktplätze potenzielle Mitbewerber gefunden haben, können Sie auch noch deren Websites besuchen, um mehr über die jeweiligen Unternehmen zu erfahren.

Wenn Sie die Mitbewerber zusätzlich hinsichtlich ihrer Größe (z. B. Umsatz, Mitarbeiterzahl) und Profitabilität einschätzen wollen, gibt es in vielen Ländern die Möglichkeit, die Bilanzen von Unternehmen in **Unternehmensregistern** einzusehen (im Deutschland z. B. im Bundesanzeiger oder in Österreich im Firmenbuch). Bei größeren Mitbewerbern kann man möglicherweise gut auf öffentlich verfügbare Geschäftsberichte zurückgreifen und diese analysieren. Darüber hinaus bieten private **Wirtschaftsauskunfteien** Daten über Unternehmen im Ausland an. Als Beispiele seien hier nur Bisnode/Dun & Bradstreet oder Bureau van Dijk genannt.

Sie können aber auch Ihre **Vertriebsmitarbeiter und -partner** oder **Branchenexperten** im Zielmarkt befragen. Vertreter von offiziellen Branchenvereinigungen wären hier ebenso mögliche Ansprechpartner wie Redakteure von Branchenzeitschriften, Distributeure für Ihre Produktkategorie im Zielmarkt oder Experten an Hochschulen, die sich vor Ort mit branchennahen Themen beschäftigen. Eine weitere Möglichkeit ist die Beauftragung von Studierendenprojekten. In vielen Hochschulen werden Projektlehrveranstaltungen abgehalten, bei denen Studierende auch Markt- und Wettbewerbsanalysen durchführen können.

Achten Sie bei der Identifikation von Mitbewerbern darauf, dass es neben direkten Mitbewerbern (also jenen Unternehmen, die den Kunden im Zielmarkt sehr ähnliche Produkte bzw. Dienstleistungen anbieten) auch **indirekte Mitbewerber** gibt, die das gleiche Kundenproblem lösen – allerdings mit anderen Leistungsangeboten. So sind zum Beispiel Nachtzüge indirekte Mitbewerber von Fluggesellschaften. Sie bieten das gleiche Wertversprechen – Sie kommen bequem von Ort A nach Ort B – allerdings mit einer anderen Ausgestaltung der Leistung (Zugfahren statt Fliegen). Indirekte Mitbewerber erzeugen im Wesentlichen den gleichen Kundennutzen, haben aber (zumindest in manchen Aspekten) ein anderes Geschäftsmodell.

Das Ziel dieser ersten Recherchen ist es, zumindest die (je nach Marktanteil) drei bis sieben wichtigsten Mitbewerber zu identifizieren. So bleibt auch ein gewisser Fokus gewährleistet.

3.3.2 Geschäftsmodelle der Mitbewerber verstehen

Wenn Sie die wichtigsten Mitbewerber am Markt kennen, geht es im nächsten Schritt darum, deren Geschäftsmodelle zumindest in ihren wesentlichen Elementen zu beschreiben und damit besser zu verstehen. Dabei kann Ihnen wieder die in Kap. 2 vorgestellte Designvorlage für Geschäftsmodelle helfen.

Ähnlich wie bei der Analyse des eigenen Geschäftsmodells können Sie zu jedem der wesentlichen Mitbewerber im Zielmarkt folgende Fragen stellen:

- Welche **Zielgruppen** spricht das Unternehmen mit seinen Leistungen an?

- Welches **Wertversprechen** macht das Unternehmen für diese Zielgruppen? Welche Produkte bzw. Leistungen bietet es seinen Kunden an? Wie sieht die Customer Experience aus?
- Wie erreicht das Unternehmen seine Kunden? (Welche **Vertriebs- und Kommunikationskanäle** nutzt es? Wie tritt das Unternehmen mit seinen Kunden in Beziehung?)
- Was können wir über die **Leistungserstellung** des Unternehmens erfahren? (Welche Prozesse, Ressourcen und Fähigkeiten werden für die Leistungserstellung wahrscheinlich benötigt? Wissen wir etwas über Kooperationspartner, mit denen das Unternehmen zusammenarbeitet?)
- Wie generiert das Unternehmen seine Umsätze (**Erlösmodelle**)? Zu welchen Preisen bietet es seine Leistungen im Zielmarkt an? Welches sind wahrscheinlich die **größten Kostenpositionen** für dieses Unternehmen?

Um diese Analyse in systematischer Art und Weise durchzuführen, empfiehlt sich die Nutzung einer Tabelle, wie sie zum Beispiel als Tool 3c am Ende dieses Kapitels zu finden ist.

Es ist natürlich nicht ganz einfach, von außen an alle diese Informationen zu kommen. Dazu bedarf es wahrscheinlich auch ein wenig „Detektivarbeit", indem Sie aus verschiedenen Quellen Informationen wie einzelne Puzzleteile zusammentragen und sich daraus dann ein ganzes Bild über die am Markt bereits bestehenden Geschäftsmodelle formen können.

Einzelne Puzzleteile können dabei von der Website der Mitbewerber kommen (möglicherweise unter erneuter Zuhilfenahme der Google-Übersetzungsfunktion). Anhaltspunkte über Erlöse und Kosten können Sie zum Beispiel aus den über Unternehmensregister oder Wirtschaftsauskunfteien erhältlichen Bilanzen bzw. Erfolgsrechnungen ableiten. Falls nur Bilanzen zur Verfügung stehen sollten, kann der Stand der offenen Forderungen verbunden mit Informationen über branchenübliche Zahlungsziele Hinweise auf die Umsätze der Mitbewerber liefern.

Vertriebs- und Marketingmaterialien (z. B. Produktkataloge, Preislisten) können weitere Informationen über das Leistungsangebot des Unternehmens liefern. Zudem könnten Sie die Auftritte der Mitbewerber auf verschiedenen Social-Media-Kanälen sowie auf Unternehmensblogs analysieren (z. B. kann man manchmal über ein LinkedIn-Profil eines Unternehmens dessen Mitarbeiterzahl herausfinden). Kundenbewertungen oder das Abonnieren des E-Mail-Newsletters des Mitbewerbers liefern ebenfalls eine Fülle an Informationen – vor allem über die Art und Weise, wie das Unternehmen über seine Leistungen mit den Kunden kommuniziert. Online-Serviceanbieter wie BuiltWith oder WhatRuns können bei internetbasierten Geschäftsmodellen rasch Auskunft über die von Mitbewerbern verwendeten Technologien zur Leistungserstellung sowie über Online-Kooperationspartner geben. Vielleicht bestellen Sie sogar einmal die Produkte von Mitbewerbern, um den gesamten Bestell- und Logistikprozess und die „Customer Experience" nachvollziehen zu können.

Eine weitere gute Möglichkeit dazu, Mitbewerber besser kennenzulernen – eventuell auch durch das direkte Gespräch mit ihnen – bieten zudem **internationale Fachmessen oder Fachkonferenzen.**

Wichtig ist dabei jedenfalls, zielorientiert vorzugehen. Definieren Sie ganz klar, was Sie über das Geschäftsmodell der Mitbewerber in Erfahrung bringen wollen. Ohne ein klares Rechercheziel wird es schwierig, sich strukturiert ein gutes Bild über die Branchengeschäftsmodelle zu verschaffen.

3.3.3 Typische Branchenmuster erkennen

Wenn Sie die wesentlichen Bausteine der Geschäftsmodelle der größten Mitbewerber im Zielmarkt identifiziert haben, geht es im nächsten Schritt darum, **typische Branchenmuster** zu erkennen. Schauen Sie sich dazu die einzelnen Mitbewerber im Quervergleich an. Sprechen alle die gleichen Zielgruppen an oder gibt es hier einen Fokus auf verschiedene Zielgruppen? Gibt es ähnliche Produkt- oder Leistungsangebote? Werden die gleichen Vertriebs- oder Kommunikationskanäle genutzt? Gibt es unterschiedliche Preisniveaus oder vielleicht auch verschiedene Formen der Leistungserstellung?

Wenn Sie sich dann ein bestimmtes Element des Geschäftsmodells im **Quervergleich der Mitbewerber** ansehen (im folgenden Beispiel den Punkt Vertriebskanäle), dann gibt es drei Möglichkeiten:

1. Alle großen Mitbewerber nutzen die gleichen Vertriebskanäle – dann haben Sie mit hoher Wahrscheinlichkeit eine wesentliche Ausprägung des „typischen" Branchengeschäftsmodells im Zielmarkt identifiziert.
2. Die Unternehmen nutzen verschiedene Vertriebskanäle, es gibt aber jeweils zwei oder mehrere Unternehmen, die hier jeweils sehr ähnlich aufgestellt sind – dann haben Sie es wahrscheinlich mit einem Markt zu tun, in dem es mehrere branchenübliche Geschäftsmodelle gibt.
3. Fast alle Unternehmen nutzen jeweils ganz unterschiedliche Vertriebskanäle – dann ist die Wahrscheinlichkeit hoch, dass sich in diesem Bereich noch kein typisches Branchengeschäftsmodell herauskristallisiert hat.

Mit diesem Beispiel haben wir nur einmal ein Element eines Geschäftsmodells (die Vertriebskanäle als Teil der Kundenansprache) herausgegriffen. In ähnlicher Art und Weise können Sie alle anderen Bestandteile des Geschäftsmodells zwischen den großen bestehenden Mitbewerbern am Markt vergleichen, um so branchentypische Muster in der Gestaltung von Geschäftsmodellen zu erkennen (siehe dazu auch Punkt 2 im Tool 3c im Anschluss an dieses Kapitel).

Als Ergebnis dieser Analyse sollten Sie dann das eine typische Branchengeschäftsmodell (im obigen Fall (1)) oder zwei oder mehrere in der Branche übliche Geschäftsmodelle (im Fall (2)) im Zielmarkt zusammenfassend beschreiben können. Sie werden dabei möglicherweise erkennen, welche Geschäftsmodelle Ihrem eigenen sehr ähnlich sind (das sind dann wahrscheinlich auch Ihre **primären Mitbewerber**) und welche sich doch relativ deutlich unterscheiden (**sekundäre Mitbewerber**).

3.3.4 Stärken und Schwächen bestehender Branchengeschäftsmodelle

Die Beschreibung der typischen Branchengeschäftsmodelle bildet die Basis für eine Evaluation der **Stärken und Schwächen der bestehenden Geschäftsmodelle im Zielmarkt**.

Stärken und Schwächen sind dabei immer relativ zu beurteilen – also **im Verhältnis zu den Kundenbedürfnissen** im jeweiligen Zielmarkt. Sie können hier wieder von den „Customer Insights" ausgehen.

Leiten Sie zunächst aus den „Customer Insights" die wesentlichen Kriterien ab, nach welchen die Kunden ihre Lieferanten auswählen. Was ist den Kunden wichtig? Was wollen diese? Wie wichtig sind Preise, rasche Lieferfähigkeit, umfassendes Service, bestimmte Qualitätsmerkmale oder die Verfügbarkeit in bestimmten Vertriebskanälen (um nur ein paar Beispiele zu nennen)?

Die Anforderungen der Kunden werden sich hier von Branche zu Branche und oft auch von Zielland zu Zielland unterscheiden. Zudem kann eine Bewertung, welche die wichtigsten – also für den Kaufentscheid wesentlichen – Faktoren sind, Sinn machen, um die relative Bedeutung bestimmter Stärken und Schwächen der bestehenden Branchengeschäftsmodelle besser beurteilen zu können.

Wenn Sie die wesentlichen Kriterien kennen, anhand derer die Kunden ihre Kaufentscheidungen treffen, dann können Sie in einem nächsten Schritt überprüfen, **zu welchem Grad das bestehende typische Branchengeschäftsmodell diese Kundenanforderungen erfüllt**. Dazu können Sie zum Beispiel das Tool 3d im Anhang zu diesem Kapitel verwenden.

Die Analyse der Mitbewerbersituation bzw. der typischen Branchengeschäftsmodelle im Zielmarkt sollte übrigens idealerweise nicht nur einmalig erfolgen. Ihre Erkenntnisse basieren nur auf einer Momentaufnahme, und es ist davon auszugehen, dass sich die Mitbewerber und ihre Geschäftsmodelle beständig weiterentwickeln. Periodische Updates sind hier also auf jeden Fall zu empfehlen.

3.4 Institutionelle Rahmenbedingungen verstehen

Nachdem wir uns ausführlich den Kundenbedürfnissen im Zielmarkt und den Stärken und Schwächen der dort bereits bestehenden Geschäftsmodelle gewidmet haben, wollen wir auch noch einen Blick darauf richten, wie institutionelle Rahmenbedingungen Ihr

Geschäftsmodell und dessen Vermarktung auf internationalen Märkten beeinflussen können.

Wir werden dazu zunächst kurz erklären, was unter dem Begriff „institutionelle Rahmenbedingungen" genau zu verstehen ist und warum diese Rahmenbedingungen die unternehmerische Tätigkeit (und daher auch die Entwicklung von Geschäftsmodellen) im internationalen Kontext beeinflussen. Vor allem in jenen Märkten, die einen sehr unsicheren und turbulenten institutionellen Rahmen haben oder wo sich dieser deutlich vom Heimmarkt unterscheidet, kann dadurch der Erfolg oder Misserfolg Ihres Geschäftsmodells entscheidend beeinflusst werden (Welter & Smallbone, 2011).

3.4.1 Formen institutioneller Rahmenbedingungen

Was genau können wir uns unter **institutionellen Rahmenbedingungen** vorstellen? Institutionen haben generell die Aufgabe, Grenzen für unser Verhalten zu definieren. Institutionen können wirtschaftlicher (Organisationen), politischer (Gesetze) oder sozialer (kulturelle Normen) Natur sein. Sie können auch als eine Art „Spielregeln" verstanden werden, die jede und jeder Einzelne in einer Gesellschaft bzw. für unser wirtschaftliches Handeln einhalten muss (Schomaker & Sitter, 2020).

Institutionen bilden eine Grundlage dafür, wie sich Unternehmer verhalten und wie Geschäfte abgewickelt werden können. Institutionelle Rahmenbedingungen in einem Land oder einer Region können die unternehmerische Tätigkeit (wie etwa die Unternehmensgründung, die Entwicklung von Geschäftsmodellen oder den Markteintritt) sowohl fördern als auch beschränken (Welter & Smallbone, 2011).

Institutionelle Rahmenbedingungen können dabei sowohl informell als auch formell ausgestaltet sein. **Informelle institutionelle Rahmenbedingungen** sind oft tief in einer Gesellschaft verwurzelt. Sie sind in der Regel nicht verschriftlicht und kulturbedingt. Formelle institutionelle Rahmenbedingungen hingegen sind verschriftlichte Regeln wie etwa Gesetze, die den Rahmen für die politische und wirtschaftliche Struktur und Aktivitäten in einem Land oder einer Region festlegen.

Beispiele für **formelle institutionelle Rahmenbedingungen,** die sich unter anderem auf neue Geschäftsmodelle und den Markteintritt auswirken, sind etwa Regelungen, die den Marktein- und austritt betreffen, Anti-Korruptionsgesetze, Eigentumsgesetze, Gesetze zu geschäftlichen Transaktionen, Steuerrichtlinien oder Richtlinien, die sich auf die Rechnungslegung oder das Finanzsystem beziehen.

Wenn Unternehmer ein neues Geschäftsmodell entwickeln und damit in einen neuen Markt eintreten, sollten sie prüfen, ob sie die formellen und informellen Regeln im Zielmarkt einhalten können. Zu beachten ist dabei auch, dass sich institutionelle Rahmenbedingungen natürlich auch ändern können.

Gesellschaftliche Werte unterliegen einem stetigen Wandel und beeinflussen das Regelsystem einer Gesellschaft. Das gilt vor allem auch für formelle institutionelle Rahmenbedingungen wie etwa Gesetze (Welter & Smallbone, 2011). Angesichts der

Komplexität und Dynamik institutioneller Rahmenbedingungen ist daher zu empfehlen, diese in Ihrem Zielmarkt nicht nur systematisch zu erfassen, sondern auch kontinuierlich zu beobachten.

Wenn Sie also Ihr Geschäftsmodell auf internationale Märkte übertragen wollen, sollten Sie sich auch mit den folgenden beiden Fragen auseinandersetzen:

- Welche institutionellen Rahmenbedingungen können den Erfolg Ihres Geschäftsmodells beeinflussen?
- Wie können Sie die institutionellen Rahmenbedingungen in der Ausgestaltung Ihres Geschäftsmodells entsprechend berücksichtigen?

In den nachfolgenden Abschnitten dieses Kapitels möchten wir eine Anleitung dazu geben, wie Sie diese Fragen Schritt für Schritt beantworten können.

3.4.2 Institutionelle Rahmenbedingungen erfassen

Versuchen Sie in einem ersten Schritt, herausfinden, welche möglichen institutionellen Rahmenbedingungen Ihr Geschäftsmodell oder Ihren Markteintritt betreffen könnten. Das bedeutet, die Zielmärkte auf relevante Normen und Gesetze zu durchleuchten, die den Erfolg Ihres Geschäftsmodells beeinflussen könnten. Ein strategisches Instrument, das Ihnen dabei helfen kann, ist die sogenannte **PESTEL-Analyse.** Der Name PESTEL setzt sich zusammen aus den Anfangsbuchstaben der englischsprachigen Begriffe für folgende sechs Felder einer Umfeldanalyse:

- **P**olitical (*dt.* politisch)
- **E**conomic (*dt.* wirtschaftlich)
- **S**ocio-cultural (*dt.* sozio-kulturell)
- **T**echnological (*dt.* technologisch)
- **E**cological (*dt.* ökologisch)
- **L**egal (*dt.* rechtlich)

Die PESTEL-Analyse ist ein beliebtes Instrument bei der Vorbereitung von Standort- und Zielmarktentscheidungen im Rahmen der Entwicklung einer Internationalisierungsstrategie. Welche Kriterien Sie sich konkret in diesen sechs Analysefeldern ansehen, das wird je nach Geschäftsmodell und Branche unterschiedlich ausfallen. Nachfolgend finden Sie einige Beispiele dafür, welche Faktoren hier eine Rolle spielen können, um die institutionellen Gegebenheiten in ausgewählten Zielmärkten zu beurteilen (Schomaker & Sitter, 2020):

Politische Faktoren: Mithilfe des *Corruption Perception Index* oder des von der Zeitschrift *The Economist* herausgegebenen Demokratieindex lassen sich Rückschlüsse auf die politische Stabilität in einem Zielland ziehen. Wenn Sie mit Ihrem Geschäftsmodell Leistungsangebote machen, deren Finanzierung zumindest zum Teil vom Staat übernommen wird (etwa im Gesundheitsbereich), dann wäre eine Prüfung von Faktoren der Sozialpolitik (z. B. Existenz und Ausgestaltung des Sozialversicherungssystems) ein weiteres mögliches Kriterium Ihrer Analyse.

Wirtschaftliche Faktoren sind für die internationale Geschäftstätigkeit immer von Relevanz. Die Handelspolitik (z. B. Prüfung von Embargos, Mitgliedschaft in der Welthandelsorganisation) ist hier ebenso ein mögliches Kriterium wie Indikatoren, die sich etwa auf Währungsschwankungen, das Preisniveau oder die Preisstabilität beziehen. Für bestimmte Geschäftsmodelle (z. B. im Bereich Fin-Tech-Bereich oder Leasing) kann auch ein Blick auf die Finanzmärkte notwendig und sinnvoll sein (Stabilität der Finanzmärkte, Finanzmarktregulierung, Berichtspflichten).

Soziokulturelle Faktoren umfassen insbesondere kulturelle Besonderheiten und Konsumgewohnheiten, die für Ihr Geschäftsmodell relevant sein können. Dabei geht es einerseits darum, zu verstehen, wie Sie mit Kunden und Partnern im Ausland Geschäfte abschließen können. Andererseits können Sie Unterschiede im Konsumentenverhalten aber auch für die Entwicklung bzw. Anpassung Ihres Geschäftsmodells nutzen. Gerade bei diesem Teil der Analyse sollten Sie auch informelle Gegebenheiten berücksichtigen. Verschiedene Studien (z. B. die GLOBE-Studie, World Values Survey oder European Values Survey) stellen Daten zu Kulturunterschieden von Ländern zur Verfügung. Ein weit verbreitetes Modell zur Analyse von Kulturunterschieden stellen auch die Kulturdimensionen von Hofstede dar. Studien haben Zusammenhänge zwischen diesen Dimensionen und beobachtbarem Verhalten untersucht und auch nachgewiesen: So können zum Beispiel hohe Ausprägungen in den Kulturdimensionen „Unsicherheitsvermeidung", „Zukunftsorientierung" und „institutioneller Kollektivismus" Aufschluss darüber geben, ob Menschen in einem Land Neuem (z. B. auch innovativen Formen der Geschäftstätigkeit) gegenüber eher offen oder reserviert eingestellt sind (Deckert & Schomaker, 2019; Hofstede Insights, 2021).

Technologische Faktoren: Vor dem Hintergrund der Entwicklung und Vermarktung innovativer Geschäftsmodelle können auch technologische Faktoren in potenziellen Zielmärkten in Betracht gezogen werden. Zum einen können hier „harte" Faktoren wie Patentschutz, Forschung und Entwicklung in bestimmten Anwendungsfeldern oder die allgemeine Innovationskraft bestimmter Regionen analysiert werden. Andererseits können hier aber auch „weiche" Faktoren eine Rolle spielen. Hohe Ausprägungen in Hofstedes Kulturdimensionen „Machtdistanz" und „Gruppenkollektivismus" wurden zum Beispiel mit einem eher niedrigerem Grad an Innovationsfähigkeit in Verbindung gebracht (Deckert & Schomaker, 2019: Hofstede Insights, 2021).

Ökologische Faktoren: Vor allem für nachhaltigkeitsorientierte Geschäftsmodelle kann es relevant sein, umweltbezogene Faktoren wie Emissionswerte, Umweltauflagen oder Ressourcenverbrauchswerte (z. B. den „ökologischen Fußabdruck") zu analysieren und zu vergleichen. Für ein Start-up, das sich in der Abfallbranche auf die Entsorgung bestimmter Materialien oder Recycling über ein Internet-Plattformgeschäftsmodell spezialisiert hat, kann zum Beispiel der Entsorgungs- oder Recyclinganteil am gesamten

Abfallaufkommen ein wichtiger Indikator für das Potenzial des Geschäftsmodells auf einem bestimmten Zielmarkt darstellen.

Rechtliche Faktoren: Für die Entwicklung von innovativen Geschäftsmodellen stellen rechtliche Fragestellungen im Zuge der Internationalisierung oft ein „Sorgenkind" dar. Mit einem neuen Geschäftsmodell sind oft auch viele neue rechtliche Themen verbunden, die länderspezifisch anders geregelt sein können. So sind zum Beispiel beim Einsatz digitaler Geschäftsmodelle in verschiedenen Zielmärkten die jeweiligen Datenschutzbestimmungen im Vornhinein sorgfältig zu prüfen. Bei vertragsbasierten Geschäftsmodellen wie zum Beispiel Lizenz- oder Franchisingmodellen muss hingegen ganz besonders auf länderspezifische Unterschiede im Vertragsrecht geachtet werden. Auch unterschiedliche Vorschriften zur Rechnungslegung sowie die jeweilige Steuergesetzgebung sind hier zu beachten. Gerade in diesen heiklen rechtlichen Fragen empfiehlt es sich, Fachexperten (z. B. Rechtsanwälte oder Steuerberater) mit lokalem Markt-Know-how bei der Analyse mit einzubinden.

Die PESTEL-Analyse sollte Ihnen zunächst einmal einen neutralen Überblick über die institutionellen Rahmenbedingungen in den einzelnen potenziellen Zielmärkten ermöglichen. Ob diese dann für Ihr Unternehmen positive oder negative Auswirkungen haben und daher zu einer Chance oder einer Gefahr werden können (oder „neutral" bleiben), hängt natürlich auch von Ihrem konkreten Geschäftsmodell ab. Wir werden diesen Punkt in Abschn. 3.5 wieder aufgreifen.

3.4.3 Institutionelle Rahmenbedingungen berücksichtigen

In einem zweiten Schritt entscheiden Sie nun, wie Sie mit den über die institutionellen Rahmenbedingungen auf potenziellen Zielmärkten gewonnenen Informationen umgehen. Grundsätzlich haben Sie hier drei Optionen:

1. **Sie passen Ihr Geschäftsmodell an die Rahmenbedingungen an.** Falls Anpassungen in einem größeren Umfang notwendig sein sollten, können sich dadurch auch Schwierigkeiten ergeben. Wenn die Rahmenbedingungen ein höheres finanzielles Risiko mit sich bringen, Sie aber einen bestimmten Markt trotzdem bearbeiten möchten, dann könnten Sie dies zum Beispiel in Ihrem Erlösmodell bei der Preisbildung berücksichtigen. Auch unterschiedliche rechtliche Voraussetzungen können Anpassungen im Geschäftsmodell erfordern.
2. Wenn es zu kompliziert oder unrentabel wäre, das Geschäftsmodell anzupassen, dann müssen Sie die **Auswahl Ihrer Zielmärkte hinterfragen.** Gegebenenfalls können institutionelle Rahmenbedingungen bereits ein Auswahlkriterium sein, anhand dessen Sie nicht infrage kommende Zielmärkte aussortieren. Wenn Sie nun feststellen sollten, dass dadurch sehr attraktive Märkte wegfallen, können Sie bei Bedarf erneut Ihr Geschäftsmodell hinterfragen.

3. Es gibt noch eine dritte Möglichkeit: **Abwarten, bis sich Rahmenbedingungen ändern.** Je nachdem, welche institutionellen Rahmenbedingungen auf Ihr Geschäftsmodell wirken, kann es auch sein, dass sich die Rahmenbedingungen ändern und Sie nur auf den richtigen Zeitpunkt warten müssen, um diesen Markt dann doch bearbeiten zu können. Wenn ein Markt aufgrund der von Ihnen definierten Kriterien also grundsätzlich sehr attraktiv zu sein scheint, aber zum Beispiel die aktuelle gesetzliche Lage einen Markteintritt nicht ermöglicht, so kann es dennoch sinnvoll sein, den Markt weiter zu beobachten und nicht gänzlich auszuschließen. Dann geht es darum, den richtigen Zeitpunkt abzuwarten. Die Zeit bis dahin können Sie auch schon zum Beispiel zum Aufbau und zur Pflege von Kontakten und Netzwerken nutzen.

Fallbeispiel Kry International AB

2015 entwickelte das schwedische Start-up Kry („Krü") eine App, die medizinische Behandlungen über Videosprechstunden ermöglicht. Patienten können jederzeit – auch an Sonn-und Feiertagen und bequem von zu Hause – Leistungen von Fachärzten oder Psychologen in Anspruch nehmen. Damit bewegt sich das Unternehmen in einem noch relativ jungen Geschäftsfeld der sogenannten Telemedizin. Das Team rund um Gründer Johannes Schildt erkannte schnell, dass das Geschäftsmodell, das in Schweden entwickelt und erfolgreich gelauncht wurde, auch in anderen Märkten Potenzial hat.

Dazu war es allerdings notwendig, die Gesundheitssysteme und ihre rechtlichen Grundlagen in den jeweiligen europäischen Ländermärkten, die als Erstes in Betracht gezogen wurden, gut zu verstehen. Bereits beim Launch des Services in Schweden musste Kry das Geschäftsmodell an die gesetzlichen Rahmenbedingungen des lokalen Gesundheitssystems anpassen. Vor allem war es wichtig, das Geschäftsmodell an den zahlenden Kunden auszurichten – dies kann ja entweder der Patient oder das öffentliche Gesundheitssystem sein (oder auch beide). Da die gesundheitlichen Leistungen selbst in EU-Ländern sehr unterschiedlich geregelt sind, war im Rahmen der Internationalisierung zu berücksichtigen, dass es je nach Land unterschiedliche Träger der Behandlungskosten gibt.

Eine wesentliche Voraussetzung für den Markteintritt in einigen Ländern war auch, ob telemedizinische Behandlungen dort überhaupt erlaubt sind. Obwohl man bereits 2017 Deutschland als mögliches Zielland ins Visier genommen und ein hohes Marktpotenzial erkannt hatte, war der Markteintritt aufgrund der gesetzlichen Regulationen zu diesem Zeitpunkt noch nicht möglich. Kry hat Länder wie Deutschland aber nicht einfach „abgehakt" und sich anderweitig orientiert, sondern die Entwicklung am Markt weiter beobachtet. Gründer Johannes Schildt erinnert sich:

„Es wäre Zeitverschwendung, auf Märkte zu gehen, wo man noch nicht die entsprechenden regulatorischen Rahmenbedingungen vorfindet. Dann gab es aber recht drastische

Änderungen in der Politik und den Regularien zur digitalen Gesundheitsversorgung und Telemedizin […] [Man braucht] ein gutes Verständnis dafür, wann der richtige Zeitpunkt gekommen ist, um zu handeln."

Man musste also abwarten, bis die gesetzlichen Veränderungen die Türen für eine tatsächliche Marktbearbeitung öffneten. Da man das Marktpotenzial von Deutschland bereits ermittelt hatte, konnte man dann aber auch sehr schnell mit der Marktbearbeitung mit dem Kry-Geschäftsmodell beginnen (mit einigen Anpassungen). Cristina Koehn, verantwortlich für die Bearbeitung des deutschen Marktes, erklärt dazu:

„Im Jahr 2017 waren ärztliche Beratungen über die Ferne noch nicht erlaubt. Es gab Gesetze, die das verboten haben. Das wussten wir von Anfang an. Wir wussten aber auch, dass Deutschland nicht nur ein großes Land ist, sondern auch ein Land, von dem wir glauben, dass Digitalisierung und mehr digitale Möglichkeiten für Patienten auch sehr geschätzt werden würden. Deshalb haben wir Deutschland weiter sehr genau beobachtet. Da ich selbst Deutsche bin, bin ich immer wieder dorthin gereist und habe mit Leuten gesprochen, als wir festgestellt hatten, dass sich die Regeln ändern. Auch die Mentalität rund um digitale Gesundheitsversorgung hat sich geändert. Das war der Zeitpunkt, zu dem wir neue Recherchen gestartet und uns näher angesehen haben, wie wir das machen können. Wir haben das System ganz genau beobachtet und dann auch verstanden."

Das Beispiel von Kry zeigt nicht nur, dass sich das Start-up bis ins kleinste Detail in die Gesundheitssysteme und rechtlichen Rahmenbedingungen in den einzelnen Ländermärkten einarbeiten musste. Man hat auch verstanden, dass sich der institutionelle Rahmen gerade im Hinblick auf das Angebot digitaler Services rasch ändern kann. So konnte man den richtigen Moment abwarten, um die Bearbeitung attraktiver Zielmärkte zu starten. ◄

3.5 Das eigene Geschäftsmodell reflektieren

In den vorangegangenen Abschnitten dieses Kapitels haben wir neben dem grundsätzlichen Auswahlprozess für internationale Zielmärkte auch drei Umfeldfaktoren – „Customer Insights", bestehende Geschäftsmodelle in der Branche und institutionelle Rahmenbedingungen – näher beleuchtet, die wesentliche Auswirkungen auf den Erfolg und Misserfolg eines Geschäftsmodells haben können.

Als nächstes Schritt wollen wir Ihnen nun zeigen, wie Sie die Erkenntnisse aus diesen Analysen zusammentragen und in Bezug auf Ihr eigenes Geschäftsmodell reflektieren können. Aus dem Ergebnis dieser Reflexion sollten Sie dann weitere Maßnahmen zur Ausgestaltung Ihres Geschäftsmodells ableiten können. Dabei geht es vor allem darum, sich aus einer strategischen Perspektive zu überlegen, was das Geschäftsmodell vor dem Hintergrund einer internationalen Marktbearbeitung „leisten" muss, damit Sie eine gute

3.5 Das eigene Geschäftsmodell reflektieren

Basis für das konkrete Design Ihres Geschäftsmodells für den internationalen Markterfolg legen können (siehe Kap. 4).

Dazu müssen Sie zunächst einmal erkennen, wo die **Stärken und Schwächen des Geschäftsmodells** in Bezug auf die internationale Marktbearbeitung liegen, um diese gut zu nutzen bzw. weiter auszubauen (im Falle von Stärken) oder durch eine entsprechende Umgestaltung des Geschäftsmodells zu minimieren oder zu neutralisieren (im Falle von Schwächen). Idealerweise sollten Sie auch **Wettbewerbsvorteile identifizieren,** die im internationalen Marktumfeld aufrechterhalten werden können. Schließlich können Sie sich im internationalen Wettbewerb nur dann erfolgreich durchsetzen, wenn Sie etwas besser machen als die Mitbewerber am Markt.

Die Kunst, ein für den internationalen Markterfolg effektives Geschäftsmodell zu schaffen, liegt darin, dass Sie Ihr Geschäftsmodell gut auf die externen Marktbedingungen (also insbesondere auf Kundenbedürfnisse, bestehende Geschäftsmodelle der Branche und institutionelle Rahmenbedingungen) im internationalen Zielmarkt abstimmen.

Für eine Reflexion des eigenen Geschäftsmodells können wir auf die **SWOT-Analyse** als ein bewährtes Instrument der Strategieentwicklung zurückgreifen. Der Begriff „SWOT" setzt sich aus den englischen Begriffen *Strengths* (Stärken), *Weaknesses* (Schwächen), *Opportunities* (Chancen) und *Threats* (Bedrohungen) zusammen. Der Ausgangspunkt für diese Analyse ist zunächst einmal eine **klare Zieldefinition.** Beispiele für Ziele in unserem Kontext wären:

a) ein innovatives Geschäftsmodell für die Zielmärkte X und Y zu entwickeln, oder
b) ein bestehendes Geschäftsmodell auf den Zielmarkt Z zu übertragen und entsprechend den Marktbedingungen optimal auf den Zielmarkt anzupassen.

Außerdem wäre auch noch zu überlegen, wie die Analyse durchgeführt werden soll und wer daran mitwirken soll (z. B. könnte ein Workshop mit fünf Führungskräften aus den Bereichen Geschäftsführung, Vertrieb/Marketing und Produktentwicklung organisiert werden). Die Analyse selbst erfolgt dann in drei zentralen Schritten:

- Schritt 1: Stärken und Schwächen des eigenen Geschäftsmodells identifizieren
- Schritt 2: Chancen und Gefahren für die internationale Marktbearbeitung erkennen
- Schritt 3: Maßnahmen für das Geschäftsmodell-Design ableiten

Lassen Sie uns im Folgenden diese drei Schritte im Detail näher betrachten.

3.5.1 Stärken und Schwächen des eigenen Geschäftsmodells identifizieren

Zunächst wäre einmal zu klären, was eigentlich unter „Stärken" und „Schwächen" zu verstehen ist. **Stärken** – das wären im Kontext der Geschäftsmodellentwicklung jene Merkmale eines Geschäftsmodells, die im Zielmarkt vor allem auch im Vergleich zur lokalen und internationalen Konkurrenz einen (Wettbewerbs-)Vorteil darstellen. **Schwächen** sind jene Merkmale, die einen (Wettbewerbs-)Nachteil im Zielmarkt darstellen können. Es geht also nicht allein darum, zu erkennen, worin man „gut" ist, sondern vor allem auch darum, herauszufinden, in welchen Bereichen das eigene Geschäftsmodell „besser" ist als die Geschäftsmodelle der Mitbewerber. Das Ziel dieser Analyse ist es also, die **wesentlichen Wettbewerbsvorteile** (bzw. auch eventuelle **Wettbewerbsnachteile**) zu identifizieren.

Ihre Mitbewerber im Zielmarkt sollten Sie ja mithilfe der Anleitungen in Abschn. 3.3.3 bereits gefunden haben. Deren wahre Wettbewerbsstärken sind aber selten auf den ersten Blick klar und eindeutig feststellbar. Deshalb bedarf es hier auch noch einer tieferen Analyse. Wichtig ist dabei wie schon erwähnt, die eigenen Stärken immer in Relation zum lokalen Wettbewerb zu sehen. Da kann sich die Situation nämlich auch von Markt zu Markt sehr unterschiedlich darstellen. Sinnvoll ist dabei auch, immer klar zu begründen, warum es sich um eine Stärke handelt. Je nach Ziel können Ihnen dabei folgende Fragen helfen:

Ziel 1: Sie haben eine Idee für ein innovatives Geschäftsmodell, das Sie international vermarkten wollen.

Dabei geht es vor allem darum, zu verstehen, welche Vorteile Ihr innovatives Geschäftsmodell gegenüber den bestehenden Geschäftsmodellen der Mitbewerber im Zielmarkt hat. Hier sind ein paar Beispiele für Fragen, die dabei helfen können, diese Vorteile zu identifizieren (Mussnig et al., 2013):

- Welches Problem können Sie mit Ihrem Wertversprechen gut lösen?
- Warum ist Ihr Wertversprechen eine gute Lösung für das Problem?
- Warum ist das Wertversprechen der Konkurrenz keine (ganz so) gute Lösung für das Problem?
- Was gelingt Ihnen bei der Leistungserstellung besonders gut (vor allem auch gegenüber den Mitbewerbern im Zielmarkt)?
- Was gelingt Ihnen bei der Kundenansprache besonders gut (vor allem auch gegenüber den Mitbewerbern im Zielmarkt)?
- Welche Ressourcen und Fähigkeiten hat Ihr Unternehmen, über welche die Mitbewerber im Zielmarkt nicht verfügen?

Ziel 2: Sie haben ein bestehendes Geschäftsmodell am Heimmarkt, das Sie für internationale Märkte anpassen und weiterentwickeln möchten.

In diesem Fall sollten Sie vor allem analysieren, warum das Geschäftsmodell bisher so gut funktioniert hat. Achten Sie dabei besonders darauf, dass Sie Ihr Geschäftsmodell nicht nur im Kontext des Heimmarktes beurteilen. Versuchen Sie stattdessen, sich konkret vorzustellen, ob und in welcher Form Sie Ihre Stärken auch im Zielmarkt Ihrer Wahl ausspielen können. Folgende Fragestellung könnten Ihnen dabei helfen:

- Welche Elemente Ihres Geschäftsmodells sind besonders wesentlich für den Erfolg am Heimmarkt?
- Werden Sie diese Elemente auch am internationalen Zielmarkt ausspielen können?
- Gibt es Elemente Ihres Geschäftsmodells, die man versucht hat, von Ihnen zu kopieren?
- Wie beschreiben Kunden den Unterschied zwischen Ihnen und den Mitbewerbern?
- Besteht dieser Unterschied auch zu den Mitbewerbern im Zielmarkt?

Effektive Stärken sollten präzise formuliert und immer im Verhältnis zum Wettbewerb beurteilt werden. Sie sind schwer zu imitieren und nicht ersetzbar. Nur wenn die Stärken Ihres Geschäftsmodells dessen Schwächen deutlich übertreffen, werden Sie im Zielmarkt Erfolgschancen haben (Mussnig et al., 2013).

Wenn Sie die obenstehenden Fragen beantwortet haben, dann können Sie versuchen, die Stärken den einzelnen Elementen der Geschäftsmodell-Designvorlage zuzuordnen. Dadurch bekommen Sie einen besseren Überblick, in welchen Teilen Ihres Geschäftsmodells Sie „besonders gut" aufgestellt sind bzw. wo es noch deutliche Schwächen gegenüber den bestehenden Geschäftsmodellen im Zielmarkt gibt.

Eine mögliche Variante für eine detaillierte Stärken-Schwächen-Analyse wäre noch, dass Sie in einem ersten Schritt **kritische Erfolgsfaktoren** für die jeweiligen Elemente der Geschäftsmodell-Designvorlage definieren (also jene Faktoren, die für den Markterfolg in einem bestimmten Zielmarkt von hoher Bedeutung sind, wie z. B. der Zugang zu bestimmten Vertriebskanälen oder niedrige Kosten bei der Durchführung bestimmter Prozesse) und diese Faktoren dann (ähnlich wie in Tool 3b dargestellt) gewichten. Anschließend können Sie ein Stärken-Schwächen-Profil erstellen, indem Sie für jeden kritischen Erfolgsfaktor Ihr eigenes Geschäftsmodell mit den Geschäftsmodellen der Mitbewerber vergleichen. So lassen sich – wenn auch basierend auf einer eher subjektiven Bewertung – noch präziser die relativen Stärken und Schwächen des eigenen Geschäftsmodells herauszuarbeiten (Großklaus, 2014).

3.5.2 Chancen nutzen und Gefahren abwehren

Neben der Herausarbeitung der Stärken und Schwächen des eigenen Geschäftsmodells ist auch zu berücksichtigen, welche potenziellen **Auswirkungen die Umfeld-**

bedingungen im Zielmarkt auf die Erfolgswahrscheinlichkeit des Geschäftsmodells haben können. Dabei geht es vor allem darum, zu erkennen, welche Umfeldbedingungen positive bzw. negative Auswirkungen auf die eigene Geschäftstätigkeit haben können (also Chancen oder Bedrohungen darstellen). Erst wenn neben den Stärken und Schwächen auch Chancen und Gefahren klar erkannt werden, können entsprechend sinnvolle Maßnahmen für eine Weiterentwicklung des Geschäftsmodells gesetzt werden.

Grundsätzlich kann sich beim **Erkennen von Chancen und Gefahren** die Herausforderung ergeben, dass Sie mit einer unübersichtlichen Menge an möglichen Entwicklungen konfrontiert sind. Hier gilt es dann, auf die für die eigene Branche relevantesten Entwicklungen zu fokussieren. Dabei können Ihnen wiederum die bereits besprochenen „Customer Insights" und die Erkenntnisse aus der Analyse der institutionellen Rahmenbedingungen helfen. In weiterer Folge geht es darum, zu überlegen, welche dieser Rahmenbedingungen sich als Chance oder Gefahr auswirken können. Dazu sollte nicht nur die aktuelle Situation beurteilt werden. Auch sich bereits abzeichnende Veränderungen können sehr relevant sein. Um eine gute Einschätzung der aktuellen Trends zu bekommen, empfiehlt es sich auch, beim Herausarbeiten der Chancen und Gefahren die Meinung von Experten und marktnahen Mitarbeitern mit einzuholen, die einen guten Einblick in den Zielmarkt haben.

Die SWOT-Analyse sollte sich aber nicht nur auf die Aufzählung von Stärken, Schwächen, Chancen und Risiken beschränken. Besonders wichtig für die Weiterentwicklung Ihres Geschäftsmodells ist es, sich anzuschauen, wo Chancen im Marktumfeld auf die Stärken Ihres Unternehmens bzw. dessen Geschäftsmodells treffen. Ein klarer Fokus auf die Weiterentwicklung der betreffenden Elemente Ihres Geschäftsmodells in diesem Bereich kann eine wichtige Quelle für Wettbewerbsvorteile darstellen. Andererseits kann es auch ratsam sein, jene Elemente des Geschäftsmodells näher unter die Lupe zu nehmen, wo externe Gefahren auf Schwächen Ihres Unternehmens treffen. Dort bestehen wahrscheinlich die größten Risiken bei einer Anwendung des Geschäftsmodells im internationalen Zielmarkt, sodass es empfehlenswert ist, auch hier entsprechende Maßnahmen für Änderungen bzw. eine Weiterentwicklung des Geschäftsmodells abzuleiten.

3.5.3 Maßnahmen zur Weiterentwicklung des Geschäftsmodells ableiten

Nachdem Sie die wesentlichen Stärken, Schwächen, Chancen und Gefahren erkannt haben, können Sie nun überlegen, wie Sie diese Erkenntnisse nutzen: Welche Chancen wollen Sie nutzen? In welche Stärken sollten Sie weiter investieren? An welchen Stellen Ihres Geschäftsmodells müssen Sie noch etwas verbessern, anpassen oder ändern, um Chancen noch besser zu nutzen oder Risiken zu minimieren?

Sie stehen dabei wahrscheinlich auch vor der Herausforderung, dass Sie Entscheidungen über Änderungen des Geschäftsmodells treffen müssen, obwohl Sie nicht genau wissen, wie sich diese Änderungen auswirken werden (Teece, 2007). Zumindest sollten Sie als Grundlage für Ihre Entscheidungen die Chancen und Gefahren möglichst realistisch einschätzen. Um das Einschätzungs- und Interpretationsrisiko niedrig zu halten, empfiehlt es sich, die Meinung verschiedener mit dem Markt vertrauter Personen einzuholen, um so auch unterschiedliche Perspektiven auf die Marktentwicklungen zu bekommen.

Welche Konsequenzen lassen sich jetzt aus der SWOT-Analyse ableiten? Folgende Handlungsempfehlungen können dazu eine generelle Richtung vorgeben:

- **Stärke trifft auf Chance:** Wenn eine der Stärken Ihres Unternehmens auf eine Chance im Marktumfeld trifft, dann bedeutet dies, dass Sie hier einen strategischen Fokus setzen sollten. Setzen Sie Ihre Stärken ein, um die Chance zu nutzen. Investitionen in diesem Bereich können dabei helfen, die Marktchancen noch besser zu nutzen. Nutzen Sie Ihre Stärken und ergreifen Sie die Chance, die sich auf dem Zielmarkt bietet.
- **Schwäche trifft auf Chance:** Hier sollten Sie darauf achten, dass Sie das Potenzial einer Chance nicht verkennen. Wäre es vielleicht möglich, die Schwächen zu minimieren oder auszugleichen, wenn Sie an Ihrem Geschäftsmodell „drehen"? Wenn Sie aufgrund beschränkter zeitlicher oder anderer Ressourcen nicht in der Lage sind, Ihre Schwächen selbst auszugleichen, wäre auch zu überlegen, ob Sie vielleicht auf ein unterstützendes Netzwerk und die Zusammenarbeit mit Partnern setzen könnten.
- **Stärke trifft auf Bedrohung:** In dieser Kombination ist zu überlegen, Ihre Stärke auszuspielen, um die Bedrohung abzuwehren. Je nachdem, in welchem Bereich sich die bedrohende Entwicklung ankündigt, werden unterschiedliche Maßnahmen zu setzen sein. Der „Gefahr" sich ändernder Kundenbedürfnisse kann man zum Beispiel durch eine Anpassung von Leistungsangebot oder Kundenansprache (als zwei wesentliche Elemente eines Geschäftsmodells) begegnen. Liegt eine mögliche Bedrohung in den aktuellen institutionellen Rahmenbedingungen, dann können Sie auch entscheiden, den Markteintritt auf einen späteren Zeitpunkt zu verschieben, gleichzeitig aber den Zielmarkt auch weiter zu beobachten. Auch hier kann eine Investition in Ihr Netzwerk bzw. in Partnerschaften eine weitere strategische Option darstellen.
- **Schwäche trifft auf Bedrohung:** In diesem Fall sollten Sie vor allem auf operativer Ebene aktiv werden, um Ihre Schwächen zu reduzieren. Das wird möglicherweise eine Anpassung Ihres Geschäftsmodells im Bereich der Leistungserstellung nach sich ziehen müssen. Gegebenenfalls müssen Sie sich auch dazu entscheiden, nicht weiter zu investieren und einen bisher präferierten Zielmarkt wieder auszuschließen.

Beachten Sie dabei, dass Sie diese Analyse nicht nur einmalig vornehmen. Entwicklungen auf internationalen Märkten unterliegen einem stetigen Wandel. Beobachten Sie daher laufend jene Themen, die sich zu einer Chance oder einer Gefahr für Ihr Geschäftsmodell entwickeln können, um bei Bedarf schnell reagieren zu können (Helms & Nixon, 2010).

Die Maßnahmen, die Sie aus der SWOT-Analyse ableiten, dienen letzten Endes dazu, Ihren **Wettbewerbsvorteil** auf internationalen Märkten abzusichern bzw. sogar auszuweiten. Ein einziges Element in Ihrem Geschäftsmodell zu verändern, heißt dabei nicht automatisch, dass Ihnen das bereits einen Wettbewerbsvorteil verschaffen muss (Clauss et al., 2020).

Wettbewerbsvorteile bauen üblicherweise auch auf den **Kernkompetenzen** eines Unternehmens auf, also jenen Fähigkeiten, die einen wesentlichen Beitrag zum Kundennutzen bieten, die von anderen nur schwer imitierbar und kopierbar sind und die in verschiedenen Märkten Anwendung finden können (Hamel & Prahalad, 1990). Idealerweise nutzt Ihr Geschäftsmodell die Kernkompetenzen Ihres Unternehmens. Unternehmen mit einer exzellenten Forschungs- und Entwicklungsabteilung können zum Beispiel die Rolle eines Produktinnovators wählen, während sich Marketingfachleute auf Innovationen beim Wertversprechen und in der Kundenansprache konzentrieren können (Clauss et al., 2020).

Welches Geschäftsmodell-Design am besten zu Ihrem Unternehmen passt, werden wir uns im folgenden Kap. 4 genauer ansehen.

Fazit

Wenn Sie Ihr Geschäftsmodell international vermarkten wollen, dann sollten Sie vorab neben der Analyse Ihres bestehenden Geschäftsmodells auch prüfen, welche Rahmenbedingungen in den jeweiligen Zielmärkten Auswirkungen auf den Erfolg Ihres Geschäftsmodells haben können. Da Sie normalerweise keine (oder nur wenig) Einflussmöglichkeiten haben, diese Gegebenheiten in den Zielmärkten zu ändern, ist es umso wichtiger, sich eingehend damit zu befassen und Kundenbedürfnisse, andere Geschäftsmodelle in der Branche sowie institutionelle Rahmenbedingungen zu beleuchten. Da eine solche Analyse durchaus einiges an Zeit und Ressourcen in Anspruch nehmen kann, empfiehlt es sich, bereits vorab eine Auswahl einiger als besonders geeignet erscheinender Zielmärkte zu treffen. Die Umfeldbedingungen in diesen Zielmärkten können Sie dann genauer unter die Lupe nehmen, um die Eignung Ihres Geschäftsmodells in diesem Marktumfeld besser einzuschätzen. Auf dieser Basis können Sie dann entscheiden, ob und wie Sie Ihr Geschäftsmodell anpassen, ob Sie sich doch gegen einen Zielmarkt entscheiden, oder ob Sie den Markt vorerst „auf die Wartebank schieben" und weiter beobachten, um sich eventuell zu einem späteren Zeitpunkt für einen Markteintritt zu entscheiden.

3.5 Das eigene Geschäftsmodell reflektieren

Tool 3a: Einschätzung des Marktpotenzials – allgemeine Faktoren

Je nach Branche, in der Ihr Geschäftsmodell verortet ist, könnten Ihnen folgende Kriterien bei der Einschätzung des Marktpotentials von Zielländern helfen.

Bevölkerungsgröße

- Bevölkerungsgröße
- Bevölkerungswachstum
- Bevölkerungsanteil je Altersgruppe

Kaufkraft

- BIP
- Durchschnittliches Jahresgehalt
- Kaufkraft
- Kauffrequenz

Privathaushalte

- Haushaltsgröße
- Anteil Singlehaushalte
- Quote Wohneigentum

Baugewerbe

- Anzahl der Baustellen
- Zahl der Baugenehmigungen
- Preise für Baumaterialen
- Menge an verarbeiteten Baumaterial

Gesundheit

- Zugang zu Gesundheitswesen
- Gesundheitspersonal
- Gesundheitsausgaben
- Verfügbarkeit von Medizintechnik

Bildung & Arbeit

- Bildungsgrad
- Anteil tertiärer Bildung
- Arbeitszeit pro Monat
- Arbeitslosenquote
- Arbeitskräftepotential

Internetnutzung

- Digitalisierungsgrad
- E-Commerce-Nutzung in % der Bevölkerung
- Breitbanddienst und 5G

B2B-Kunden

- Anzahl an potentiellen B2B-Kunden
- Import-/Exportquote
- Bestellzyklen

Verkehr

- Ausbau der Infrastruktur
- PKW pro Einwohner
- Fahrräder pro Einwohner

Ressourcen & Energie

- Natürliche Ressourcenvorkommen
- Energieverbrauch
- Abfallmengen

Tool 3b: Punktebewertungsverfahren für die Zielmarktauswahl

Dieses Tool kann Ihnen bei einer systematischen Zielmarktauswahl helfen.

① Legen Sie die wichtigsten Kriterien/Faktoren fest, die ein Zielmarkt für Ihr Geschäftsmodell erfüllen sollte (z. B. mit Hilfe von Tool 3a)

② Bestimmen sie für jedes dieser Kriterien einen Prozentsatz, um die relative Relevanz des jeweiligen Kriteriums im Verhältnis zu allen ausgewählten Kriterien auszudrücken

③ Bewerten Sie jeden in Frage kommenden Zielmarkt anhand dieser Kriterien (z. B. auf einer Skala von 0 = gar nicht erfüllt bis 10 = vollständig erfüllt)

④ Multiplizieren sie die Werte aus ③ mit den Prozentsätzen aus ② und errechnen Sie jeweils die Summe der gewichteten Ergebnisse, um den attraktivsten Zielmarkt zu identifizieren

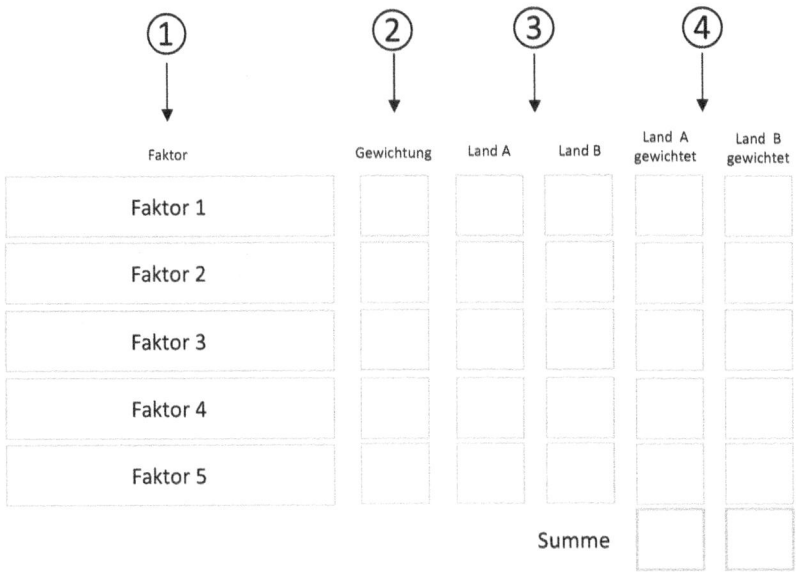

3.5 Das eigene Geschäftsmodell reflektieren

Tool 3c: Analyse „typischer" Branchengeschäftsmodelle

1. **Identifizieren Sie die wesentlichen Bausteine der Geschäftsmodelle der größten Mitbewerber**

   Nutzen sie folgende Tabelle, um die Geschäftsmodelle der 3-7 wichtigsten Mitbewerber zu beschreiben (immer auf den jeweiligen Zielmarkt bezogen).

	Mitbewerber 1	Mitbewerber 2	...
Zielgruppe			...
Wertversprechen/Leistungsangebot			...
Customer Experience			...
Vertriebskanäle			...
Kommunikationskanäle			...
Kundenbeziehungsmanagement			...
Kernprozesse (Leistungserstellung)			...
Schlüsselressourcen/-kompetenzen			...
Kooperationspartner			...
Erlösströme			...
Preisniveau			...
Größte Kostenblöcke			...

2. **Identifizieren sie „typische" Branchengeschäftsmodelle**

   Gehen Sie jetzt in der unter Punkt 1 erstellten Tabelle Zeile für Zeile durch und identifizieren sie Ähnlichkeiten und Muster, die sie bei allen bzw. zumindest bei mehreren Mitbewerbern erkennen können.

   Erstellen sie dann eine weitere Tabelle wie unter Punkt 1 – dieses Mal aber nicht für einzelne Mitbewerber, sondern mit dem „typischen" Muster des Branchengeschäftsmodells (möglicherweise auch von 2 oder 3 verschiedenen „typischen" Branchengeschäftsmodellen, falls sich hier im Quervergleich der Mitbewerber mehrere Varianten herauskristallisieren sollten).

Tool 3d: Stärken und Schwächen bestehender Branchengeschäftsmodelle

1. Die wichtigsten Kaufkriterien der Kunden im Zielmarkt

Leiten Sie aus den „Customer Insights" die wichtigsten Kundenwünsche bzw. Kaufkriterien der Kunden im Zielmarkt für das Leistungsangebot Ihrer Branche ab (Beispiele für Kaufkriterien sind: Produktqualität, Nachhaltigkeit, Preis, Liefergeschwindigkeit, Zuverlässigkeit, Zertifizierungen, Serviceniveau …)

Kundenwünsche/Kaufkriterien	Einschätzung der Relevanz aus Kundensicht (von 1-wenig relevant bis 10-sehr relevant)
Kaufkriterium 1	
Kaufkriterium 2	
…	
…	
…	

2. Bewertung der Stärken/Schwächen des typischen Branchengeschäftsmodells

Reihen Sie die Kaufkriterien nach ihrer Relevanz und schätzen sie dann auf einer %-Skala von 0% (gar nicht erfüllt) bis 100% (gänzlich erfüllt), wie sehr die wichtigsten Kundenwünsche bzw. Kaufkriterien der Kunden mit dem bestehenden typischen Branchengeschäftsmodell (wie z. B. Mit Hilfe von Tool 3c erarbeitet) erfüllt werden.

Hohe Prozentsätze bei den weit vorne gereihten Kriterien geben einen Hinweis auf besondere Stärken des bestehenden Geschäftsmodells, niedrige Prozentsätze auf besondere Schwächen.

Reihung der Kriterien	Kundenwünsche/Kaufkriterien	Zu welchem (%-)Grad erfüllt das typische Branchengeschäftsmodell das Kriterium
1	Wichtigstes Kaufkriterium	
2	Zweitwichtigstes Kaufkriterium	
3	…	
4	…	
5	…	

Literatur

Brouthers, L. E., & Nakos, G. (2005). The role of systematic international market selection on small firms' export performance. *Journal of Small Business Management, 43*(4), 363–381.

Christensen, C., & Raynor, M. (2013). *The innovator's solution: Creating and sustaining successful growth*. Harvard Business Review Press.

Clauss, T., Bouncken, R. B., Laudien, S., & Kraus, S. (2020). Business model reconfiguration and innovation in SMEs: A mixed-method analysis from the electronics industry. *International Journal of Innovation Management, 24*(02), 2050015.

Deckert, C., & Schomaker, R. M. (2019). Cultural impacts on national innovativeness: Not every cultural dimension is equal. *Cross-Cultural Research, 53*(2), 186–214. https://doi.org/10.1177/1069397118799700

Griffin, A., & Hauser, J. R. (1993). The voice of the customer. *Marketing Science, 12*(1), 1–27.

Großklaus, R. (2014). *Von der Produktidee zum Markterfolg* (2. Aufl.). Springer Gabler.

Hamel, G., & Prahalad, C. K. (1990). The core competence of the corporation. *Harvard Business Review, 68*(3), 79–91.

Helms, M. M., & Nixon, J. (2010). Exploring SWOT analysis–where are we now? *Journal of Strategy and Management, 3*(3), 215–251.

Hofstede Insights. (2021). *The 6 dimensions of national culture*. https://www.hofstede-insights.com/models/national-culture/. Zugegriffen: 21. Apr. 2021.

Kreutzer, R. (1990). *Global Marketing – Konzeption eines länderübergreifenden Marketing*. Deutscher Universitätsverlag.

Laughlin, P. (2014). Holistic customer insight as an engine of growth. *Journal of Direct, Data and Digital Marketing Practice, 16*(2), 75–79.

Majkgård, A., & Sharma, D. D. (1998). Client-following and market-seeking strategies in the internationalization of service firms. *Journal of Business-to-Business Marketing, 4*(3), 1–41.

Mussnig, W., Zaglia, M., & Rausch, A. (2013). Die strategische Analyse als Basis der Grundstrategie. In W. Mussnig & G. Mödritscher (Hrsg.), *Strategien entwickeln und umsetzen: Speziell für kleine und mittelständische Unternehmen* (S. 157–207). Linde.

Olsen, D. (2015). *The lean product playbook: How to innovate with minimum viable products and rapid customer feedback*. Wiley.

Price, R., & Wrigley, C. (2016). Design and a deep customer insight approach to innovation. *Journal of International Consumer Marketing, 28*(2), 92–105.

Said, E., Macdonald, E. K., Wilson, H. N., & Marcos, J. (2015). How organisations generate and use customer insight. *Journal of Marketing Management, 31*(9–10), 1158–1179.

Schomaker, R. M., & Sitter, A. (2020). Die PESTEL-Analyse–Status quo und innovative Anpassungen. *Der Betriebswirt, 61*(1), 3–21.

Smith, B., Wilson, H., & Clark, M. (2006). Creating and using customer insight: 12 rules of best practice. *Journal of Medical Marketing, 6*(2), 135–139.

Springer Gabler. (2020). *Gabler Wirtschaftslexikon,* Stichwort: Marktpotenzial. https://wirtschaftslexikon.gabler.de/definition/marktpotenzial-37387/version-260823. Zugegriffen: 21. Apr. 2021.

Sternad, D. (2020). Die Entwicklung der Internationalisierungsstrategie. In D. Sternad, M. Höfferer, & G. Haber (Hrsg.), *Grundlagen Export und Internationalisierung* (S. 25–40). Springer Gabler.

Teece, D. J. (2007). Explicating dynamic capabilities: The nature and microfoundations of (sustainable) enterprise performance. *Strategic Management Journal, 28*(13), 1319–1350.

Welter, F., & Smallbone, D. (2011). Institutional perspectives on entrepreneurial behavior in challenging environments. *Journal of Small Business Management, 49*(1), 107–125.

Design – Die Entwicklung eines „idealen" Geschäftsmodells für den Zielmarkt

4

Zusammenfassung

In diesem Kapitel erhalten Sie Anregungen dazu, wie Sie Ihr Geschäftsmodell bestmöglich an den internationalen Zielmarkt anpassen können. Dazu wird zunächst eine Reihe von Basis-Geschäftsmodellen vorgestellt, die für die internationale Geschäftstätigkeit besonders geeignet sind. Darunter fallen digitale Plattform-Geschäftsmodelle, Lizenzierungs-Modelle, Franchising-Modelle, „Servitization"-Modelle (bei denen produzierende Unternehmen einen größeren Dienstleistungsanteil an ihrem Leistungsportfolio erreichen) und datenbasierte Geschäftsmodelle. Wenn Sie Ihr eigenes Geschäftsmodell entwickelt und eventuell um Elemente aus den vorgestellten Basis-Geschäftsmodellen erweitert haben, können Sie in einem „Standardisierungs-Check" feststellen, welche Elemente Ihres Geschäftsmodells Sie für mehrere Zielmärkte vereinheitlichen können. In Folge sollte zudem sichergestellt werden, dass das Geschäftsmodell und die Markteintrittsstrategie gut aufeinander abgestimmt sind. Wenn das Geschäftsmodell-Design für den internationalen Zielmarkt steht, kann dieses dann auch in einem Businessplan in Zahlen übersetzt werden.

Wenn Sie einen besonders attraktiven Zielmarkt ins Auge gefasst haben und ein Verständnis für die Erfolgsfaktoren für diesen Markt entwickelt haben (siehe Kap. 3), geht es im nächsten Schritt darum, Ihr Geschäftsmodell so zu gestalten, dass Sie Ihre Erfolgschancen im Zielmarkt maximieren.

Für die Entwicklung des idealen Geschäftsmodells können Sie wieder auf die in Kap. 2 vorgestellte **Geschäftsmodell-Designvorlage** zurückgreifen:

- Formulieren Sie ein klares **Wertversprechen.**
- Legen Sie fest, welche **Kunden** Sie ansprechen wollen.

- Definieren Sie, wie die **Kundenansprache** erfolgen soll.
- Überlegen Sie, welche Prozesse, Ressourcen und Fähigkeiten sowie Kooperationspartner Sie zur **Leistungserstellung** benötigen.
- Seien Sie sich darüber im Klaren, über welche **Erlösströme** und mit welcher **Kostenstruktur** Sie Gewinne erzielen wollen.

Bei jedem dieser Schritte sollten Sie einen vergleichenden Blick auf die in Kap. 3 identifizierten Rahmenbedingungen im Zielmarkt werfen, um festzustellen, ob Ihr Geschäftsmodell mit diesen im Einklang steht. Falls dies in einem oder mehreren Punkten nicht zutreffen sollte, empfiehlt sich eine entsprechende Anpassung des Geschäftsmodells an die jeweiligen Gegebenheiten im Zielmarkt.

In diesem Kapitel finden Sie einige Anregungen dazu, wie Sie Ihr Geschäftsmodell konkret ausgestalten („designen") können.

Abschn. 4.1 bietet Ihnen zunächst einen **Überblick über verschiedene innovative Geschäftsmodelle,** die für eine internationale Geschäftstätigkeit besonders geeignet sind. Überlegen Sie, in welcher Form Sie diese innovativen Geschäftsmodelle für Ihr eigenes Geschäft einsetzen könnten. Dadurch ergibt sich dann vielleicht auch die ein oder andere zusätzliche Idee, die Sie wiederum beim Design Ihres eigenen Geschäftsmodells mit einbauen können.

In Abschn. 4.2 wird der **Standardisierungscheck** erklärt. Es geht dabei darum, festzustellen, welche Elemente des Geschäftsmodells in verschiedenen Märkten in gleicher Form ausgestaltet (also standardisiert) sein können, und welche Sie unbedingt an die Bedürfnisse des jeweiligen Zielmarktes anpassen sollten.

Im nächsten Schritt ist dann die geplante **Markteintrittsstrategie mit dem Geschäftsmodell in Einklang zu bringen** (Abschn. 4.3). Wenn beide Hand in Hand gehen, steigern Sie die Chance auf ein erfolgreiches Durchstarten mit Ihrem Geschäftsmodell am internationalen Markt.

Nachdem Sie Ihr Geschäftsmodell den Rahmenbedingungen im Zielmarkt entsprechend angepasst haben und sowohl den Standardisierungscheck als auch die Abstimmung zwischen Geschäftsmodell und Markteintrittsstrategie gemacht haben, können Sie Ihr Geschäftsmodell schlussendlich in Zahlen gießen und einen **finanziellen Businessplan erstellen** (Abschn. 4.3).

Sind diese Zahlen erfolgversprechend, dann steht das Basis-Design Ihres Geschäftsmodells für den internationalen Markterfolg. Sie können dann in die nächste Phase eintreten – den Test des Geschäftsmodells im Zielmarkt, mit dem wir uns in Kap. 5 näher beschäftigen werden.

4.1 Innovative Geschäftsmodelle für den internationalen Markterfolg

Es gibt eine Unzahl verschiedener Geschäftsmodelle. Oliver Gassmann von der Universität St. Gallen sowie Karolin Frankenberger und Michaela Csik haben zum Beispiel in Ihrem Buch *Geschäftsmodelle entwickeln* ganze 55 verschiedene innovative Konzepte zusammengetragen (Gassmann et al., 2017).

Wir wollen Ihnen hier vor allem jene Grundtypen von Geschäftskonzepten vorstellen, die für eine internationale Geschäftstätigkeit besonders geeignet sind und mit denen sich auch schon viele Unternehmen sehr erfolgreich auf Auslandsmärkten etabliert haben. Dabei ist es natürlich auch möglich, einzelne Geschäftsmodelltypen miteinander zu kombinieren.

Die Grundtypen von **innovativen Geschäftsmodellen für die internationale Geschäftstätigkeit,** die wir uns im Weiteren näher ansehen wollen, sind digitale Plattform-Geschäftsmodelle, Lizenzierungs-Geschäftsmodelle, das Franchising, „Servitization"-Geschäftsmodelle sowie datenbasierte Geschäftsmodelle.

4.1.1 Digitale Plattform-Geschäftsmodelle

Amazon, AirBnB, E-Bay, UBER – wir alle kennen die Erfolgsgeschichten von Geschäftsmodellen, die auf digitalen Plattformen basieren. Dabei handelt es sich im Wesentlichen um **Marktplätze im Internet,** die Anbieter und Nachfrager für bestimmte Kategorien von Produkten und Dienstleistungen zusammenbringen. Mittlerweile gibt es solche Plattform-Geschäftsmodelle bereits in sehr vielen Marktsegmenten sowohl im Business-to-Consumer (B2C) als auch im Business-to-Business (B2B) und im Consumer-to-Consumer (C2C)-Bereich. Das reicht von Online-Marktplätzen für Müllcontainer (wastebox.biz) bis zum „AirBnB für Toiletten" (AirPnP).

Digitale Plattformen ermöglichen es Anbietern und Nachfragern bestimmter Güter, Dienstleistungen oder Informationen, in einem klar reglementierten Raum einfach zusammenzufinden und Ihre Transaktionen abzuschließen.

Es gibt dabei viele Merkmale, in denen sich digitale Plattform-Geschäftsmodelle unterscheiden. Basierend auf den Kategorien unserer Geschäftsmodell-Designvorlage (siehe Kap. 2) gibt es zum Beispiel folgende verschiedene **Ausprägungen von Plattform-Geschäftsmodellen** (Täuscher & Laudien, 2018):

- **Wertversprechen**
  - Kern-Wertversprechen: günstiger Preis, emotionaler Wert, funktionaler Wert, sozialer Wert.
  - Leistungsangebot: digitale Produkte, physische Produkte, Serviceangebote, Werbung, Datendienste.
  - Plattformtyp: Verkaufsplattform, Community-Plattform, Plattform für Inhalte.

- Eigene und fremde Angebote oder reiner Marktplatz für Dritte.
- Reine Marktplattform oder zusätzliche Logistik- und Zahlungsdienstleistungen.
- **Kunden:**
  - B2C, B2B oder C2C.
  - Zahlende Kunden: Verkäufer, Käufer, sowohl Käufer als auch Verkäufer oder Dritte (z. B. Werbekunden).
  - Lokale, nationale, internationale oder globale Plattformen.
- **Leistungserstellung:**
  - Eigene Plattform versus Nutzung von Plattformen von Kooperationspartnern.
  - Reiner Vermittlungsprozess oder zusätzlich auch Bestell- und Auftragsabwicklungsprozess, Logistikprozess, Zahlungsprozess.
- **Kundenansprache:**
  - Endgeräte: Vor allem über Smartphones oder über PCs.
  - Feedback: User-Reviews, redaktionelle Reviews, keine Reviews.
- **Gewinnformel:**
  - Primäre Erlösquellen: Umsatzprovisionen (in % des Umsatzes), fixe Gebühren pro Verkauf, Werbung, Abonnement, Verkauf von Zusatzservices.
  - Nur Anbieter zahlen, nur Nachfrager zahlen, Anbieter und Nachfrager zahlen.
  - Preise: Fixpreise, von Käufern festgesetzte Preise, von Verkäufern festgesetzte Preise, verhandelte Preise, Auktionen, Freemium-Modelle (mit kostenlosem Basiszugang und kostenpflichtigen Zusatzservices).
  - Preisunterschiede: basierend auf Features, Menge, Verkaufs-/Kaufort oder ein einheitlicher Preis.

Wie Sie sehen, sind bei der Entwicklung von Plattformmodellen viele Entscheidungen zu treffen. Trotz der vielen Faktoren, durch die sich digitale Plattform-Geschäftsmodelle unterscheiden, lassen sich dennoch auch ein paar **Grundtypen von Plattformen** herausfiltern (Täuscher & Laudien, 2018):

- **Effiziente Produkt-Transaktions-Plattformen** – dort kann man ganz einfach physische Produkte in einem bestimmten Produktsegment kaufen und verkaufen (z. B. eBay, Alibaba).
- **Plattformen für Digitalprodukte** – dort kann man digitale Produkte zum Download oder Streaming erwerben (z. B. envato elements, wo Designer Grafik-Designvorlagen downloaden können oder udemy als Plattform für Lerninhalte).
- **Plattformen für „Produkt-Afficionados"** – mit einem sehr spezialisierten Produktsortiment (z. B. thenumisplace.com als Marktplatz für Münzsammler).
- **Plattformen für nicht-digitale „On-demand-Dienstleistungen"** – man bekommt über diese Plattformen sofort nicht-digitale Dienstleistungen vermittelt (z. B. Essenszustellung über Lieferando oder Transportdienstleistungen über Uber).

- **Online-Services-Plattformen** – auf denen man direkt im Internet Dienstleistungen abrufen kann (wie z. B. Nachhilfedienstleistungen über GoStudent oder Gesundheitsdienstleistungen über Kry).
- **Plattformen zur Vermittlung von Offline-Services zwischen Konsumenten** – wie zum Beispiel die Vermittlung von Privatzimmern über AirBnB.

Manche Plattformen eröffnen auch **externen Entwicklern** die Möglichkeit, mit Ihren Softwareangeboten an die Plattform „anzudocken" (Moser et al., 2019). Ein klassisches Beispiel ist die Möglichkeit für Softwareentwickler, im App-Store von Apple eigene Apps anzubieten.

Für den Erfolg eines Plattform-Geschäftsmodells ist es wesentlich, eine kritische Masse von Marktteilnehmern entweder auf der Anbieterseite oder der Nachfragerseite aufzubauen, um dann durch indirekte Netzwerkeffekte auch für die „andere" Seite interessant zu sein. Zum Beispiel hatte Amazon bereits Millionen an Konsumenten (Nachfragern) an sein Portal gewöhnt, bevor man die Plattform auch Drittanbietern als Marktplatz öffnete.

Andere Geschäftsmodelle beginnen eher damit, ein hochwertiges Angebot aufzubauen (z. B. indem man es für Anbieter einfach und günstig macht, teilzunehmen) und ziehen mit einem qualitativ hochwertigen Angebot dann immer mehr Nachfrager an. So hat zum Beispiel das Restaurant-Reservierungssystem OpenTable zunächst eine Tischreservierungslösung für Restaurants angeboten. Als eine große Anzahl von Restaurants diese Lösung in Anspruch genommen hat, wurde dann zusätzlich ein Buchungsportal für Nachfrager (also Restaurantbesucher) gestartet (Choudary, 2016).

Manche erfolgreiche Plattform-Geschäftsmodelle sind zunächst nur in einem Nischenmarkt gestartet. Ein Beispiel dafür ist Facebook, das von Mark Zuckerberg als soziales Netzwerk für Studierende der Universität Harvard konzipiert wurde. Erst aufgrund des großen Erfolgs in dieser Marktnische wurde die Plattform in Folge auch für weitere Zielgruppen geöffnet – zunächst für Studierende anderer US-amerikanischer Universitäten, dann auch für Studierende und Schüler an Universitäten und Schulen in anderen Ländern, und erst in Folge für eine breite Öffentlichkeit.

Facebook kam in den letzten Jahren immer mehr auch als „Datenkrake" in die Kritik. Es ist generell ein besonderer Effekt von digitalen Plattformen, dass diese eine **hohe Menge an Daten** produzieren. Die Nutzung und Verwertung dieser Daten kann dann selbst zu einem wesentlichen Teil des Geschäftsmodells werden (so wie das z. B. in Facebooks datenbasiertem Werbe-Geschäftsmodell der Fall ist), soweit dies datenschutzrechtlich zulässig ist.

4.1.2 Lizenzierung als Geschäftsmodell

Manche auf internationale Märkte angepasste Geschäftsmodelle sind stark auf die Einbindung lokaler Kooperationspartner ausgerichtet. Dazu zählen insbesondere Lizenzierungs- und Franchising-Geschäftsmodelle.

Unter **Lizenzierung** versteht man die Übertragung von Nutzungsrechten an einem immateriellen Wirtschaftsgut bzw. geistigen Eigentum (*engl.* intellectual property oder kurz IP) eines Lizenzgebers an einen Kooperationspartner (Lizenznehmer) gegen Bezahlung einer Lizenzgebühr. Bei dem immateriellen Wirtschaftsgut kann es sich zum Beispiel um ein Patent, eine Software, bestimmtes Know-How, ein Urheberrecht oder eine Marke handeln. Der Begriff „Lizenz" leitet sich dabei vom lateinischen „licet" ab, was „es ist erlaubt" bedeutet. Es ist dem Lizenznehmer also erlaubt, etwas, das eigentlich dem Lizenzgeber gehört, auch für sich wirtschaftlich nutzbar zu machen.

Voraussetzung für die Anwendbarkeit eines Lizenzierungs-Geschäftsmodells ist das Vorhandensein von geistigem Eigentum an immateriellen Wirtschaftsgütern. Anstatt die daraus abgeleiteten Produkte oder Dienstleistungen auf internationalen Zielmärkten selbst anzubieten, verkauft man als Lizenzgeber die Nutzungsrechte des geistigen Eigentums an Partner im Zielmarkt.

Folgende **Vorteile** sind mit diesem Geschäftsmodell verbunden:

- Lizenzeinnahmen von ausländischen Märkten ohne großen Ressourceneinsatz und laufende Kosten.
- Aufbau eines Netzwerks von Partnern, die sich dann um den Ausbau der Marktstellung der eigenen Marke bzw. der lizenzierten Technologie kümmern.
- Schnellere Internationalisierung, da die Produktions- und Distributionsstrukturen vor Ort von Partnern aufgebaut und betrieben werden (möglicherweise auch in mehreren Ländern parallel, wenn man für jedes Land geeignete Lizenznehmer findet).
- Geringe Investitionskosten und damit auch geringeres Risiko.
- Wegfall von Transport- und Zollkosten.
- Mögliche Fokussierung auf die Kernkompetenzen des eigenen Unternehmens (z. B. ein Fokus auf die Produktentwicklung, während die Produktion und Vermarktung komplett von den Partnern vor Ort übernommen werden).
- Die Nutzung der lokalen Marktkenntnis sowie der Marketing- und Distributionsstärke der Lizenzpartner.

Natürlich gibt es auch **Nachteile und Risiken** von Lizenzierungs-Geschäftsmodellen. Der Erfolg des Geschäftes am Auslandsmarkt ist stark von den lokalen Partnern abhängig. Zudem gibt man sein geistiges Eigentum weiter. Selbst bei guter vertraglicher Absicherung ist es dabei nicht ausgeschlossen, dass der Lizenzpartner das gewonnene Know-How (z. B. nach Ablauf eines Lizenzvertrages) in einer Form für sich selbst nutzt, die für den Lizenzgeber potenziell schädlich ist. Im schlimmsten Fall verliert man hier seinen technologischen Wettbewerbsvorteil und züchtet sich durch einen Lizenzvertrag die eigene Konkurrenz heran.

Ein schlechter Lizenzvertrag kann unter Umständen dazu führen, dass man seine eigenen Investitionen in die Entwicklung des geistigen Eigentums nicht mehr zurückverdienen kann.

Lizenzierungs-Geschäftsmodelle lassen sich in verschiedensten Bereichen finden. Buchverlage verkaufen Lizenzen für den Druck und Vertrieb fremdsprachiger Ausgaben von Büchern an Verlage im Ausland. Walt Disney lizenziert Nutzungsrechte für seine Comic- und Filmfiguren (wie z. B. die „Eiskönigin") für verschiedenste Produkte und Werbezwecke.

Auch im Industriebereich gibt es Lizenzstrategien. Zum Beispiel erteilte das Chemieunternehmen BASF einem chinesischen Unternehmen eine Sublizenz für die Nutzung von Patenten für Nickel-Kobalt-Mangan-Kathodenmaterialien am US-Markt. Mit diesen Materialien können langlebige Lithium-Ionen-Batterien erzeugt werden. Unternehmensangaben zufolge soll mit dieser Strategie auch das Branchenwachstum weiter unterstützt werden (BASF, 2018). Mit einer raschen weltweiten Diffusion dieser innovativen Technologie steigt dann die Chance, dass der Wert des geistigen Eigentums daran steigt.

Dieses Beispiel zeigt übrigens noch eine weitere Strategie auf, die **Sublizenzierung.** Im konkreten Fall hält ein U.S.-amerikanisches Forschungszentrum das Patent, das es dann an BASF lizenziert hat (BASF, 2018). Der Chemiekonzern hat sich wiederum das vertragliche Recht gesichert, Sublizenzen zu vergeben, was in diesem Fall für einen bestimmten internationalen Zielmarkt (die USA) auch verwirklicht wurde.

Aus diesem Beispiel ist außerdem ersichtlich, dass es unterschiedliche **Arten von Lizenzen** gibt (Schwab, 2011):

- Bei **exklusiven (ausschließlichen) Lizenzen** bekommt nur ein einziger Lizenznehmer das Recht, das geistige Eigentum zu nutzen. Auch der Lizenzgeber selbst kann sein Patent dann nicht mehr direkt am Markt verwerten – der Lizenzgeber ist hier also voll vom Lizenznehmer abhängig, was den Markterfolg betrifft. Es ist möglich, dass Exklusivrechte nur für bestimmte internationale Zielmärkte vergeben werden.
- Demgegenüber stehen **nicht-exklusive (einfache) Lizenzen,** mit denen auch Wettbewerb zwischen den Lizenznehmern ermöglicht wird.
- **Alleinlizenzen** ermöglichen ebenfalls nur einem Lizenznehmer die Nutzung des geistigen Eigentums – allerdings darf in diesem Fall der Lizenzgeber selbst weiterhin am Markt tätig sein.
- Wenn ein Lizenzvertrag **Sublizenzen** (Unterlizenzen) ermöglicht (wie im Beispiel von BASF oben), dann steht es dem Lizenznehmer frei, Dritten gegen Entgelt die Nutzung des immateriellen Wirtschaftsgutes zu erlauben.

Aufgrund der Risiken, die mit einem Lizenzierungs-Geschäftsmodell verbunden sind, kommt einer **sorgfältigen Partnerauswahl** besondere Bedeutung zu. Hier empfiehlt sich ein guter „Background-Check" vor Vertragsabschluss, in dem einerseits die Vermarktungsfähigkeiten des Lizenzpartners eingeschätzt werden sollten, andererseits aber auch mögliche Interessenskonflikte und die Wahrscheinlichkeit, dass aus Partnern Konkurrenten werden könnten (Hickey et al., 2018).

> **Fallbeispiel CREE Buildings**
>
> Die Rhomberg Bau GmbH ist ein familiengeführtes Bauunternehmen mit Hauptsitz in Bregenz (Österreich). Ihr Geschäftsführer Hubert Rhomberg suchte nach einem Weg, die Baubranche effizienter, nachhaltiger und digitaler zu gestalten. Zur Umsetzung seiner Vision wurde 2009 die Cree GmbH als eigenständiges Unternehmen gegründet. In einem Pilotprojekt – dem „LifeCycle Tower One" in Dornbirn – hat man die Idee dann 2012 erstmals umgesetzt. Dieses Referenzprojekt half CREE dabei, Know-How aufzubauen, wie man mit vorgefertigten Modulen aus Holz nachhaltige Büro- und Wohngebäude errichtet. Die Bauweise ist nachhaltig, ressourcenschonend und CO_2-neutral – und damit besonders umweltfreundlich.
>
> Das Referenzprojekt in Dornbirn hat bei Architekten, Städteplanern, Bauträgern, Studierenden und Bauunternehmen – vor allem auch aus dem Ausland – großes Interesse an dieser neuen Form des Bauens hervorgerufen. Durch die Errichtung weiterer Gebäude konnte das Know-How weiter vertieft werden. Es stellte sich aber bald heraus, dass CREE in Zukunft – wenn man weiter wachsen möchte – aus Zeitgründen nicht länger die gesamte Projektabwicklung von Anfang bis zum Ende übernehmen kann. So wurde gezielt überlegt, wie man ein skalierbares und international übertragbares Geschäftsmodell entwickeln könnte.
>
> Die erste Idee war es, ein Franchising-Modell aufzusetzen. Davon ist man allerdings wieder abgekommen, vor allem auch deshalb, weil das Franchising-Modell den Franchisenehmern keine anderen geschäftlichen Aktivitäten ermöglicht hätte. Die Kunden, die CREE mit seinem spezialisierten Bau-Know-How anspricht, sind Bauunternehmen. Deren Interesse war und ist es allerdings nicht, ausschließlich CREE Gebäude zu bauen. Sie wollen damit eher ihr eigenes Portfolio erweitern statt es ganz zu ersetzen. Daher schien ein Lizenzierungsmodell für diese Branche – vor allem auch angesichts der zu lizenzierenden Inhalte (Know-How) – wesentlich praktikabler zu sein. Mittlerweile ist CREE ein internationales Technologie- und Beratungsunternehmen, das Bauunternehmen und Projektentwicklern weltweit sein technisches Know-how über die einzigartige Holz-Hybrid-Systembauweise in Lizenz zur Verfügung stellt.
>
> Um den Vertrieb sowie die Kommunikation mit und zwischen den Lizenzpartnern zu vereinheitlichen und zu verbessern, hat man eine eigene Online-Plattform entwickelt. Diese bündelt das Know-how von CREE. Die Plattform wird kontinuierlich ausgebaut und allen Lizenzpartnern zur Verfügung gestellt. Das Feedback der Lizenznehmer stellt sicher, dass das Know-how laufend weiterentwickelt wird.
>
> CREE musste auch in der Organisation entsprechende Voraussetzungen schaffen, um die Lizenzpartner während der Projektabwicklung bestmöglich zu unterstützen.

Dies erfolgt durch sogenannte „Länderbetreuer". Die Intensität der Betreuung der Lizenzpartner wird in Abhängigkeit von den Kundenbedürfnissen angepasst.

Im Laufe der Zeit erkannte man bei CREE trotzdem auch die Notwendigkeit, den Lizenzpartnern bestimmte Zusatzleistungen (über den reinen Know-How-Transfer hinaus) anzubieten. Dazu zählen Vorbemessungen, rechnerische Nachweise und gebäudetechnische Simulationen. Des Weiteren unterstützt CREE die Lizenzpartner beim lokalen Marketing (z. B. durch die Teilnahme an Konferenzen), um die Aufmerksamkeit potenzieller Kunden zu gewinnen. Die Einschulung der Lizenzpartner sowie Trainings für Planer zählen ebenso zu den Leistungen von CREE.

Zu Beginn vergab CREE noch exklusive Lizenzen für ein bestimmtes Land. Dies verhinderte aber eine weitere Skalierung des Geschäftsmodell, weshalb man diese Exklusivrechte teilweise aufhob. Außerdem legt man in Abstimmung mit den Lizenzpartnern einen Entwicklungsplan fest, in dem die Mindestanzahl an Gebäuden bzw. die zu bauenden Quadratmetern pro Jahr bestimmt werden. Jeder Lizenzpartner und jedes Projekt trägt zum Wachstum von CREE und Aufbau der Plattform bei. ◄

4.1.3 Franchising als Geschäftsmodell

Mit **Franchising** bezeichnet man die Übertragung des Nutzungsrechtes an einem gut eingeführten Unternehmens- oder Vertriebskonzept von einem Franchisegeber an einen Franchisenehmer gegen Bezahlung einer Franchisegebühr. Das Unternehmens- und Vertriebskonzept beinhaltet üblicherweise zumindest die Marke, das Geschäftsdesign, Marketing- und Vertriebsmaterialien sowie Prozess-Know-How.

Franchising ist eigentlich eine Sonderform der Lizenzierung, bei der ein ganzes erprobtes Geschäftskonzept in Form eines **„Franchise-Pakets"** von einem Franchisenehmer im ausländischen Zielmarkt übernommen wird. So ein „Paket" kann alle Elemente eines Geschäftsmodells umfassen:

- **Wertversprechen und Kunden:** Das Recht, bestimmte vom Franchisegeber entwickelte Produkt- und Dienstleistungsangebote in klar definierten Zielmärkten zu verkaufen (eventuell auch exklusiv mit Gebietsschutz). Der Franchisenehmer kann dabei das bestehende positive Markenimage des Franchisegebers nutzen.
- **Leistungserstellung:** Bereitstellen eines Organisationskonzeptes zur Betriebsführung. Dabei bekommt der Franchisenehmer üblicherweise ein „Franchise-Handbuch", welches detaillierte Anleitungen zum Aufbau des Betriebes und zur Abwicklung des Tagesgeschäftes enthält. Auch Schulungs- und Beratungsleistungen sind meist mit inkludiert.
- **Kundenansprache:** Der Franchisenehmer kann ein erprobtes Marketingkonzept, die Marke und das Corporate Design im Zielmarkt nutzen. Üblicherweise gibt es

standardisierte Konzepte zur Nutzung bestimmter Vertriebs- und Kommunikationskanäle.
- **Gewinnformel:** Die Franchisenehmer übernehmen meist auch die „Gewinnformel" des Franchisesystems mit denselben Erlösströmen und mit einer zumindest ähnlichen Kostenstruktur. Auch das Controlling wird oft vom Franchisegeber mit übernommen.

Franchisenehmer haben den Vorteil, dass sie auf einem bestehenden und praxiserprobten Geschäftskonzept aufsetzen können. Damit sinkt das Risiko zu scheitern.

Für den Franchisegeber hat das Franchising-Geschäftsmodell folgende **Vorteile** (WKO, 2015):

- Einnahmen aus Einmalgebühren (Einstiegsgebühren) und laufenden Franchising-Gebühren.
- Das eigene Geschäftskonzept kann schneller auf internationalen Zielmärkten verbreitet werden.
- Marktauftritt mit eigener Marke und eigenem Geschäftskonzept im Zielmarkt mit geringen Investitionen.
- Nutzung der lokalen Marktkenntnisse der Franchisenehmer.
- Nutzung von Synergien (Einkaufsvorteile und Kostendegression durch Größeneffekte).
- Risikoteilung mit den Franchisenehmern.
- Unternehmerisches Engagement vor Ort (Franchisenehmer haben ein hohes Eigeninteresse, das Geschäftsmodell im Zielmarkt erfolgreich zu etablieren).

Generell hat das Franchise-Modell den Vorteil der Arbeitsteilung, was einen stärkeren Fokus auf die jeweiligen Kernkompetenzen ermöglicht. Während der Franchisegeber die Leistungsangebote weiterentwickelt, die Prozesse und das Geschäftskonzept optimiert und sich um die professionelle Markenführung kümmert, kann sich der Franchisenehmer stärker auf die operative Abwicklung des Geschäfts, die Personalführung und die lokale Marktbearbeitung konzentrieren.

Wie bei jedem Geschäftsmodell gibt es auch beim Franchising **Nachteile.** Diese liegen hier vor allem in der Komplexität, welche die Organisation unternehmensübergreifender Prozesse und Systeme mit sich bringt. Es werden dafür auch Management-Kapazitäten benötigt. Außerdem braucht es meist eine längere Vorlaufzeit, um das System ins Laufen zu bringen – dieses muss ja erst detailliert erarbeitet und getestet werden. Zudem ist der Erfolg eines Franchising-Geschäftsmodells natürlich davon abhängig, ob es gelingt, entsprechend qualifizierte und motivierte Franchisenehmer zu finden (WKO, 2015).

Franchisingsysteme gibt es sowohl in der Produktion und dem Vertrieb von Sachgütern als auch im Handels- und Dienstleistungsbereich, und das **in vielen verschiedenen Branchen** wie zum Beispiel Gastronomie (McDonald's), Fitnessstudios (Mrs. Sporty), Bildung/Nachhilfe (Schülerhilfe), Einzelhandel (Fressnapf), Immobilienmakler (RE/MAX) oder Reisebüros (TUI), um nur einige bekanntere Beispiele zu nennen.

Die Rechte und Pflichten des Franchisegebers und -nehmers sind in einem **Franchisevertrag** detailliert geregelt. Darin kann zum Beispiel ein Gebietsschutz für den Franchisenehmer enthalten sein. Manche Franchiseverträge sehen zudem vor, dass der Franchisenehmer bestimmte Leistungen (z. B. die Lieferung bestimmter Vorprodukte oder die Abwicklung bestimmter Backend-Prozesse) ausschließlich beim Franchisegeber zukaufen darf. So lassen sich in diesen Bereichen weitere mögliche Synergie- bzw. Größeneffekte erzielen.

Die wesentlichen **Erlösströme** für Franchisegeber sind Einstiegsgebühren (für den Know-How-Transfer eines erprobten Geschäftssystems) und laufende Franchise-Gebühren (auch „Royalties" genannt), die meist entweder bezogen auf die verkaufte Stückzahl oder als Prozentbetrag vom Nettoumsatz oder Gewinn bezahlt werden. Die Ausgestaltung der „Royalties" ist besonders relevant für die Skalierbarkeit eines Geschäftsmodells. Manchmal gibt es auch noch sonstige Gebühren (z. B. Beiträge für überregionale Marketingmaßnahmen oder Gebühren für eine IT-Nutzung oder für Weiterbildung) (WKO, 2018).

Wenn Sie ein auf Ihrem Heimmarkt gut etabliertes Geschäftsmodell haben, welches von einem lokalen Partner ohne große Anpassungen im ausländischen Zielmarkt angeboten werden könnte, wäre Franchising vielleicht eine alternative Form der Internationalisierung, die Sie näher in Betracht ziehen könnten.

4.1.4 „Everything as a Service" – Servitization als Geschäftsmodell

Vielleicht haben Sie schon einmal etwas von den Begriffen „IaaS" (Infrastructure as a Service) oder „SaaS" (Software as a Service) gehört? Diese Geschäftsmodelle sind kennzeichnend für eine Trendwende weg vom Verkauf eines rein physischen Produkts und hin zur Bezahlung des Gebrauchs (oder Verbrauchs) dieses Produkts. Man spricht in diesem Fall manchmal auch von **„Verbrauchsmodellen"**. Das bedeutet, dass Sie eine Hardware (wie etwa einen Server) oder eine Software (wie etwa Adobe Photoshop®) nicht mehr eigenständig ankaufen müssen, um die Leistung nutzen zu können. Im Gegensatz dazu zahlen Sie einfach in regelmäßigen Abständen für die Nutzung des Geräts oder der Software oder auch für das Ergebnis (in diesem Zusammenhang spricht man auch von der „outcome economy").

Produktionsorientierte Unternehmen können das Wertversprechen eines Geschäftsmodells ändern, indem sie den Fokus nicht mehr auf den Verkauf eines physischen oder digitalen Produkts legen, sondern sich am eigentlichen Kern der Leistung und des Kundenwunsches orientieren.

Der Werkzeughersteller Hilti verkauft demnach keine Bohrgeräte, sondern „ein Loch". Um diese Leistung zu erfüllen, müssen keine physischen Geräte verkauft werden. Diese können auch vermietet werden (was Hilti eben auch sehr erfolgreich macht).

Rolls Royce, Hersteller von Flugzeug-Triebwerken, ist in diesem Zusammenhang ebenfalls ein viel zitiertes Beispiel für das sogenannte **„Servitization-Prinzip"**. Mit ihrem „Total Care"-Angebot gelten sie als „Servitization"-Pioniere. Das Produkt „Triebwerk" wird hier zum Service. Rolls Royce stellt den Kunden Dienstleistungen rund um Wartung und Reparatur über die gesamte Lebensdauer der Triebwerke bereit. Der Kunde kauft also nicht mehr das Triebwerk selbst, sondern die Leistung des Triebwerks.

Es gibt eine Vielzahl verschiedener „Servitization"-Geschäftsmodelle. Prinzipiell lassen sich aber einmal drei **„Servitization"-Stufen** unterscheiden (Cusumano et al., 2015):

1. **Zusätzliches Angebot von Dienstleistungen:** Das Ziel dabei ist, den Verkauf oder die Nutzung des physischen Produkts durch Dienstleistungen zu ergänzen. Die Produktfunktionalität wird dabei nicht wesentlich verändert (Beispiele dazu sind Finanzierungs-, Wartungs- und Schulungsdienstleistungen).
2. **Erweiterung des Leistungsangebots durch Integration von Dienstleistungen in das Produktangebot** (z. B. für den Kunden maßgeschneiderte Anpassungen des Produktes oder Beratungsleistungen als Teil eines Gesamtpaketes).
3. **Ersatz des Produktes durch Dienstleistungen:** Kunden zahlen für die Nutzung des Produktes, nicht mehr für das Produkt selbst.

Die Beispiele von Hilti und Rolls Royce veranschaulichen die Änderung des Wertversprechens über das „Servitiziation"-Prinzip. Man „transformiert" das physische Produkt zur Dienstleistung, was der dritten „Servitization"-Stufe entspricht.

Viele dieser Verbrauchsmodelle sind im Bereich der **Informations- und Kommunikationstechnologien** entstanden. Dazu zählen zum Beispiel „Data Storage-as-a-Service", „Communications-as-a-Service", „Monitoring-as-a-Service", „Blockchain-as-a-Service", „Security-as-a-Service", „Backup-as-a-Service" oder „Games-as-a-Service". Alle diese Geschäftsmodelle werden unter dem Begriff **„XaaS"** zusammengefasst, wobei das „X" für „everything" steht.

Sie können also nahezu „alles" zu einer Dienstleistung umfunktionieren: z. B. Wasser („Water-as-a-Service"), Licht („Light-as-a-Service") oder eine Waschmaschine („Washing-Machine-as-a-Service"). Unternehmen, die ein „Servitization"-Geschäftsmodell entwickeln, kürzen dieses also gemäß dem „XaaS"-Prinzip ab. Dabei wird der Begriff „as a Service" und die damit verbundenen Abkürzungen mittlerweile schon beinahe inflationär verwendet (Luber & Karlstetter, 2017). Dies hat mitunter zur Folge, dass viele Anbieter die gleichen Anfangsbuchstaben für ihre Akronyme nutzen, hinter denen sich dann aber unterschiedliche Services verbergen können. Bei der Internationalisierung eines solchen Geschäftsmodells sollten Sie daher berücksichtigen, ob es in Ihrer Branche und im Speziellen auch im gewählten Zielmarkt bereits ähnliche Abkürzungen gibt und ob dies eine Auswirkung auf die Vermarktung haben könnte.

Verbrauchsmodelle bieten sehr viele **Vorteile** – für Unternehmen wie auch für ihre Kunden. Hier sind einige Gründe, warum „Servitization"-Modelle für Unternehmen interessant sein können (Kamal et al., 2020; Luber & Karlstetter, 2017):

- Sie ermöglichen eine rasche Skalierung des Geschäftsmodells.
- Die Markteinführung neuer Dienstleistungen ist schneller umsetzbar.
- Insbesondere digitale Services können meist auch weltweit bereitgestellt werden.
- Sie können schneller auf sich verändernde Marktanforderungen reagieren.
- Sie schaffen höhere Markteintrittsbarrieren für Mitbewerber, weil das Modell schwerer zu imitieren ist.
- Kunden zeigen (insbesondere über einen längeren Zeitraum hinweg) eine höhere Zahlungsbereitschaft.

Dieser Geschäftsmodelltyp hat aber auch einige **Nachteile:**

- Verbraucher können andere oder „falsche" Erwartungen an den Anbieter haben.
- Fähigkeiten und Ressourcen müssen vom Unternehmen oft erst entwickelt und aufgebaut werden.
- In der Regel wird eine stärkere Zusammenarbeit mit Partnern und Lieferanten notwendig.
- Da viele servicebasierte Geschäftsmodelle auf der Generierung von Daten basieren, sind auch die Nachteile eines datenbasierten Geschäftsmodells damit verbunden (z. B. Speicherung von Daten in der Cloud, gegebenenfalls konstante Internetverbindung zur Übertragung der Daten, datenschutzrechtliche Anforderungen etc.)

Wenn Sie ein „Servitization"-Modell umsetzen möchten, ist es oft auch notwendig, das Wertversprechen neu zu definieren. Das wirkt sich dann in Folge auf die gesamte **Wertarchitektur des Geschäftsmodells** aus, also auf das Zusammenwirken von Wertversprechen, Leistungserstellung und Gewinnformel (Ayala et al., 2017). Dabei ist auch zu bedenken, in welcher Form sich die Ertragsmechanik Ihres Geschäftsmodells verändert (Deloitte, 2018).

Verbrauchsmodelle werden oft mit dem sogenannten **„pay-per-use"-Konzept** oder einer **performance-bezogenen Vergütung** kombiniert. Es handelt sich wie bei einer Miete oder einem Abonnement grundsätzlich um wiederkehrende Erlöse. Allerdings bedeutet „pay-per-use" die Abrechnung der Nutzung nach tatsächlich anfallendem Verbrauch. Diese Beträge können dann unterschiedlich hoch ausfallen (eben je nach Nutzung). Im Fall der Bohr- oder Triebwerksmaschinen heißt es dann z. B. „Pay-per-Hole" oder „Pay-per-(Flight) Hour". Die Kombination eines „Servitization"-Modells mit sogenannten „Metered Services" (also Abrechnungen nach tatsächlich gemessenen Verbrauch) ist bei B2B-Kunden und Verbrauchern deshalb so beliebt, weil sie oft als „kosteneffizienter" gesehen werden.

Die **tatsächliche oder gefühlte Kosteneffizienz** eines solchen Modells basiert auf folgenden Faktoren:

- Wenn der Kunde nicht den vollen Leistungsumfang des Produkts benötigt, dann kann er die Services einfach flexibel bei Bedarf nutzen, um dadurch Kosten zu sparen.
- Für Unternehmenskunden bedeutet dies auch, dass sie die eingesparten Ressourcen anders einsetzen können und sich damit auf Ihr Kerngeschäft fokussieren können. Sie ersparen sich zum Beispiel Wartung oder Reparaturen (bzw. müssen sich nicht mehr selbst darum kümmern).
- Kunden bekommen einen schnellen und einfachen Zugang zu neuen Technologien und Anwendungen, ohne sich dabei große Investitionskosten aufzuladen. Dies kann attraktiver erscheinen (z. B. weil sich für Unternehmenskunden bilanzielle Vorteile ergeben, da die Nutzung direkt als Aufwand verbucht werden kann), selbst wenn der Kunde in Summe sogar mehr zahlt.

Gerade in Bezug auf das Argument, dass eine regelmäßige nutzungsabhängige Gebühr attraktiver sein kann, sind branchenspezifische Unterschiede zu berücksichtigen. Abhängig von Branche oder Unternehmensgröße kann letzten Endes vielleicht doch eine Investition die bessere Wahl sein als die nutzenorientierte Abrechnung.

Auch wenn Verbrauchsmodelle für die Internationalisierung aufgrund ihrer Skalierungsmöglichkeiten besonders gut geeignet sind, gibt es auch hier potenzielle Stolpersteine zu berücksichtigen. Wenn es sich bei den Produkten zum Beispiel um sehr teure Investitionsgüter handelt und Ihre Zielgruppe international tätige B2B-Kunden sind, deren Jahresabschluss auf Basis der IFRS erfolgt, dann kann dies wesentliche bilanzielle und steuerrechtliche Fragen auf beiden Seiten aufwerfen, die Sie vorab klären sollten.

4.1.5 Datenbasierte Geschäftsmodelle

Dass sich **digitale Geschäftsmodelle** für die Internationalisierung besonders gut eignen, ist bereits bei der Vorstellung von digitalen Plattform-Geschäftsmodellen deutlich geworden. Neben Plattformen kommt auch insbesondere dem **E-Commerce** eine besondere Rolle als internationaler Vertriebsweg zu. Das Internet hat auch neue Möglichkeiten eröffnet, physische Produkte zu digitalisieren und diese dadurch einem größeren Publikum über die Grenzen des Heimmarktes hinaus zur Verfügung zu stellen (denken Sie dabei z. B. nur an E-Books oder Online-Streamingdienste).

Die Digitalisierung von Geschäftsmodellen trägt aber nicht nur dazu bei, bestehende Vertriebswege und Wertversprechen zu verändern. Damit einher geht auch die Möglichkeit, riesige Mengen an Daten zu generieren („Big Data"), die ihrerseits wiederum die Basis eines Geschäftsmodells darstellen können.

Kennzeichnend für solche **datenbasierte Geschäftsmodelle** ist, dass Daten die wichtigste Ressource in der Leistungserstellung darstellen. Dabei geht es nicht nur darum, Daten zu sammeln, sondern diese dann auch zu kommerzialisieren und damit Erlöse zu erzielen (Cimiotti, 2018). Datenbasierte Geschäftsmodelle können auch mit einem „Servitization"-Modell als „Data-as-a-Service" kombiniert werden.

Der wesentliche Vorteil dieses Geschäftsmodells für internationalisierungswillige Unternehmen ist, dass es unabhängig von Landesgrenzen und damit auch auf der ganzen Welt anwendbar ist (unter der Voraussetzung, dass dies rechtlich möglich ist). Sie sind grundsätzlich weder auf eine bestimmte Region begrenzt noch auf Grund der Sprache eingeschränkt. Die „Sprache der Daten" ist universell und global verständlich. Haben Sie ein datenbasiertes Produkt bzw. Dienstleistung erst einmal entwickelt, spielt es keine Rolle, ob Sie diese in Österreich, in Italien, in China oder in den USA vertreiben (Tiedemann, 2019).

Die gezielte Nutzung von Daten kann alle Elemente eines Geschäftsmodells verändern:

- **Verbesserung der Leistungserstellung:** Daten können Unternehmen dabei helfen, Geschäftsprozesse zu optimieren, zum Beispiel das Lagermanagement oder die Lieferketten.
- **Verbesserung der Kundenansprache:** „Big Data" hilft Unternehmen dabei, Muster im Konsum zu erkennen, sowie Informationen über Geschmack und Vorlieben der Kunden zu analysieren. Dies hilft dabei, Kunden besser zu verstehen und anzusprechen. Die Verbesserung des Kundenservices oder die Anpassung von Vertriebskanälen kann hier ein wesentliches Ergebnis des Einsatzes von Datenanalyse-Tools sein. Wenn Sie Daten in Echtzeit erfassen können, sind Sie damit auch nah am Kunden wie selten zuvor. Gegebenenfalls lässt sich so auch auf die Kaufentscheidung Einfluss nehmen (Zillmann & Litzel, 2016).
- **Zusätzliches Wertversprechen:** Indem Sie Ihre Kunden besser verstehen, können Sie auch Kundenerlebnisse schaffen, die „persönlicher" sind oder den Vorstellungen Ihrer Kunden eher entsprechen. Mithilfe von Daten können Sie auch Ihr Wertversprechen erweitern, etwa wenn Sie als Maschinenproduzent mit der Hilfe von Daten Vorhersagen für die Wartung der Maschine treffen und diese automatisiert veranlassen können. Diese datenbasierten Zusatz- oder Ergänzungsservices werden oft auch ohne zusätzliche Kosten für die Kunden angeboten. Auf internationalen Märkten sind hier natürlich auch Unterschiede im Kundenverhalten zu berücksichtigen.
- **Einfluss auf die Gewinnformel:** Ein Vorteil in Bezug auf die Gewinnformel ergibt sich aus der Möglichkeit, maschinelles Lernen einzusetzen. Dadurch können etwa Muster im Einkaufsverhalten und in der Zahlungsbereitschaft der Kunden erkannt werden. Die Angebote können entsprechend individualisiert und auf eine Maximierung des Deckungsbeitrags ausgerichtet werden.

Es gibt allerdings einige Punkte, die bei der Gestaltung eines datenbasiertes Geschäftsmodells unbedingt mitbedacht werden sollten (Zillmann & Litzel, 2016):

- **Sensoren:** Um die Daten zu sammeln, kann es notwendig sein, Sensoren zu implementieren, um die Daten aufzuzeichnen. Falls Sensoren nachträglich in Geräte eingebaut werden müssen, oder auch im Falle von technischen Problemen, wäre vor dem Hintergrund geplanter Internationalisierungstätigkeiten vorab zu überlegen, wie Sie etwa bei einem Ausfall des Sensors vorgehen (z. B. Retouren & Reparatur, Entsendung eines Service-Technikers vor Ort etc.)
- **Cloudbasierte Datenspeicherung:** Die Anbindung der Sensoren an die Cloud, in der die Daten gespeichert werden, ist vielfach auch ein charakteristisches Merkmal von serviceorientierten Geschäftsmodellen. Hier müssen alle technischen Voraussetzungen erfüllt sein (z. B. eine stabile Internetverbindung auf Kundenseite), um auf die entsprechenden Services in vollem Umfang zugreifen zu können (Luber & Karlstetter, 2017). Diesen Aspekt sollten Sie bei der Internationalisierung mitbedenken, um technischen Problemen vorzubeugen (steht z. B. in Ihrem Zielmarkt die Infrastruktur für eine durchgängige Internetverbindung zur Verfügung?). Mit der Speicherung von Daten in der Cloud sind aber einige Herausforderungen verbunden, welche die Themen **Sicherheit und Datenschutz** betreffen. In anderen Ländern können andere Datenschutzbestimmungen gelten. Dies ist insbesondere auch dann zu berücksichtigen, wenn im Rahmen Ihrer Services Daten an einen fremden Dienstleister im Ausland übertragen werden oder bestimmte Services außerhalb Ihres Landes oder außerhalb der EU gehosted werden.
- **Cyberkriminalität:** Wenn Geräte oder Sensoren mit der Cloud verknüpft sind, macht dies Unternehmen mit einem solchen Geschäftsmodell anfälliger für Cyberangriffe, vor denen man sich dann auch entsprechend schützen sollte.
- **Data Analytics:** Das Generieren von Daten allein sichert Ihnen noch keinen Wettbewerbsvorteil. Die Frage ist, was Sie mit diesen Daten dann tun bzw. ob Sie diese dann auch entsprechend auswerten können. Daher wird es bei diesem Geschäftsmodelltyp auch notwendig sein, entsprechende Positionen im Unternehmen (z. B. Business Data Analyst) zu schaffen. Der Arbeitsmarkt für solche Experten ist umkämpft. Allerdings könnte die internationale Ausrichtung des Unternehmens hier aber auch ein „Pluspunkt" sein, da sie eine spannendere Tätigkeit für potenzielle Arbeitnehmer in diesem Bereich verspricht.

4.2 Standardisierungscheck – Welche Elemente des Geschäftsmodells sollen vereinheitlicht werden?

Die Frage nach der Standardisierung des Geschäftsmodells und seiner einzelnen Elemente über mehrere Länder hinweg hat weitreichenden Auswirkungen auf die Effizienz und Effektivität Ihres Geschäftsmodells. Aus diesem Grund wollen wir uns zunächst ansehen, was unter einer **Standardisierung von Geschäftsmodellen** zu verstehen ist und welche Einflussfaktoren dabei zu berücksichtigen sind. Danach beschäftigen wir uns mit der Frage, wie sich die einzelnen Faktoren auf die Ausgestaltung Ihres Geschäftsmodells auswirken.

4.2.1 Standardisierung oder Differenzierung als Grundsatzentscheidung

In der Literatur zum internationalen Marketing wird die Frage nach der Standardisierung oder Differenzierung schon lange und intensiv diskutiert. Unter Standardisierung wird dabei die **Vereinheitlichung von Marketingaktivitäten** verstanden, wobei sowohl Marketinginhalte (z. B. Kommunikationsmaßnahmen) als auch Marketingprozesse (z. B. die Werbebudgetierung) betrachtet werden (Berndt et al., 2016). Dieser Grundüberlegung folgend wollen wir die Standardisierung eines Geschäftsmodells wie folgt definieren:

▶ **Definition der Standardisierung eines Geschäftsmodells** Unter der Standardisierung eines Geschäftsmodells versteht man die **länderübergreifende Vereinheitlichung der einzelnen Elemente des Geschäftsmodells.** Diese bezieht sich einerseits auf die Vereinheitlichung von Inhalten (z. B. dem Wertversprechen) als auch von Prozessen (z. B. den Kernprozessen der Leistungserstellung).

Den „Gegenpol" zur Standardisierung stellt demnach eine länderspezifische Anpassung der Elemente des Geschäftsmodells dar. Ein standardisiertes Geschäftsmodell, das in allen Ländermärkten auf die gleiche Weise umgesetzt wird, bringt **Kostenvorteile** mit sich. Das ist darauf zurückzuführen, dass mit einer Standardisierung in der Regel auch Einsparungspotenziale gehoben werden können, zum Beispiel durch die Ausnutzung von Synergieeffekten, Größeneffekten (vor allem einer Fixkostendegression) und Erfahrungskurveneffekten (deMooij, 2018).

Eine zu starke Standardisierung birgt allerdings die Gefahr, dass Sie Potenziale nicht ausnützen, die sich durch eine bessere Anpassung an die jeweiligen Gegebenheiten im Auslandsmarkt ergeben. Es geht bei der Standardisierung daher nicht um ein „entweder – oder", sondern vielmehr um die Frage des „was und wie viel", also darum, welche Elemente in welchem Ausmaß angepasst werden müssen. Und damit kommen die Einflussfaktoren ins Spiel, die hier berücksichtigt werden müssen.

4.2.2 Einflussfaktoren auf den optimalen Standardisierungsgrad

Bei Einflussfaktoren denkt man zunächst an die **Rahmenbedingungen im jeweiligen Auslandsmarkt** (z. B. rechtliche, technische, sozio-kulturelle und wirtschaftliche

Rahmenbedingungen). Dabei darf aber nicht übersehen werden, dass **auch im Unternehmen** Entscheidungen getroffen werden, die wesentlichen Einfluss darauf haben, ob und in welchem Ausmaß das Geschäftsmodell standardisiert werden kann.

4.2.2.1 Vorentscheidung innerhalb des Unternehmens

Wie bereits ausgeführt ermöglicht es eine Standardisierung in der Regel auch, Leistungen kostengünstiger zu erstellen und zu vermarkten. Das ist vor allem auch für all jene Unternehmen von Bedeutung, die eine Strategie der **Kostenführerschaft** verfolgen. Dabei wird versucht, die günstigste Kostenposition in einer Branche zu erreichen, um so Produkte zu niedrigeren Preisen als die Mitbewerber anzubieten (Porter, 2013). Je wichtiger der Preisvorteil für den Erfolg Ihres Geschäftsmodells ist, desto stärker werden Sie die einzelnen Elemente auch standardisieren müssen, da eine Anpassung an einzelne Ländermärkte häufig auch mit zusätzlichen Kosten verbunden ist.

Eine weitere Voraussetzung für die Standardisierung des Wertangebots ist, dass Sie in den einzelnen Auslandsmärkten auch **dieselben Kundengruppen** ansprechen wollen. Dabei sollte in jedem Fall überprüft werden, ob diese dieselben Anforderungen an die Produkte und Dienstleistungen stellen. Damit ist auch die Frage nach dem Standardisierungspotenzial Ihres Produktes bzw. Ihrer Dienstleistungen angesprochen.

4.2.2.2 Standardisierungspotenzial von Produkten und Dienstleistungen

Ein zentrales Element Ihres Geschäftsmodells sind die Produkte und Dienstleistungen, mit denen Sie Wert für Ihre Kunden schaffen. Dabei weisen diese Produkte und Dienstleistungen selbst unterschiedlich hohe Standardisierungspotenziale auf. Eine wesentliche Frage ist dabei, wie stark sie bzw. ihr Konsum von kulturellen Besonderheiten beeinflusst werden (deMooij, 2018).

Beispiele für eher **„kulturfreie" Produkte** wären etwa technische Geräte, die häufig nur in geringerem Ausmaß länderspezifisch angepasst werden müssen (z. B. Computer) oder Dienstleistungen im B2B-Umfeld (z. B. Serviceverträge bei Software). Im Gegensatz dazu sind Lebensmittel ein Paradebeispiel für **„kulturgebundene" Produkte,** da hier länderspezifische Vorlieben stärker berücksichtigt werden müssen. Denken Sie hier an Konsum- und Verwendungsgewohnheiten und Einstellungen Ihrer Kunden: je „typischer" ein Produkt für ein bestimmtes Land ist, desto stärker ist das Standardisierungspotenzial eingeschränkt.

Die Unterteilung in kulturgebundene und kulturfreie Güter kann Ihnen aber natürlich nur einen ersten Anhaltspunkt für die Frage nach der Standardisierung von Produkten und Dienstleistungen geben. So können auch andere Rahmenbedingungen (z. B. rechtliche Vorschriften oder technische Standards) länderspezifische Anpassungen erforderlich machen. Eine wesentliche Frage ist auch: Wie leicht ist Ihr Angebot durch andere Produkte/Dienstleistungen **ersetzbar**? Je innovativer Ihr Angebot ist, desto weniger leicht ist es durch Konkurrenzangebote zu ersetzen und desto eher kann es standardisiert werden. Das gleiche trifft grundsätzlich auch auf **starke Marken** zu: Je stärker und einzigartiger die Marke, desto größer das Standardisierungspotenzial.

4.2.2.3 Länderspezifische Rahmenbedingungen

Dem Thema Kultur kommt eine zentrale Rolle in der Bearbeitung ausländischer Märkte zu. Mit dem Phänomen „Kultur" haben sich Wissenschaftler unterschiedlichster Disziplinen beschäftigt, dementsprechend vielfältig sind die Definitionen, was unter Kultur zu verstehen ist. Unter den vielen Definitionen finden sich jedoch gemeinsame Elemente, zum Beispiel der Umstand, dass Kultur gelernt, geteilt und von einer Generation zur nächsten weitergegeben wird (Czinkota et al., 2011).

Kultur setzt sich dabei aus unterschiedlichen Elementen zusammen:

- den *physischen (sichtbaren) Elementen:* sie beinhalten physische Objekte und Artefakte, die von Menschen geschaffen wurden (wie z. B. Kleidung, Werkzeuge), und
- den *immateriellen Elementen* (z. B. Grundannahmen, Überzeugungen, Werte oder Religion) (Green & Keegan, 2020).

Neben der Kultur der Ländermärkte sind auch die dortigen rechtlichen, technischen und wirtschaftlichen Rahmenbedingungen zu berücksichtigen. Je ähnlicher sich Märkte hier sind, desto stärker können Geschäftsmodelle standardisiert werden. Abb. 4.1 stellt den Einfluss der einzelnen Rahmenbedingungen auf die Standardisierung des Geschäftsmodells beispielhaft dar.

Element des Geschäftsmodells	Relevante Rahmenbedingungen im Auslandsmarkt	Beispiel
Kunden		
Kundensegmente	Ähnlichkeit von Kundensegmenten	Kaufmotive der Zielgruppen
Märkte	Wirtschaftliche Rahmenbedingungen	Kaufkraft der Zielgruppen
	Rechtliche Rahmenbedingungen	Gesetze und Verordnungen
Wertversprechen		
Produkt	Ähnlichkeit von Kundensegmenten	Kaufmotive der Zielgruppen
Dienstleistung	Rechtliche Rahmenbedingungen	Gesetze und Verordnungen
Customer Experience	Technische Rahmenbedingungen	Normen
Kundenansprache		
Vertriebskanäle	Wirtschaftliche Rahmenbedingungen	Verfügbarkeit von Vertriebs- und Kommunikationskanälen und Bedeutung der einzelnen Touchpoints in der Customer Journey der Kunden
Kommunikationskanäle	Ähnlichkeit von Kundensegmenten	
Kundenbeziehungen	Kulturelle Rahmenbedingungen	Bedeutung persönlicher Kundenkontakte
Gewinnformel		
Erlösströme	Wirtschaftliche Rahmenbedingungen	Kaufkraft
Kostenstruktur	Technische Rahmenbedingungen	Höhere Kosten durch notwendige Anpassungen des Wertversprechens
	Rechtliche Rahmenbedingungen	
Leistungserstellung		
(Kern-)Prozesse	nur indirekt beeinflusst	können Änderungen am Wertversprechen (Produkte, Dienstleistungen, Customer Experience) mit den bestehenden Prozessen, Ressourcen und Fähigkeiten sowie Kooperationspartnern abgedeckt werden?
Ressourcen & Fähigkeiten	nur indirekt beeinflusst	
Kooperationspartner	nur indirekt beeinflusst	

Abb. 4.1 Einfluss unterschiedlicher Rahmenbedingungen auf die Elemente des Geschäftsmodells

Den Ausgangspunkt stellen dabei Überlegungen zur Zielgruppe dar: Werden die Produkte und Dienstleistungen aufgrund der selben Kaufmotive gekauft und kommt den einzelnen Leistungsmerkmalen dieselbe Bedeutung zu? Dies ist eine wesentliche Grundvoraussetzung für die Standardisierung des Wertangebots, wobei bei der Gestaltung von Produkten und Dienstleistungen die geltenden rechtlichen und technischen Vorgaben geprüft werden müssen.

Werden die gleichen Zielgruppen angesprochen und kann das Wertangebot standardisiert werden, ist im nächsten Schritt zu prüfen, ob auf den Auslandsmärkten dieselben Kommunikations- und Vertriebskanäle genutzt werden können. Hier spielt nicht nur die Verfügbarkeit dieser Kanäle auf den Auslandsmärkten eine Rolle, sondern vor allem die Frage, ob mit diesen Touchpoints die Customer Journey der Kunden abgebildet werden kann.

Bei der Ausgestaltung der Kundenbeziehungen können kulturelle Besonderheiten – wie zum Beispiel die unterschiedliche Bedeutung von persönlichen Kundenbeziehungen – unter Umständen Auswirkungen auf Kundenbetreuungskonzepte haben.

Bei der Preisgestaltung, die maßgeblichen Einfluss auf das Erlösmodell hat, kommt wiederum den wirtschaftlichen Rahmenbedingungen (z. B. die Höhe des durchschnittlich verfügbaren Einkommens in den Auslandsmärkten) große Bedeutung zu. Höhere Preise werden unter Umständen erforderlich sein, wenn die Kostenstruktur aufgrund technischer und rechtlicher Rahmenbedingungen verändert wird (z. B. durch notwendige Änderungen im Leistungsangebot).

Die Leistungserstellung selbst wird – sofern die Leistung nicht direkt am Auslandsmarkt erbracht wird – nur indirekt von den dortigen Rahmenbedingungen beeinflusst; dies nämlich dann, wenn Änderungen im Wertangebot nicht mit den bestehenden Ressourcen, Fähigkeiten und Kooperationspartnern abgedeckt werden kann.

Zusammenfassend zeigt sich, dass vor allem das Wertangebot, die Kundenansprache und die Gewinnformel von den Rahmenbedingungen am Auslandsmarkt beeinflusst werden. Folgende Fragen können Ihnen helfen, das Standardisierungspotenzial Ihres Geschäftsmodells einzuschätzen:

- Sprechen wir auf allen Ländermärkten dieselbe Zielgruppe an und ähneln sich diese hinsichtlich ihrer Kaufmotive und Anforderungen an das Wertangebot?
- Erlauben die rechtlichen und technischen Rahmenbedingungen, dieselben Produkte und Dienstleistungen anzubieten?
- Ähnelt sich die Customer Journey der Kunden in den Ländermärkten hinsichtlich der genutzten Touchpoints (Kommunikation und Vertrieb) und stellen sie hinsichtlich der Kundenbetreuung ähnliche Anforderungen?
- Können wir unser Wertangebot zu denselben Kosten erstellen und erlauben die wirtschaftlichen Rahmenbedingungen es, dasselbe Preisniveau durchzusetzen?
- Reichen unsere bestehenden Ressourcen, Fähigkeiten und bestehenden Kooperationspartner aus, um das Wertangebot zu erstellen?

In den Fällen, in denen alle fünf Fragen mit „ja" beantwortet werden, können Geschäftsmodelle mit hoher Wahrscheinlichkeit vollständig standardisiert umgesetzt werden. Je mehr dieser Fragen mit „nein" beantwortet werden müssen, umso stärker muss das Geschäftsmodell länderspezifisch angepasst werden.

4.3 Abstimmung zwischen Geschäftsmodell und Markteintrittsstrategie

Im Folgenden finden Sie einen Überblick über die verschiedenen **Formen des Markteintritts**, die Ihnen für die Geschäftstätigkeit auf internationalen Märkten grundsätzlich zur Verfügung stehen. Wir werden uns dabei auch jeweils die **Vor- und Nachteile der einzelnen Strategien** ansehen. Zu beachten ist dabei auch **das richtige Timing** für einen Markteintritt in die verschiedenen für Sie relevanten Zielmärkte. Auch damit werden wir uns kurz beschäftigen.

Danach finden Sie Anregungen dazu, wie Sie Geschäftsmodell und Markteintrittsstrategie bestmöglich aufeinander abstimmen können.

4.3.1 Markteintrittsstrategien für internationale Geschäftsmodelle

Wissenschaftliche Untersuchungen zeigen, dass Unternehmen mit Produktinnovationen erfolgreicher sind, wenn sie bereits während des Innovationsprozesses auch an die internationale Vermarktbarkeit der Innovation denken (Kleinschmidt et al., 1996). Daher macht es auf jeden Fall Sinn, schon während der Phase des Geschäftsmodell-Designs darüber nachzudenken, wie Sie Ihr Geschäftsmodell auf internationalen Märkten „ausrollen" wollen.

Ein bewusstes Management des Markteintritts kann die Erfolgschancen eines Geschäftsmodells in Auslandsmärkten deutlich erhöhen. Dabei gilt es zunächst, Antworten auf folgende Fragen zu geben:

1. **Welche Markteintrittsstrategie wählen wir,** um mit unserem Geschäftsmodell international erfolgreich zu werden?
2. **Wann wollen wir in welche Märkte eintreten?** Wollen wir einen Zielmarkt nach dem anderen bearbeiten oder mehrere Märkte gleichzeitig?

Die folgenden Abschnitte dieses Kapitels sollen dabei helfen, diese Fragen zu beantworten. Wir werden uns dazu zunächst die verschiedenen Markteintritts- und Timingstrategien anschauen und im Anschluss daran die Wechselwirkungen zwischen Geschäftsmodell und Markteintrittsstrategie erörtern.

4.3.1.1 Markteintrittsformen

Die **Markteintrittsform** (oft auch als **Markteintrittsstrategie** bezeichnet) legt fest, in welcher Form ein Unternehmen im jeweiligen internationalen Zielmarkt seine Geschäftstätigkeit aufnimmt und ausweitet, um seine Produkte und Dienstleistungen zu verkaufen (Machazina & Wolf, 2008). Die Markteintrittsform bestimmt also darüber, wie Sie in einem Auslandsmarkt Präsenz zeigen und mit Ihren Kunden in Kontakt treten (Haller & Wissing, 2020).

Die Wahl der Markteintrittsform kann für jeden einzelnen Auslandsmarkt individuell erfolgen. Das bedeutet, dass Sie:

a) unterschiedliche Zielmärkte unterschiedlich bearbeiten können, oder
b) die Markteintrittsform aufgrund zunehmender Internationalisierungserfahrung oder veränderter Umweltbedingungen auch flexibel anpassen können.

Wenn Sie in Ihrem Unternehmen noch keine Internationalisierungserfahrung haben, werden Sie üblicherweise zunächst eher „schlankere" Formen des Markteintritts wählen. Wahrscheinlich werden Sie es auch lieber vermeiden wollen, unterschiedliche Formen miteinander zu kombinieren, um das Risiko einer Fehlinvestition möglichst gering zu halten.

Wenn man von den verschiedenen Markteintrittsformen liest, dann wird meist davon ausgegangen, dass es sich um produzierende Betriebe handelt. Wir wollen uns hier auch an die typischen Kategorien von Markteintrittsstrategien für produzierende Betriebe anlehnen, Ihnen dabei aber auch zeigen, wie diese für innovative Geschäftsmodelle ausgestaltet sein können.

Die drei wesentlichen **Kategorien von Markteintrittsstrategien** sind der **Export,** die **Direktinvestition** im Ausland und **vertragliche (partnerschaftliche) Markteintrittsformen.**

Zwei vertragliche Markteintrittsformen – Lizenzierung und Franchising – haben wir ja bereits ausführlich besprochen. Diese stellen eine besonders gute Basis für skalierbare Geschäftsmodelle dar. Sie können damit auch einen großen Teil des unternehmerischen Risikos an Ihre Vertragspartner auslagern. Das Geschäftsmodell bedingt hier gleichzeitig auch die Markteintrittsstrategie.

Im Folgenden finden Sie einen Überblick über die verschiedenen Markteintrittsformen sowie deren Vor- und Nachteile.

4.3.1.2 Export

Die wahrscheinlich „einfachste", bekannteste und von Unternehmen, die sich neu zu einer internationalen Geschäftstätigkeit entschließen, am häufigsten genutzte Markteintrittsform ist der Export.

Unter Export versteht man den **grenzüberschreitenden Verkauf von Waren und Dienstleistungen** (aus dem Lateinischen „ex" und „portare", was „hinausbringen" bedeutet).

4.3 Abstimmung zwischen Geschäftsmodell und Markteintrittsstrategie

Exportierende Unternehmen stellen ihre Waren im Heimmarkt her und transportieren diese dann ein anderes Land, um diese vor Ort zu verkaufen.

Dabei gibt es grundsätzlich die Möglichkeit, den Export mit und ohne **Handelsmittler** abzuwickeln. Zudem unterscheidet man zwischen **direktem und indirektem Export**. Beim indirekten Export verkauft das Unternehmen die Waren nicht selbst direkt ins Ausland, sondern an einen Handelsmittler im Inland, der dann an Kunden im Auslandsmarkt weiterverkauft.

Obwohl man mit dem Begriff „Export" vor allem auch den grenzüberschreitenden Transport von Waren und die dabei notwendige Zollabwicklung verbindet, beschränkt sich der Export nicht nur auf produzierende Unternehmen. Auch Dienstleistungen können exportiert werden.

Dienstleistungen sind unter anderem dadurch gekennzeichnet, dass sie Personen- und Know-How-gebunden sind. Beim **Dienstleistungsexport** sitzt der Dienstleistungsempfänger in einem anderen Land. Daher findet hier oft auch eine **Entsendung** der dienstleistenden Personen in das Zielland statt. Virtuelle Entsendungen unter dem Einsatz moderner Kommunikations- und Informationstechnologien gewinnen hier aber zunehmend an Bedeutung. Sie tragen auch dazu bei, die Reisekosten zu minimieren.

Warum entschließen sich so viele Unternehmen dazu, ihre internationale Geschäftstätigkeit mit dem Export zu beginnen? Das hängt vor allem auch mit folgenden **Vorteilen** zusammen:

- Der Export **bindet weniger Kapital** als dies etwa beim Aufbau einer Niederlassung im Zielmarkt der Fall ist. Dadurch können (finanzielle) Risiken gering gehalten werden.
- **Geringe personelle Ressourcen** stellen einen weiteren Grund dafür dar, dass Unternehmen den Export als Markteintrittsform wählen. Wenn Sie stattdessen eine Niederlassung im Zielmarkt aufbauen würden, müssten Sie zum Beispiel Büroräumlichkeiten und Mitarbeiter vor Ort organisieren, und das dann auch noch vom Heimmarkt aus koordinieren. Kleinen Unternehmen fehlen hier oft die nötigen Ressourcen und Strukturen dazu.
- Die Exporttätigkeit ermöglicht dem Unternehmen **Flexibilität,** und zwar insbesondere auch dann, wenn die Nachfrage schwankt oder nicht eingeschätzt werden kann (was ja gerade bei der Entwicklung eines innovativen Geschäftsmodells durchaus der Fall sein kann). Auch die Möglichkeit, sich gegebenenfalls recht leicht wieder aus einem Markt zurückziehen zu können, spricht für diese Form der Markteintrittsstrategie.
- Viele Länder haben ein Interesse an hohen Exportquoten, weshalb es **zahlreiche Exportfördermaßnahmen** gibt, die den Eintritt ins Exportgeschäft erleichtern können.

Natürlich stehen diesen Vorteilen der Exporttätigkeit auch **Nachteile** gegenüber. Dazu zählen zum Beispiel:

- **geringere Deckungsbeiträge** durch die Handelsspanne, die an Handelsmittler abgegeben werden muss,
- Herausforderungen in der **Zollabwicklung** und im **grenzüberschreitenden Transport** (im Falle des Warenexports),
- komplizierte **umsatzsteuerrechtlichen Regelungen** im Falle des Dienstleistungsexports (z. B. Reverse Charge), und
- dass der **Aufbau intensiver Beziehungen** zwischen Produzenten und Kunden nicht immer so gut möglich ist wie bei einer physischen Präsenz vor Ort.

Die **Nutzung des Internets als Vertriebskanal** (ob mittels eigenem Webshops oder über Online-Marktplätze) ermöglicht neue Möglichkeiten für einen einfacheren Einstieg in das internationale Geschäft. Vor allem im B2C-Bereich können auf diesem Wege auch kleinere Unternehmen den direkten Export als Markteintrittsstrategie wählen. Hierbei sollte unbedingt auf die zahlreichen rechtlichen Regelungen in Bezug auf Datenschutz, Zahlungsabwicklung und Vertragsgestaltung geachtet werden (Stallmann & Wegner, 2015; Eixelsberger et al., 2015).

4.3.1.3 Partnerschaftliche Markteintrittsformen

Innovative Geschäftsmodelle stellen häufig eine Kombination aus bestehenden Geschäftsmodellmustern dar (Gassmann et al., 2017). Oft gehen sie in ihrem Wertangebot weg von der alleinigen Herstellung und Vermarktung eines physischen Produktes hin zu integrierten Dienstleistungsangeboten, die auf besonderen Technologien oder einem bestimmten Know-How aufbauen. Solche innovativen Geschäftsmodelle eignen sich besonders gut für **partnerschaftliche Markteintrittsformen,** in denen das Know-How gegen eine Gebühr an einen Partner im Zielmarkt übertragen wird (Macharzina & Wolf, 2008). Dadurch wird auch eine rasche Skalierung des Geschäftsmodell ermöglicht.

Typische internationale Vertragsformen sind die **Lizenzierung** und das **Franchising.** Die wesentlichen Vor- und Nachteile dieser Markteintrittsformen wurden bereits zu Beginn dieses Kapitels vorgestellt (siehe Abschn. 4.1).

Eine weitere Variante einer partnerschaftlichen Markteintrittsstrategie ist das **internationale Joint Venture.** Dabei gründen Sie gemeinsam mit einem oder mehreren lokalen Partnern im internationalen Zielmarkt ein neues Unternehmen. Das Joint Venture unterscheidet sich von einer **strategischen Allianz,** die normalerweise ohne Beteiligung an einem Gemeinschaftsunternehmen auskommt (obwohl es auch Sonderformen von Allianzen gibt, die eine Kapitalbeteiligung ermöglichen) (Hollensen, 2007).

In einem internationalen Joint Venture bringen Sie als „internationaler Partner" üblicherweise Ihr Know-How und das innovative Geschäftsmodell mit ein und profitieren dann davon, dass der oder die Partner die notwendigen Kenntnisse, Fähigkeiten und Netzwerke für die Marktbearbeitung im gewünschten Zielland bereitstellen (Hollensen, 2007). Damit es in einem Joint Venture zu keinem Ungleichgewicht kommt, wird oft empfohlen, die Gesellschaftsanteile der Partner ähnlich hoch anzusetzen (Li et al., 2009).

Die wesentlichen **Vorteile** eines Joint Ventures sind (Hollensen, 2007; Sternad, 2020):

- Sie arbeiten mit einem Partner zusammen, der mit den Besonderheiten des Zielmarktes vertraut ist. Dadurch können Sie bestimmte **Marktrisiken minimieren.**
- Sie können mit dem Partner **Wissen und Ressourcen teilen,** wodurch Sie Kosten sparen.
- Sie können bestimmte **Restriktionen** im Zielland **umgehen** (z. B. lokale Miteigentümer als Voraussetzung in bestimmten Branchen).
- Durch das Teilen von Risiken mit Ihrem Partner erhöht sich das **Commitment** auf beiden Seiten.

Die wesentlichen **Nachteile** sind (Hollensen, 2007; Sternad, 2020):

- Es kann zu **Konflikten** kommen, wenn die Ziele der Partner nicht übereinstimmen.
- **Kulturelle Unterschiede** können sich auch auf die Unternehmensführung des Joint Ventures auswirken.
- Es gibt einen **erhöhten Abstimmungsbedarf,** um die vereinbarten Ziele zu erreichen. Dies erfordert in der Regel Kontrollsysteme.
- Sie haben eine **geringere Flexibilität,** da es gerade bei langfristig angelegten Projekten schwierig sein kann, auszusteigen.

Was vor allem für das Joint Venture spricht, ist, dass das **Internationalisierungsrisiko** durch fehlende Kenntnis der Marktgegebenheiten im Zielmarkt durch die Zusammenarbeit mit lokalen Partnern reduziert werden kann. Idealerweise ist das Partnerunternehmen gut mit dem Markt vertraut (weil es dessen Heimmarkt ist), und möglicherweise kann es dann auch einen Großteil der Investitionen in zusätzliche spezifische Angebote für Kunden im Zielmarkt übernehmen. Die Wahl der richtigen Partner ist für den Erfolg eines partnerschaftlichen Markteintritts natürlich besonders relevant (Yonatany, 2017).

4.3.1.4 Direktinvestitionen

Neben dem Export und vertraglichen Markteintrittsstrategien wie Lizenzierung und Franchising haben Sie mit **Direktinvestitionen** (*engl.* foreign direct investment oder kurz FDI) eine weitere Variante, um Ihr Geschäftsmodell am Auslandsmarkt zu etablieren. Ein Joint Venture stellt zum Beispiel eine solche Direktinvestition dar. Direktinvestition bedeutet generell, dass Sie sich an einem Unternehmen im ausländischen Zielmarkt beteiligen mit dem Ziel, dauerhaft Geschäfte vor Ort zu tätigen.

Neben dem Joint Venture gibt es noch folgende weitere Formen der Direktinvestition:

1. Der Erwerb von Anteilen an einem bestehenden Unternehmen im Zielmarkt (**Akquisition**).

2. Die **Gründung eines neuen Unternehmens** oder einer Niederlassung im Zielmarkt.

Diese Markteintrittsformen sind im Unterschied zu den bereits vorgestellten Formen wie Export oder Partnerschaft „hierarchisch", weil sie Ihnen eine völlige Kontrolle bzw. umfangreiche Steuerungsmöglichkeiten Ihres Geschäftes im Zielmarkt ermöglichen. Gleichzeitig bekommen Sie mit ihnen üblicherweise auch mehr Nähe zu den Kunden und die Möglichkeit einer flexiblen Abstimmung des Angebots auf lokale Kundenbedürfnisse.

Darüber hinaus bieten **Akquisitionen** meist auch einen guten Zugang zu:

- lokalen Distributionsstrukturen,
- vorhandenen Kenntnissen der Markt- und Branchenstrukturen im Zielmarkt,
- bestehenden Netzwerken,
- qualifizierten Fachkräften und
- bestehenden Marktanteilen.

Eine Akquisition kann auch vor dem Hintergrund interessant sein, dass das übernommene Unternehmen über eine Technologie oder ein spezifisches Know-How verfügt, die für die erfolgreiche Etablierung Ihres Geschäftsmodells hilfreich sein können. **Neugründungen** (*engl.* greenfield investments) bieten hingegen den Vorteil, dass Sie diese so gestalten können, wie es für Ihre Zwecke notwendig ist.

Der wesentliche **Nachteil hierarchischer Markteintrittsformen** sind insbesondere die hohen Kosten, die sowohl mit einer Akquisition als auch mit einer Neugründung verbunden sind. Während Sie bei Akquisitionen zusätzlich einen deutlich erhöhten Koordinationsaufwand haben, ist bei Neugründungen der langsame Markteinstieg nachteilig.

Unternehmen mit einem innovativen Geschäftsmodell haben am Auslandsmarkt im Idealfall einen wesentlichen Vorteil gegenüber bestehenden Anbietern: die „Einmaligkeit" ihres Geschäftsmodell auf dem Zielmarkt und damit verbunden eine monopolähnliche Marktposition. Wenn der Wettbewerbsvorteil so groß ist, dass er Ihnen erlaubt, höhere Preise zu verlangen, haben Sie dadurch einen größeren Spielraum zur Abdeckung von Kosten, die durch eine Direktinvestition entstehen.

Bei digitalen (Service-)Geschäftsmodellen spielt die physische Anwesenheit im Auslandsmarkt oft nur mehr eine untergeordnete Rolle, was dann meist auch gegen eine (teure) Direktinvestition spricht.

4.3.1.5 Richtiges Timing

Neben der Überlegung, wie man in einen Markt eintritt (also die Wahl der richtigen Markteintrittsstrategie), kann auch der **Zeitpunkt eines Markteintritts** ein Faktor sein, der die Erfolgschancen Ihres Geschäftsmodells in internationalen Zielmärkten mit beeinflusst.

Hier gilt es, grundsätzlich zu überlegen, was für Ihr Geschäftsmodell mehr Sinn macht:

- eine sequenzielle Bearbeitung der Zielmärkte (also einen Markt nach dem anderen)
- oder der zeitgleiche Markteintritt in mehrere Zielmärkte.

Die Antwort auf diese Frage hängt davon ab, was Ihnen wichtiger ist. Die **sequenzielle Bearbeitung** hat den Vorteil, dass Sie Erfahrung sammeln können und nicht zu viele Ressourcen auf einmal benötigen. Eine **gleichzeitige Bearbeitung** mehrerer Märkte kann hingegen den Vorteil bringen, dass Sie sich rasch wertvolle Marktanteile mit Ihrem Geschäftsmodell sichern, während es noch keine Konkurrenz gibt. Dieses Ausnutzen von sogenannten „First-Mover-Vorteilen" macht sich insbesondere dann bezahlt, wenn die gleichzeitige Bearbeitung mehrerer Ländermärkte nicht mit wesentlich höheren Kosten verbunden ist. Diese Strategie wird daher vor allem bei digitalen Geschäftsmodellen oft genutzt.

Im Tool 4a im Anhang zu diesem Kapitel finden Sie eine Reihe von Fragen, die Ihnen dabei helfen können, die richtige Timingstrategie für Ihr Geschäftsmodell zu identifizieren.

4.3.2 Wahl der richtigen Markteintrittsform

Sie kennen nun also die wesentlichen Formen des Markteintritts in einen ausländischen Zielmarkt. Die zentrale Frage, die Sie nun beantworten müssen, ist:

Welche Markteintrittsform ist die richtige für mein Geschäftsmodell?

Folgende zusätzliche Fragen können Ihnen einmal bei einer ersten groben Einschätzung helfen:

- Ist es für uns wichtig, möglichst kostengünstig und risikoarm in einen Markt einzusteigen?
  → Ja: eher Export, Lizenzierung, Franchising.
- Haben wir einen wesentlichen Vorteil davon, wenn wir die Marktbearbeitung selbst vor Ort organisieren?
  → Ja: eher Joint Venture, Akquisition, Direktinvestition.

Die Antwort ist mit diesem „Schnelltest" natürlich nicht immer ganz eindeutig zu finden, denn es gibt auch eine Vielzahl an weiteren Faktoren, welche die **Wahl einer Markteintrittsstrategie** beeinflussen können. Zum Beispiel können Sie hier auch folgende Einflussgrößen berücksichtigen (siehe dazu auch Tool 4b):

- **Wertversprechen.** Ist Ihr Produkt oder die Dienstleistung sehr „einfach", werden Sie wahrscheinlich eher bereit sein, Kontrolle abzugeben, um im Gegenzug Kosten einzusparen. Das würde dann eher für eine Lizenzierung oder den Export über lokale Distributionspartner sprechen. Bei komplexeren Produkten oder Dienstleistungen und wenn die persönliche Beziehung zum Kunden (bzw. die Kontrolle darüber) besonders wichtig ist, können hierarchische Markteintrittsformen oft sinnvoller sein. Wenn Sie stattdessen mit lokalen (Distributions-)Partnern arbeiten, geben Sie hier einiges an Kontrollmöglichkeiten ab. Ein komplexes Wertversprechen geht eventuell auch mit einem höheren Servicegrad einher (Dienstleistungen müssen dann eventuell auch direkt vor Ort erbracht werden). Das kann Ihnen dann auch einen Wettbewerbsvorteil bringen, und vielleicht können Sie dafür in Folge höhere Preise verlangen und höhere Deckungsbeiträge erwirtschaften. Das würde dann aber eher dafür sprechen, auf eine partnerschaftliche Form des Markteintritts oder eine Direktinvestition zurückzugreifen.
- **Zielkunden und Markt.** Wenn Sie ein innovatives Geschäftsmodell entwickeln, besteht wahrscheinlich trotz aller Analysen im Vorfeld eine Unsicherheit darüber, wie hoch die Nachfrage im Zielmarkt genau sein wird. Dies würde eher dafür sprechen, eine Markteintrittsform zu wählen, die Ihnen genügend Flexibilität bietet, sich auf unterschiedliche Nachfragemengen einzustellen bzw. sich gegebenenfalls auch relativ leicht wieder aus dem Markt zurückziehen zu können (was bei Export oder vertraglichen Formen des Markteintritts eher gewährleistet ist). Gibt es kulturbedingte Unterschiede im Nutzungsverhalten der Kunden, lassen sich darüber vielleicht durch eine partnerschaftliche Zusammenarbeit leichter Erkenntnisse gewinnen. Die Markt- und Branchenstruktur (z. B. Marktgröße, Marktwachstum und Konkurrenzsituation) kann ebenfalls einen Einfluss auf die Wahl der Markteintrittsform und das Timing des Markteintritts haben. Außerdem sollten Sie daran denken, dass (vor allem hochpreisige) Produkte oder Dienstleistungen für den Kunden mit einem (subjektiv empfundenen) Kaufrisiko einhergehen können. Hier könnte einerseits der direkte Kontakt zu Kunden am Auslandsmarkt von Vorteil sein, um eventuellen Nachkaufdissonanzen vorzubeugen. Ebenso müssen Sie aber auch bedenken, dass Risiken individuell wahrgenommen werden und unter anderem von kulturellen Faktoren beeinflusst werden, was für hierarchische Markteintrittsformen wie die Direktinvestition spricht.
- **Leistungserstellung.** Sollten in Ihrem Geschäftsmodell die Prozesse der Leistungserstellung ein besonderes Know-How erfordern, dann könnte sich die Frage ergeben, ob es im Zuge der Internationalisierung notwendig ist, dieses Know-How zu teilen bzw. ob Sie dieses schützen müssen. Wenn Sie bereit sind, Ihr Know-How zu teilen, können Lizenzierung und Franchising gute Optionen darstellen. Solche vertraglichen Markteintrittsformen werden wie auch der Export eher dann zum Einsatz kommen, wenn Sie noch nicht auf umfangreiches Wissen und bestehende Strukturen zur Führung von Unternehmen in internationalen Zielmärkten zurückgreifen können. Auch die Größe Ihres Unternehmens kann hier eine Rolle spielen (für kleinere Unter-

nehmen ist eine Direktinvestition im Ausland oft schwieriger zu bewältigen). Es ist bei der Wahl der Markteintrittsstrategie auch zu überlegen, welche Rolle Netzwerke und Partner spielen und ob es effizienter ist, die Aktivitäten der Leistungserstellung selbst durchzuführen oder auf Partner auszulagern.

- **Kundenansprache.** Wenn in Ihrem Geschäftsmodell eine direkte Kundenbeziehung besonders wichtig ist, sollten Sie im Zielmarkt natürlich Präsenz zeigen. In diesem Fall werden Sie auch das Risiko vermeiden wollen, dass einzelne „schwarze Schafe" unter den Partnern zu einem schlechten Ruf beitragen. Daher werden Sie hier bei partnerschaftlichen Formen des Markteintritts vielleicht eher vorsichtig sein. Wenn sich die Kundenbedürfnisse in den von Ihnen bearbeiteten Zielmärkten deutlich unterscheiden, kann es auch Sinn machen, mit lokalen Partnern zusammenzuarbeiten, wenn diese ihren jeweiligen Heimmarkt viel besser verstehen als Sie das „aus der Ferne" tun.
- **Gewinnformel.** Auch Ihr Erlösmodell kann Auswirkungen auf die Wahl der Markteintrittsstrategie haben. Wenn Sie ein Provisionsmodell für Partner anbieten, ist der Weg für einen partnerschaftlichen Markteintritt vielleicht schon vorgezeichnet. Wenn Werbung eine Haupteinnahmequelle Ihres Geschäftsmodells darstellt, stellt sich auch die Frage, ob lokale Partner nicht vielleicht einen besseren Zugang zu Werbekunden im Zielmarkt haben. Hinzu kommt die Frage, ob es Ihre Gewinnformel erlaubt, dass sich durch die Zahlung von Provisionen an Partner im Zielmarkt die Deckungsbeiträge (und damit auch das Gewinnpotenzial) vermindern. Möglicherweise gibt es im Zielland aber auch gewisse Handelsbarrieren, welche die Kosten eines Markteintritts erhöhen würden (z. B. Zölle), was wiederum eher für eine partnerschaftliche Markteintrittsform oder eine Direktinvestition sprechen würde.

Fallbeispiel Wastebox.biz

Das Management der Saubermacher Dienstleistungs AG mit Hauptsitz in Graz (Österreich) stellte sich im Jahr 2016 die Frage, wie digitale Technologien in der Abfallwirtschaftsbranche genutzt werden könnten. Das Ergebnis des Nachdenkprozesses war die Entwicklung einer Geschäftsidee, mit der man einen neuen Weg beschreiten konnte, um in dieser Branche mit ihren vielen lokalen Regulativen und einer hohen Kapitalintensität rasch internationalisieren zu können. Gerade die hohe Kapitalbindung (insbesondere für Fuhrpark und Anlagen) hatte die Wachstumsmöglichkeiten im Ausland immer relativ stark beschränkt.

Für die Entwicklung eines neuen Geschäftsmodells wurde der Fokus auf den Bereich der Baustellenentsorgung gelegt. Die Geschäftsidee dabei war, Bauunternehmen, die auf ihren Baustellen eine Abfallentsorgung benötigen, mithilfe einer Online-Plattform mit lokalen Entsorgungsunternehmen zu vernetzen und die gesamte Vertrag- und Geschäftsbeziehung zwischen den involvierten Parteien (Baufirma und Entsorger) digital abzubilden. Das Ergebnis dieses Prozesses wurde Wastebox.biz, eine App, die – ähnlich wie Amazon oder UBER – eine digitale Marktplattform für die Baustellenentsorgung darstellt. Saubermacher stellt also nur die Plattform zur Verfügung, während die kapitalintensiven Assets von lokalen Partnern (verschiedenen Entsorgungsunternehmen) bereitgestellt werden. Dieses Geschäftsmodell eröffnete dem Unternehmen neue internationale Wachstumschancen.

Um das neue Geschäftsmodell voranzutreiben, wurde ein eigenes Unternehmen gegründet, die Pink Robin GmbH. Mit diesem Unternehmen wurden dann die Märkte Deutschland, Frankreich, und Großbritannien ins Visier genommen. Im Zuge der ersten Internationalisierungsschritte wurde der französische Großkonzern Veolia auf Wastebox.biz aufmerksam. Man vereinbarte eine strategische Partnerschaft, im Rahmen derer sich Veolia auch am Unternehmen beteiligte. Dahinter stand auch die Überlegung, dass man mit einem „Big Player" wie Veolia nicht nur den französischen, sondern auch den deutschen und britischen Markt leichter bearbeiten würde können (Veolia war in diesen Märkten bereits aktiv).

Man hat sich in diesem Fall also für eine enge Form der Zusammenarbeit im Rahmen eines Joint Ventures entschieden. Diese Form der Markteintrittsstrategie hat sich allerdings mehr oder weniger zufällig durch die Anfrage von Veolia ergeben. Die Plattform wurde in Folge in Frankreich von einem eigenen Tochterunternehmen betrieben, an dem sowohl Pink Robin als auch der strategische Partner Veolia beteiligt waren. Die finanzielle Beteiligung im Rahmen eines Joint Ventures stärkt Bindung und Commitment und schafft eine stärkere Verbindlichkeit.

Die Zusammenarbeit in Form eines Joint Ventures wurde aber nicht für alle Zielmärkte als möglich bzw. sinnvoll erachtet. Andere Märkte werden mit einem Franchise-System bearbeitet. Dadurch wollte man eine optimale Kombination zwischen einer länderübergreifend standardisierten Dienstleistung und der Nutzung des Markt-Know-how der lokalen Partner erzielen.

Auch für das Franchise-System benötigt man allerdings im jeweiligen Zielland einen Partner, der sich um die reibungslose Abwicklung vor Ort kümmert. Dies umfasst die Suche nach lokalen Firmen, welche ihre Entsorgungsdienstleistungen auf der Plattform anbieten, ebenso wie die Akquise von Bauunternehmen als Kunden. Die Franchising-Partner benötigen auch weitere Unterstützung, vor allem im Bereich des Marketings oder in Bezug auf Schulungen und Trainings, die von Pink Robin organisiert werden.

Durch die Kombination von Joint Venture- und Franchising-Modellen ist es Saubermacher bzw. Pink Robin gelungen, sich mit ihrem neuen Geschäftsmodell in mehreren großen europäischen Märkten zu etablieren. ◄

4.4 Businessplan für das internationale Geschäft

Wenn Sie ein erfolgversprechendes Geschäftsmodell entwickelt, den Standardisierungscheck durchlaufen und die geeignete Markteintrittsstrategie dazu gefunden haben, wird es Zeit, das Geschäftsmodell auch in Zahlen zu übersetzen. Dafür ist ein **finanzieller Businessplan** notwendig.

Ein **Businessplan** (auch Geschäftsplan genannt) ist generell ein verschriftlichtes Unternehmenskonzept. Er dient einerseits dazu, Kapitalgebern eine Geschäftsidee zu vermitteln und deren Erfolgs- und Umsetzungschancen darzulegen. Andererseits kann er Ihnen als Unternehmer auch als eine Art „Projektplan" für die Umsetzung Ihres Geschäftsmodells auf internationalen Märkten dienen.

4.4.1 Elemente eines Businessplans

Typischerweise beinhaltet ein umfassender Businessplan folgende Elemente (Credit Suisse, 2019):

- **Executive Summary:** Eine Zusammenfassung der wesentlichen Punkte auf 1–2 Seiten.
- **Produkte/Dienstleistungen:** Welche Leistungen werden vom Unternehmen angeboten? Welchen Entwicklungsstand haben diese Produkte? Was ist die „Unique Selling Proposition" – das einzigartige Nutzenversprechen – Ihres Produktes oder Ihrer Dienstleistung?
- **Kunden:** Was ist der genaue Zielmarkt? Welche Kunden sollen angesprochen werden?
- **Markt und Konkurrenzsituation:** Wie groß ist der relevante Markt? Welches Marktwachstum ist zu erwarten? Welchen Marktanteil wollen Sie erreichen? Wie sieht die Konkurrenzsituation aus? Welche Stärken und Schwächen hat das eigene Unternehmen gegenüber der Konkurrenz?
- **Marketing:** Welche Vertriebskanäle werden genutzt? Wie werden Kunden angesprochen, um den Verkauf der Produkte und Dienstleistungen zu fördern? Wie werden Kundenbeziehungen auf- und ausgebaut? Wie sieht die Preisgestaltung aus?
- **Leistungserstellung:** Welche Produktionstechnologien kommen zum Einsatz? Welche Rohprodukte und Leistungen müssen bezogen werden? Wie werden die Lieferketten organisiert? Mit welchen Partnern soll in welcher Form zusammengearbeitet werden? Welche Informationstechnologien werden benötigt?
- **Management und Organisation:** Wer sind die Führungskräfte im Unternehmen (mit Namen, Funktion und Kurzbiografie)? Wie sieht die Organisationsstruktur des Unternehmens aus? Welche Entlohnungspolitik ist geplant?
- **Risikoanalyse:** Welche Risiken könnten den Erfolg des Geschäftes beeinträchtigen? Wie wird mit diesen Risiken umgegangen?

- **Finanzieller Businessplan:** Wie sieht die Umsatz-, Kosten- und Cash-Flow-Planung aus? Welche finanziellen Mittel werden in welchem Zeitraum benötigt? Wie sieht das Finanzierungskonzept dazu aus?
- **Umsetzungsplanung:** Was sind die wesentlichen Schritte zur Umsetzung Ihres Geschäftsvorhabens? Welche Meilensteine sollen bis wann erreicht werden?

Sie werden in dieser Übersicht wahrscheinlich einige Elemente des Geschäftsmodell-Designs wiederentdeckt haben. Die Definition der Produkte bzw. Dienstleistungen des Unternehmens ist ein wesentlicher Teil des **Wertversprechens** im Geschäftsmodell. Das Element **„Kunde"** in der Geschäftsmodell-Designvorlage ist durch die Definition der Kundensegmente und des Zielmarktes abgedeckt. Der Bereich Marketing entspricht dem Element **„Kundenansprache"** im Geschäftsmodell-Design (mit den Unterbereichen Vertriebskanäle, Kommunikationskanäle und Kundenbeziehung). Auch eine Beschreibung der wesentlichen Prozesse der **Leistungserstellung** finden sich sowohl im Businessplan als auch in einem Geschäftsmodell.

Über die wesentlichen marktbezogenen Risiken sollten Sie sich im Rahmen des Zielmarkt-Checks (siehe Kap. 3) auch schon einen guten Überblick verschafft haben.

Wenn Sie also Ihr Geschäftsmodell schon gut durchdacht haben, werden Sie auch recht leicht einen schriftlichen Businessplan formulieren können, weil Sie einige wesentliche Elemente davon schon fast fertig vorliegen haben. Sie müssen dann im Wesentlichen nur noch die Bereiche „Management und Organisation" und „Umsetzungsplanung" ergänzen und Ihre **Gewinnformel im finanziellen Teil des Businessplans abbilden.**

Die wichtigsten Schritte, die zu setzen sind, um Letzteres zu erledigen – und damit auch einen guten Überblick über die wirtschaftliche und finanzielle Umsetzbarkeit Ihres Geschäftsmodells zu bekommen – finden Sie im folgenden letzten Abschnitt dieses Kapitels.

4.4.2 Der finanzielle Teil eines Businessplans

Die wesentlichen Bestandteile des **finanziellen Teils eines Businessplans** sind:

- Liquiditätsplanung,
- Plan-Erfolgsrechnung (Planung der zukünftigen Umsatz-, Kosten- und Ertragssituation),
- Kapitalbedarfs- und Finanzierungsplanung.

Die Liquiditätplanung erfolgt üblicherweise mittels einer Plan-Kapitalflussrechnung (auch als Plan-Cash-Flow-Rechnung bekannt).

4.4 Businessplan für das internationale Geschäft

Dabei geht es darum, die geplanten Einnahmen und Ausgaben auf monatlicher Basis gegenüberzustellen. Typischerweise ist die Plan-Kapitalflussrechnung in drei Bereiche gegliedert (siehe dazu auch Tool 4c – Formular für die Plan-Kapitalflussrechnung):

1. **Cash Flow aus der laufenden Geschäftstätigkeit:** Hier werden die Zuflüsse aus Umsatzerlösen und Forderungseingängen der laufenden Periode und Abflüsse aus allen Zahlungen, die für die Erstellung der Leistungen und die Aufrechterhaltung des laufenden Betriebes notwendig sind, gegenübergestellt.
2. **Cash Flow aus der Investitionstätigkeit:** Beinhaltet alle Auszahlungen für Investitionen und Einzahlungen, die sich aus der Veräußerung von Anlagevermögen ergeben.
3. **Cash Flow aus der Finanzierungstätigkeit:** Hier werden Kapitalerhöhungen, Gesellschafterzuschüsse und Dividendenzahlungen an Gesellschafter ebenso berücksichtigt wie Kreditbewegungen und Zinszahlungen.

Die Summe der drei Cash-Flow-Bereiche ergibt den gesamten Cash Flow, aus dem sich dann auch der Kapitalbedarf des Geschäftsmodells ableitet.

Grundsätzlich sind in der Kapitalflussrechnung alle Geldflüsse zu berücksichtigen. Das betrifft beim internationalen Geschäft insbesondere auch Steuern und Zölle. Mehrwertsteuer wird hier aber nur dann berücksichtigt, wenn dies bei den geplanten Auslandsgeschäften auch relevant ist (in vielen Fällen sind grenzüberschreitende Lieferungen mehrwertsteuerbefreit – nähere Informationen dazu bekommen Sie von Ihrem Steuerberater).

Zu berücksichtigen ist bei einer Liquiditätsplanung für das Auslandsgeschäft außerdem, dass es im Zielmarkt möglicherweise andere Usancen hinsichtlich von Zahlungszielen gibt wie im Heimmarkt. Daher kann auch ein und dasselbe Geschäftsmodell in verschiedenen Märkten in Bezug auf die Liquidität verschiedene Auswirkungen haben.

Für die Plan-Erfolgsrechnung werden die geplanten Umsätze aus den verschiedenen Erlösströmen Ihres Geschäftsmodells den geplanten Aufwendungen gegenübergestellt. Dabei sind auf der Erlösseite nach dem Standardisierungscheck möglicherweise unterschiedliche Erlösströme zu inkludieren bzw. innerhalb der Erlösströme unterschiedliche Preise in internationalen Zielmärkten anzusetzen.

Auf der Aufwandseite sind alle Mehraufwendungen für die Geschäftstätigkeit im Ausland zu berücksichtigen, wie zum Beispiel eventuell höhere Transport- und Verpackungskosten, Zölle, Wechselkurskosten, Versicherungskosten, Kosten der Kontraktabwicklung (z. B. Provision für Handelsmittler oder Beglaubigungen) und Kosten der Zahlungsabwicklung (z. B. für ein Dokumentenakkreditiv, Spesen für Exportkredite oder Überweisungsspesen) (Höfferer et al., 2020). In Betracht zu ziehen sind hier auch etwaige Investitionen, die für eine Auslandstätigkeit getätigt werden müssen (z. B. Investitionen in den Aufbau von Infrastruktur vor Ort).

Für die Finanzierung eines Geschäftsmodells stehen beim Auslandsgeschäft zusätzlich zu den üblichen Formen der Eigen- und Fremdfinanzierung noch weitere Optionen zur Verfügung (Royer, 2020):

- Staatliche Förderungen von Export- und Internationalisierungstätigkeiten
- Die Gründung eines internationalen Joint Ventures (mit einem lokalen Partner als Kapitalgeber)
- Exportkredite/gebundene Finanzkredite (besichert von Exportkreditversicherungen wie zum Beispiel der Euler Hermes Aktiengesellschaft in Deutschland oder der Oesterreichischen Kontrollbank AG in Österreich)
- Die Abtretung von Forderungen im Zuge eines Factorings oder einer Forfaitierung
- Internationale Leasing-Vereinbarungen

Nähere Informationen zu diesen speziellen Finanzierungsmöglichkeiten bekommen Sie bei Ihrer auf die Unterstützung von Auslandsgeschäften spezialisierten Bank.

Oft werden in Businessplänen auch verschiedene Szenarien für den Erfolg eines Geschäftsmodells dargestellt – meist in Form eines realistischen Basis-Szenarios, eines Worst-Case-Szenarios und eines Best-Case-Szenarios. Üblicherweise werden finanzielle Businesspläne für einen Zeitraum von rund 5 Jahren gerechnet, wobei die ersten ein bis zwei Geschäftsjahre bei der Liquiditätsplanung genauer (auf Monatsbasis) dargestellt sind.

Wenn die finanzielle Abbildung des Geschäftsmodells ein erfolgversprechendes Ergebnis bringt, ist der Prozessschritt des Geschäftsmodell-Designs vorerst einmal abgeschlossen. Sie können damit in die nächste Phase eintreten – den Test Ihres Geschäftsmodells im Zielmarkt (mehr dazu im folgenden Kap. 5).

Fazit

Dieses Kapitel sollte Ihnen dabei geholfen haben, Ihr Geschäftsmodell soweit zu bearbeiten bzw. zu „designen", dass es möglichst gut für den internationalen Markterfolg ausgerichtet ist. Sie haben verschiedene innovative Modelle der internationalen Geschäftstätigkeit kennengelernt. Selbst wenn diese nicht hundertprozentig zu Ihrem Geschäft passen sollten, können diese Grundmodelle vielleicht zumindest Anregungen für die Weiterentwicklung Ihres eigenen Geschäftsmodells liefern. Wenn Sie neben den entsprechenden Schritten aus Kap. 3 (der Reflexion des eigenen Geschäftsmodells auf Basis der Rahmenbedingungen im ausgewählten Zielmarkt) auch den in diesem Kapitel vorgestellten Standardisierungstest und die Abstimmung zwischen Ihrem geplanten Geschäftsmodell und der Markteintrittsstrategie gemacht haben, sollten Sie jetzt eigentlich ein Geschäftsmodell vorliegen haben, mit dem die Erfolgschancen auf dem angestrebten Zielmarkt entsprechend hoch sind. Wenn an diesem Punkt auch der Businessplan zum Geschäftsmodell stimmt, dann wird es Zeit, sich auf den Markt zu begeben und „live" vor Ort auszutesten, ob und wie sich das Geschäftsmodell auch erfolgreich in die Praxis umsetzen lässt.

Tool 4a: Checkliste Timingstrategie

Mit Hilfe der folgenden Fragen können Sie feststellen, ob sich Ihr Geschäftsmodell eher für eine sequenzielle Markbearbeitung oder für einen gleichzeitigen Markteintritt in mehrere Zielmärkte eignet.

	JA	NEIN
Prozesse	Sequenziell	Gleichzeitig
- Müssen wir unsere Prozesse auf die jeweiligen Zielmärkte anpassen?		
Ressourcen	Gleichzeitig	Sequenziell
- Können wir mit den bestehenden Ressourcen mehrere zusätzliche Länder bearbeiten?		
Kooperationspartner	Sequenziell	Gleichzeitig
- Müssen wir viel Wert auf die Auswahl der lokalen Partner legen?		
Wertversprechen	Gleichzeitig	Sequenziell
- Haben wir einen Wettbewerbsvorteil als Innovationführer?		
Zielkunden	Sequenziell	Gleichzeitig
- Unterscheiden sich unsere Kunden in den einzelnen Märkten stark voneinander?		
Vertriebskanäle	Gleichzeitig	Sequenziell
- Können wir den Vertrieb standardisieren?		
Kommunikationskanäle	Gleichzeitig	Sequenziell
- Können wir die Kommunikation zu unseren Kunden standardisieren?		
Kundenbeziehung	Sequenziell	Gleichzeitig
- Müssen wir in unserer Organisation einen 24/7-Kundenservice einrichten?		
Erlösströme	Sequenziell	Gleichzeitig
- Müssen wir unsere Erlösströme in den einzelnen Ländern anpassen?		
Kostenstruktur	Sequenziell	Gleichzeitig
- Steigen unsere Kosten signifikant, wenn wir zusätzliche Länder bearbeiten?		

Tool 4b: Checkliste Markteintrittsform

		Export	Vertraglich	Joint venture	Direkt-investition
Leistungserstellung	Gibt es einen besonderen Vermögenswert (z. B. Know-How), den wir schützen möchten?	x			x
	Muss die Leistung vor Ort erstellt werden?		x	x	x
	Handelt es sich um ein relativ kleines Unternehmen?	x	x		
	Haben wir bestehendes Internationalisierungs-Know-How?			x	x
	Benötigen wir Zugang zu einem bestehenden Netzwerk vor Ort?		x	x	
	Ist es uns wichtig, dass wir die Leistung selbst erstellen?	x			x
Wertversprechen	Haben wir ein komplexes Produkt-/Dienstleistungsangebot?			x	x
	Bieten wir zusätzliche (Dienst-)Leistungen im Auslandsmarkt an?			x	x
Zielkunden & Markt	Besteht eine Unsicherheit bezüglich der Nachfrage im Zielmarkt?	x	x		
	Gibt es nur sehr wenige Kunden vor Ort?	x	x		
	Ist die lokale Branchenstruktur komplex?			x	x
Kundenansprache	Ist es für uns wichtig, eigene Vertriebsstrukturen zu vor Ort zu haben?	x		x	x
	Können wir unsere Leistung über einen Webshop vertreiben?	x			
	Gibt es eine hohe sozio-kulturelle Distanz zum Zielland?		x	x	x
	Wissen wir, wie wir unsere Kunden erreichen?	x			x
	Sind persönliche Kundenbeziehungen besonders wichtig?			x	x
Gewinnformel	Können wir eine Reduktion der Handelsspanne in Kauf nehmen?		x		
	Sind uns niedrige Kosten wichtiger als Kontrollmöglichkeiten?	x	x		
	Sind die Kosten für eine bestimmte Leistungserstellung niedriger, wenn wir sie auslagern?		x		
	Gibt es Handelsbarrieren, die die Kosten eines Markteintritts erhöhen würden?		x	x	x
	Wollen wir regelmäßige wiederkehrende Erlöse (z. B. Lizenz-/Franchisegebühren) lukrieren?		x		

4.4 Businessplan für das internationale Geschäft

Tool 4c: Formular für die Plan-Kapitalflussrechnung

Mit Hilfe dieses Tools können sie eine Plan-Kapitalflussrechnung für ihr geplantes Geschäftsmodell für den internationalen Markt aufstellen. Bitte beachten sie, dass eventuelle Steuern (wie z. B. Mehrwertsteuern) bei Zahlungsflüssen in einer Kapitalflussrechnung immer mit berücksichtigt werden müssen. Falls grenzüberschreitende Lieferungen mehrwertsteuerfrei erfolgen, sind keine Steuern einzubeziehen.

	01/202X	02/202X	...
Zuflüsse aus			
+ Umsatzerlöse der Periode (inkl. MWSt)			
+ Einnahmen aus Forderungen (inkl. MWSt)			
Summe Zuflüsse aus laufender Geschäftstätigkeit			
Abflüsse aus			
- Ware/Material (inkl. MWSt)			
- Fremdleistungen (inkl. MWSt)			
- Personal			
- Miete			
- Sonstige Betriebsausgaben			
- Rückzahlung sonstige Verbindlichkeiten			
- Steuern und Zölle			
Summe Abflüsse aus laufender Geschäftstätigkeit			
[1] Cash Flow aus laufender Geschäftstätigkeit			
+ Auszahlungen für Investitionen			
- Einzahlungen aus Abgängen von Anlagevermögen			
[2] Cash Flow aus der Investitionstätigkeit			
+ Kapitalerhöhung / Zuschüsse der Gesellschafter			
+ Kreditauszahlungen			
- Dividendenzahlungen			
- Kredittilgung			
- Auszahlungen für Zinsen			
[3] Cash Flow aus der Finanzierungstätigkeit			
Cash Flow gesamt (Summe aus [1] bis [3])			
Cash Flow kumuliert			

Literatur

Ayala, N. F., Paslauski, C. A., Ghezzi, A., & Frank, A. G. (2017). Knowledge sharing dynamics in service suppliers' involvement for servitization of manufacturing companies. *International Journal of Production Economics, 193,* 538–553.

BASF. (2018). BASF erteilt Reshine eine Sublizenz unter den Patenten von ANL für NCM-Kathodenmaterialien. https://www.basf.com/at/de/media/news-releases/2018/01/p-18-106.html. Zugegriffen. Zugegriffen: 18. Jan. 2021.

Berndt, R., Altobelli, C. F., & Sander, M. (2016). *Internationales Marketing-Management* (5. Aufl.). Springer Gabler.

Choudary, S. P. (2016). Eight ways to launch a successful platform business. https://knowledge.insead.edu/blog/insead-blog/eight-ways-to-launch-a-successful-platform-business-4834. Zugegriffen: 14. Jan. 2021.

Cimiotti, G. (2018). Mit Daten und Analytics zum digitalen Geschäftsmodell – Der erfolgreiche Weg in die Datenökonomie. https://de.cloudflight.io/presse/mit-daten-und-analytics-zum-digitalen-geschaeftsmodell-der-erfolgreiche-weg-die-datenoekonomie-27398/.Zugegriffen. Zugegriffen: 28. März 2021.

Credit Suisse. (Hrsg.). (2019). *Mit einem gut strukturiertem Businessplan durchstarten? Warum nicht.* Credit Suisse.

Cusumano, M. A., Kahl, S. J., & Suarez, F. F. (2015). Services, industry evolution, and the competitive strategies of product firms. *Strategic Management Journal, 36*(4), 559–575.

Czinkota, M. R., Ronkainen, I. A., & Zvobgo, G. (2011). *International marketing* (10. überarb. Aufl.). Cengage Learning.

Deloitte. (2018). XaaS: So gelingt die Umstellung auf ein As-a-Service-Geschäftsmodell. https://www2.deloitte.com/de/de/pages/technology-media-and-telecommunications/articles/xaas-geschaeftsmodell-umstellen.html. Zugegriffen: 29. März 2021.

deMooij, M. (2018). *Global marketing & adverstising. Understanding cultural paradoxes* (5. Aufl.). SAGE Publications Inc.

Eixelsberger, W., Sternad, D., & Stromberger, M. (2015). *E-Business im Export: Eine kompakte Einführung.* Springer.

Gassmann, O., Frankenberger, K., & Csik, M. (2017). *Geschäftsmodelle entwickeln: 55 innovative Konzepte mit dem St. Galler Business Model Navigator* (3. Aufl.). Hanser.

Green, M. C., & Keegan, W. J. (2020). *Global marketing* (10. Aufl.). Pearson Education.

Haller, S., & Wissing, C. (2020). *Dienstleistungsmanagement: Grundlagen-Konzepte-Instrumente.* Springer.

Hickey, T., Barrow, W., & Harris, C. (2018). The pros and cons of licensing technology. https://www.mayerbrown.com/-/media/files/perspectives-events/publications/2018/08/the-pros-and-cons-of-licensing-technology/files/the-pros-and-cons-of-licensing-technology/fileattachment/the-pros-and-cons-of-licensing-technology.pdf. Zugegriffen: 18. Jan. 2021.

Höfferer, M., Tschreppl, T., & Sternad, D. (2020). Der Ablauf des Exportprozesses. In D. Sternad, M. Höfferer, & G. Haber (Hrsg.), *Grundlagen Export und Internationalisierung* (2. Aufl., S. 191–218). Springer Gabler.

Hollensen, S. (2007). *Global marketing: A decision-oriented approach.* Pearson Education.

Kamal, M. M., Sivarajah, U., Bigdeli, A. Z., Missi, F., & Koliousis, Y. (2020). Servitization implementation in the manufacturing organisations: Classification of strategies, definitions, benefits and challenges. *International Journal of Information Management, 55,* 102206.

Kleinschmidt, E. J., Geschka, H., & Cooper, R. G. (1996). *Erfolgsfaktor Markt: Kundenorientierte Produktinnovation.* Springer.

Li, J., Zhou, C., & Zajac, E. J. (2009). Control, collaboration, and productivity in international joint ventures: Theory and evidence. *Strategic Management Journal, 30*(8), 865–884.

Luber, S., & Karlstetter, F. (2017). Was ist XaaS? „Anything as a Service". *Cloudcomputing Insider*. https://www.cloudcomputing-insider.de/was-ist-xaas-anything-as-a-service-a-670272. Zugegriffen: 29. März 2021.

Macharzina, K., & Wolf, J. (2008). *Unternehmensführung: Das internationale Managementwissen; Konzepte, Methoden, Praxis*. Gabler.

Moser, D., Wecht, C. H., & Gassmann, O. (2019). Digitale Plattformen als Geschäftsmodell. *ERP-Management, 15*(1), 45–48.

Porter, M. E. (2013). *Wettbewerbs-Strategie. Methoden zur Analyse von Branchen und Konkurrenten* (12. akt. u. erw. Aufl.). Campus.

Royer, I. (2020). Exportfinanzierung. In D. Sternad, M. Höfferer, & G. Haber (Hrsg.), *Grundlagen Export und Internationalisierung* (2. Aufl., S. 299–320). Springer Gabler.

Schwab, A. (2011). Lizenzverträge. In Informationszentrum Patente (Hrsg.), *Schutz von Erfindungen und Design: Patent – Gebrauchsmuster – Geschmacksmuster* (S. 52–58). Regierungspräsidum Stuttgart – Informationszentrum Patente.

Stallmann, F., & Wegner, U. (2015). *Internationalisierung von E-Commerce-Geschäften: Bausteine, Strategien, Umsetzung*. Springer Gabler.

Sternad, D. (2020). Formen des Markteintritts. In D. Sternad, M. Höfferer, & G. Haber (Hrsg.), *Grundlagen Export und Internationalisierung* (2. Aufl., S. 61–82). Springer Gabler.

Täuscher, K., & Laudien, S. M. (2018). Understanding platform business models: A mixed methods study of marketplaces. *European Management Journal, 36*(3), 319–329.

Tiedemann, M. (2019): Datengetriebene Geschäftsmodelle – Grundlagen für ein neues Zeitalter. https://www.alexanderthamm.com/de/blog/datengetriebene-geschaeftsmodelle-grundlagen-fuer-ein-neues-zeitalter/. Zugegriffen: 28. März 2021.

WKO. (2015). Vor- und Nachteile für Franchisegeber. https://www.wko.at/service/gruendung-uebergabe/Vor-_und_Nachteile_fuer_Franchisegeber.html. Zugegriffen: 18. Jan. 2021.

WKO. (2018). *Leitfaden zum Franchising* (9. Aufl.). Wirtschaftskammer Österreich.

Yonatany, M. (2017). Platforms, ecosystems, and the internationalization of highly digitized organizations. *Journal of Organization Design, 6*(1), 1–5.

Zillmann, M., & Litzel, N. (2016). Warum datenbasierte Geschäftsmodelle immer noch scheitern. https://www.bigdata-insider.de/warum-datenbasierte-geschaeftsmodelle-immer-noch-scheitern-a-539973/. Zugegriffen: 28. März 2021.

Test – Das Geschäftsmodell im Zielmarkt testen 5

> **Zusammenfassung**
>
> In der Theorie klingen viele Geschäftsmodelle sehr erfolgversprechend. Erst in der praktischen Umsetzung trennt sich aber oft die Spreu vom Weizen. Ein gezieltes Testen Ihres Geschäftsmodells direkt im Zielmarkt hilft Ihnen dabei, Risiken zu reduzieren, bevor Sie mit vollem Ressourceneinsatz den falschen Weg einschlagen. Dieses Kapitel gibt einen Überblick über Methoden, die Sie für das Testen von Geschäftsmodellen in verschiedenen Bereichen einsetzen können (Testen des Wertversprechens, Testen des Kundenansprache, Testen der Leistungserstellung und der Gewinnformel). Zudem wird ein Geschäftsmodell-Stress-Test vorgestellt, mit dem die Praxistauglichkeit eines Geschäftsmodells eingeschätzt werden kann. Der Stress-Test hilft auch dabei, jene Bereiche des Geschäftsmodells zu identifizieren, in denen weiterführende Tests durchgeführt werden sollten. Damit können Sie Ihr Geschäftsmodell optimal auf die Anforderungen des Zielmarktes anpassen.

Nach dem „Durcharbeiten" der ersten vier Kapitel dieses Buches sollten Sie jetzt bereits ein auf die Bedürfnisse des geplanten internationalen Zielmarktes abgestimmtes Geschäftsmodell vorliegen haben. Jetzt wird es Zeit, tatsächlich den Schritt in den Zielmarkt zu wagen.

Natürlich könnten Sie gleich mit vollem Ressourceneinsatz loslegen und „ganz groß" in den Markt einsteigen. Das wäre dann aber auch mit großen Risiken verbunden. Sie haben sich zwar bereits sehr intensiv Gedanken gemacht über den Zielmarkt. Ob Ihr Geschäftsmodell sich dort aber wirklich erfolgreich etablieren lässt, das zeigt sich meist erst bei der Umsetzung direkt am Markt.

Um das Risiko zu begrenzen, empfiehlt es sich daher, vor dem großen „Durchstarten" im neuen Zielmarkt zunächst noch eine Testphase einzuschieben, in der Sie das

Geschäftsmodell noch einmal „auf Herz und Nieren" prüfen, bevor Sie mit voller Kraft damit „live" gehen.

5.1 Grundlagen des Testens von Geschäftsmodellen

Lassen Sie uns zunächst ein paar grundsätzliche Fragen zum Testen von Geschäftsmodellen klären: Warum sollten Sie Ihr Geschäftsmodell testen? Wann sollten Sie testen? Was genau sollen Sie dabei testen? Und wie testet man eigentlich ein Geschäftsmodell?

5.1.1 Warum sollten Sie Ihr Geschäftsmodell testen?

Wie schon erwähnt, geht es beim Testen von Geschäftsmodellen vor allem darum, **Risiken zu minimieren**.

Es gibt verschiedenste Arten von Risiken, die bei der Internationalisierung eines Geschäftsmodells zu berücksichtigen sind. Dazu zählen zum Beispiel:

- **Marktrisiken** – wenn die tatsächliche Nachfrage falsch eingeschätzt wird oder sich diese durch bestimmte Ereignisse im Zielmarkt anders entwickelt als vorhergesehen,
- **Risiken im Bereich der Leistungserstellung** – zum Beispiel, wenn Lieferanten oder andere Partner nicht zuverlässig arbeiten oder wenn die notwendigen Ressourcen und Fähigkeiten im Zielmarkt nicht vorhanden sind (bzw. nicht zugekauft werden können),
- **Risiken in der Kundenansprache** – wenn Kunden zum Beispiel die geplanten Vertriebs- und Kommunikationskanäle nicht so nutzen, wie das für ein Funktionieren des Geschäftsmodells notwendig wäre,
- **Risiken auf der Erlös- und Kostenseite** – zum Beispiel durch höhere Zoll-, Transport- oder Lagerkosten, Kreditrisiken oder Wechselkursrisiken, oder
- **sonstige Risiken** der internationalen Geschäftstätigkeit, wie zum Beispiel steuerliche Risiken, Korruptionsrisiken oder unvorhergesehene administrative Hürden (Sternad, 2020).

Gegen manche Risiken können Sie sich vielleicht absichern. So gibt es zum Beispiel verschiedene Versicherungslösungen. Für die Absicherung von Wechselkursrisiken können Finanzinstrumente wie Forwards, Future oder Optionen Anwendung finden (Haber & Ogertschnig, 2020). Viele andere Risiken werden erst wirklich zu erkennen sein, wenn Sie sich direkt im Markt bewegen. Geschäftsmodell-Tests können Ihnen helfen, diese Risiken besser einzuschätzen.

Sind die Kunden im Zielmarkt wirklich interessiert an Ihrem Produkt- und Dienstleistungsangebot? Werden Sie in der Lage sein, die Leistungen vor Ort in der geplanten

Art und Weise zu erstellen, anzubieten und zu vermarkten? Und ist Ihr Geschäftsmodell wirklich geeignet, um damit auch genügend Erlöse und Gewinne zu erzielen? Geschäftsmodell-Tests können Sie auch bei der Beantwortung dieser Fragen unterstützen (Bland & Osterwalder, 2020).

Zusätzlich zur Risikominimierung haben Geschäftsmodell-Tests auch noch den Vorteil, dass Sie damit noch weitere wertvolle Informationen über den Zielmarkt bekommen. Auf Basis dieser zusätzlichen „Markt-Insights" können Sie dann auch noch einzelne Elemente Ihres Geschäftsmodell anpassen, um die Erfolgswahrscheinlichkeit weiter zu erhöhen.

5.1.2 Wann sollten Sie Ihr Geschäftsmodell testen?

Zum Zwecke der Risikominimierung wird es in den meisten Fällen sinnvoll sein, wesentliche Aspekte Ihres Geschäftsmodells noch vor dem kompletten „Ausrollen" im Zielmarkt zu prüfen.

Es kann aber durchaus auch Sinn machen, Ihr **Geschäftsmodell „iterativ" weiterzuentwickeln,** also auch nach der Einführung des Geschäftsmodells am ausländischen Zielmarkt noch weitere Tests zu machen, um daraus jeweils weitere Optimierungsmaßnahmen abzuleiten.

Dieses schrittweise weitere Optimieren eines Geschäftsmodells entspricht dann auch dem vor allem an der Universität Stanford propagierten **„Design-Thinking"-Ansatzes.** Diesem Ansatz zufolge entstehen erfolgreiche Innovation vor allem durch ein gutes Wechselspiel von Beobachten, Experimentieren, Umsetzen und Testen – und zwar immer auch unter starker Einbindung der Kunden (Grots & Praschke, 2009).

5.1.3 Was genau sollen Sie testen?

Um klare, spezifische Ergebnisse zu bekommen, testet man üblicherweise nicht ein Geschäftsmodell „als Ganzes". Vielmehr werden bestimmte Annahmen oder **Hypothesen** geprüft, die dem Geschäftsmodell zugrunde liegen.

Testen bedeutet, etwas zu überprüfen. Im konkreten Fall geht es darum, zu überprüfen, ob die Annahmen, auf deren Basis die einzelnen Elemente eines Geschäftsmodells entwickelt wurden, auch stimmen.

Annahmen haben es ja so an sich, dass wir zunächst nicht genau wissen, ob sie stimmen. Sie könnten zum Beispiel annehmen, dass sich eine bestimmte Anzahl von Kunden für Ihr Produkt- oder Dienstleistungsangebot interessieren wird; dass die Kunden bereit sein werden, einen bestimmten Preis dafür zu bezahlen; dass die Kunden auf eine bestimmte Art von Werbemaßnahmen positiv reagieren werden; dass Sie Partner finden werden, die Ihnen bei der Leistungserstellung und Distribution helfen; dass Sie vor Ort Mitarbeiter mit den notwendigen Kompetenzen finden werden. Die Liste könnte noch lange weitergeführt werden.

Hinter all diesen Annahmen steckt aber ein gewisser Grad an **Unsicherheit.** Werden die Kunden wirklich zum geplanten Preis kaufen? Wie werden die Kunden auf die Werbemaßnahmen reagieren? Werden Sie wirklich geeignete Partner und Mitarbeiter finden? Solche Unsicherheiten zu reduzieren ist die Kernaufgabe von Geschäftsmodell-Tests.

Wie wir in diesem Kapitel noch zeigen werden, gibt es eine Vielzahl von Tests in allen möglichen Bereichen eines Geschäftsmodells. Es geht in der Testphase aber nicht darum, möglichst viele Tests zu machen, sondern diejenigen, die wirklich wesentlich sind.

Dazu gilt es zunächst, sich der **wesentlichen Annahmen** bewusst zu sein, die Ihrem Geschäftsmodell zugrunde liegen. Das könnten zum Beispiel Annahmen in folgenden Bereichen sein:

- **Annahmen über das Wertversprechen:**
  - Annahmen über Kundenerwartungen
  - Annahmen über die Anzahl potenzieller Kunden für das geplante Leistungsangebot im Zielmarkt
  - Annahmen über die Kaufbereitschaft der Kunden auf einem bestimmten Preisniveau
- **Annahmen über die Kundenansprache:**
  - Annahmen über die Effektivität bestimmter Vertriebskanäle
  - Annahmen über die Effektivität bestimmter Kommunikationskanäle
  - Annahmen über die Loyalität von Kunden
- **Annahmen zur Leistungserstellung:**
  - Annahmen über das Vorhandensein bestimmter Ressourcen im Zielmarkt und die Möglichkeit, diese Ressourcen zu bestimmten Preisen erwerben zu können
  - Annahmen darüber, welche Mitarbeiter mit welchen Qualifikationen man im Zielmarkt für das Unternehmen gewinnen wird können
  - Annahmen darüber, welche Partner man im Zielmarkt gewinnen wird können (sowohl auf der Lieferanten- als auch auf der Distributionsseite)
- **Annahmen zur Gewinnformel:**
  - Annahmen über die Umsatzentwicklung
  - Annahmen über Kosten, die in der Leistungserstellung entstehen können
  - Annahmen darüber, welche Zahlungsmittel Kunden im Zielmarkt nutzen
  - Annahmen über die Zahlungsmoral von Kunden

Diese Liste ist natürlich nicht vollständig. Sie kann Ihnen aber erste Anhaltspunkte darüber geben, was gewährleistet sein muss, damit Ihr Geschäftsmodell im Zielmarkt entsprechend erfolgreich umgesetzt werden kann (siehe dazu auch Tool 5a).

5.1 Grundlagen des Testens von Geschäftsmodellen

Wenn Sie sich aller Annahmen bewusst sind, die Ihrem Geschäftsmodell zugrunde liegen, geht es im nächsten Schritt darum, zu prüfen, welche dieser Annahmen für die Erfolgswahrscheinlichkeit Ihres Geschäftsmodells besonders kritisch sind. Dazu können Sie den **Geschäftsmodell-Stress-Test** verwenden, den wir in Abschn. 5.2 dieses Kapitels vorstellen.

Als Ergebnis dieses Stress-Tests sollten Sie jene Annahmen identifiziert haben, welche die größte Auswirkung auf den Erfolg oder Misserfolg Ihres Geschäftsmodells haben können. Das sind dann auch jene, die für die weitere Testphase im Fokus stehen werden.

Je nachdem, was der Stress-Test ergibt, werden Sie weitere Tests in einem oder mehreren der vier wesentlichen Bereiche des Geschäftsmodells durchführen, um Ihre Annahmen zum Wertversprechen (siehe Abschn. 5.3), zur Kundenansprache (siehe Abschn. 5.4) sowie zur Leistungserstellung und zur Gewinnformel (siehe Abschn. 5.5) einer genaueren Überprüfung zu unterziehen.

Aus der Auswertung der Ergebnisse der Tests werden sich wahrscheinlich Erkenntnisse ergeben, die Sie für eine weitere Anpassung und Optimierung des Geschäftsmodells verwenden können.

Den gesamten Prozess des Testens von Geschäftsmodellen finden Sie in Abb. 5.1 auch noch einmal grafisch dargestellt.

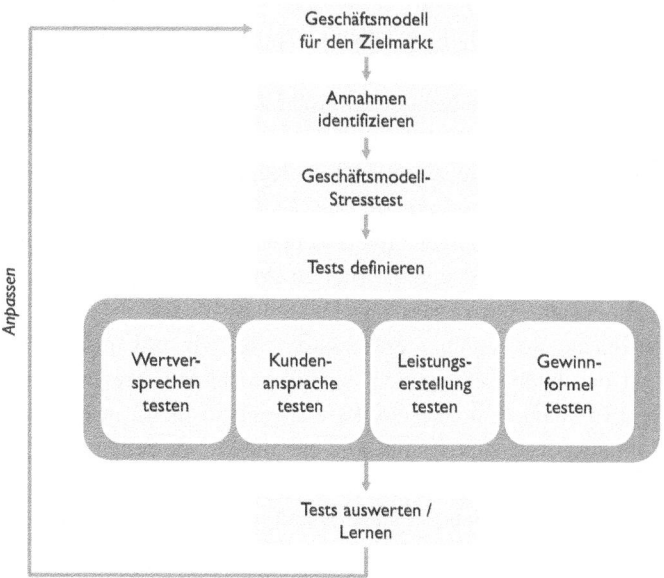

Abb. 5.1 Der Prozess des Testens von Geschäftsmodellen

5.1.4 Wie wird ein Geschäftsmodell eigentlich getestet?

Wie schon erwähnt, wird ein Geschäftsmodell nicht „als Ganzes" getestet. Vielmehr geht es darum, die wesentliche Annahmen zu testen, auf denen ein Geschäftsmodell gründet.

Wenn man durch einen Geschäftsmodell-Stress-Test herausgefunden hat, welche Annahmen zu überprüfen sind, folgt **ein konkreter Test dieser „kritischen Unsicherheitsfaktoren"**, und zwar üblicherweise nach folgendem Muster (Bland & Osterwalder, 2020):

- **Schritt 1: Formulieren einer Hypothese** *(„Wir glauben, dass …")*.
- **Schritt 2: Festlegen der Testmaßnahme,** um festzustellen, ob die in Schritt 1 formulierte Hypothese stimmt (oder nicht).
- **Schritt 3: Messgrößen definieren:** Welche Daten werden im Rahmen des Tests erhoben und analysiert?
- **Schritt 4: Kriterien festlegen,** anhand derer festgestellt werden kann, ob die Hypothese stimmt (oder nicht).

Lassen Sie uns dies einmal anhand eines Beispiels ansehen. Nehmen wir an, dass wir uns im Bereich der Kundenansprache unsicher sind, ob wir über Facebook unsere Zielgruppe so für unser Leistungsangebot begeistern werden können, wie wir uns das in unserem Geschäftsmodell-Design (im Bereich der Kundenansprache) vorstellen.

Wir könnten jetzt im ersten Schritt folgende Hypothese aufstellen: „Wir glauben, dass wir mit gezielter Facebook-Werbung im Zielmarkt A innerhalb eines Monats X Kunden auf unsere Website bringen." In Schritt 2 legen wir fest, dass wir eine begrenzte Facebook-Kampagne im Zielmarkt schalten (z. B. mit einem Testbudget von EUR 300,-). In Schritt 3 definieren wir die Messgrößen: Wir werden sogenannte Facebook-Pixel nutzen, um zu zählen, wie viele Kunden aufgrund der Facebook-Werbekampagne zusätzlich auf eine eigens auf unserer Website dafür eingerichtete Landing Page gekommen sind. In Schritt 4 legen wir die Kriterien fest, anhand derer wir feststellen, ob unsere Hypothese stimmt. Wir könnten zum Beispiel festlegen, dass die Kampagne ein Erfolg ist, wenn damit zumindest 1.000 neue Interessenten unsere Website besucht haben.

Sind die für den Test festgelegten Kriterien erfüllt, können wir mit höherer Wahrscheinlichkeit davon ausgehen, dass unser Geschäftsmodell mit Facebook als Kanal zur Kundenansprache so funktionieren wird, wie wir uns das vorgestellt haben. Wurde die Zahl der Interessenten nicht einmal annähernd erreicht, wäre es zu überlegen, das Geschäftsmodell in diesem Bereich entsprechend anzupassen und andere Kommunikationskanäle auszuprobieren, die für diesen speziellen Zielmarkt erfolgversprechender sind.

Ein guter Test, so beschreiben es Daniel Bland und Alex Osterwalder (2020) in ihrem Buch *Testing Business Ideas,* wird dabei immer klar definieren, „wer", „wo" und „was" getestet wird. Dazu ist bei jedem Test auch noch zu überlegen, wie verlässlich seine

Ergebnisse sind. Hier sind vor allem auch die Quelle und Qualität der Daten zu berücksichtigen, auf welchen der Test basiert.

5.2 Der Geschäftsmodell-Stress-Test

Um die Praxistauglichkeit Ihres Geschäftsmodells zu überprüfen, schlagen wir die Durchführung eines **Geschäftsmodell-Stress-Tests** vor. Dabei schätzen Sie für jedes Element Ihres Geschäftsmodells zunächst den **Grad der Unsicherheit** ein und prüfen im nächsten Schritt, welche **Auswirkungen** sich daraus auf den Erfolg Ihres Geschäftsmodells ergeben.

5.2.1 Die beiden Dimensionen des Geschäftsmodell-Stress-Tests

Grad der Unsicherheit – „Wie sicher wissen wir, dass …"

Jedes Element Ihres Geschäftsmodells basiert auf Grundannahmen, die mehr oder weniger gut abgesichert sind. Beispielsweise kann die Customer Journey Ihrer Zielgruppe auf reinen Plausibilitätsüberlegungen beruhen. Sie können für die Erstellung aber auch Interviews mit Kunden im Zielmarkt durchgeführt haben. Im ersten Fall besteht ein höheres Risiko, dass Sie mit falschen Annahmen arbeiten. Pointiert ausgedrückt gilt hier die Aussage, die Edward Deming zugeschrieben wird: „Without data, you are just another person with an opinion". Welche „Daten" hier konkret herangezogen werden können, beschreiben wir in den nachfolgenden Kapiteln.

Auswirkungen – „Wie stark werden unsere Erfolgsaussichten dadurch beeinflusst?"

Grundsätzlich ist jedes Element Ihres Geschäftsmodells für dessen Funktionieren relevant. Wie stark die Erfolgsaussichten beeinflusst werden, hängt aber stark davon ab, in welchem Ausmaß und wie schnell Sie Änderungen umsetzen können und welche Kosten damit verbunden sind. Haben Sie sich beispielsweise exklusiv an einen Vertriebspartner gebunden, der letztendlich den erforderlichen Distributions- und Servicegrad nicht sicherstellen kann, sind kurzfristige Änderungen in der Regel nicht möglich. Die Auswirkung auf den Erfolg Ihres Geschäftsmodells ist damit ungleich größer, als zum Beispiel im Fall einer falsch eingeschätzten Kommunikationsstrategie: Wenn Sie beispielsweise bestimmte Kommunikationskanäle nicht bespielen (das heißt Ihre Touchpoints falsch definiert haben), können Sie hier sehr rasch reagieren und der damit verbundene finanzielle Aufwand ist überschaubar.

Der Vorteil des hier vorgeschlagenen Stress-Tests für Ihr Geschäftsmodell liegt in der Kombination der betrachteten Dimensionen „Unsicherheit" und „Auswirkung". Sie ermöglicht Ihnen, jene kritischen Faktoren zu identifizieren, die Sie in weiterer Folge überprüfen sollten (vgl. Abb. 5.2).

Abb. 5.2 Die Geschäftsmodell-Stress-Test-Matrix

5.2.2 Große Risiken mit hoher Priorität

Elemente Ihres Geschäftsmodells mit einem hohen Grad an Unsicherheit und starken Auswirkungen auf den Erfolg können als *große Risiken mit hoher Priorität* für eine weitere Überprüfung eingestuft werden. Hierbei handelt es sich um Elemente Ihres Geschäftsmodells, bei deren Entwicklung Sie überwiegend nur auf Plausibilitätsüberlegungen zurückgegriffen haben und die sie nur langsam oder mit großem Aufwand verändern können.

Nehmen wir dazu folgendes **Beispiel:** Der mit Ihrem Geschäftsmodell erzielbare Gewinn wird von der Höhe des erzielten Verkaufspreises und Ihrer Kostenstruktur beeinflusst. Für die Preisgestaltung ist es wichtig zu wissen, welcher Verkaufspreis im Auslandsmarkt durchgesetzt werden kann. Diese Information ist häufig schwer zu beschaffen, da in vielen Branchen keine offiziellen Preislisten verfügbar sind (z. B. im Dienstleistungsbereich) oder Geschäftsusancen auf den ersten Blick nicht erkennbar sind (z. B. in Bezug auf Preisnachlässe).

Gehen Sie beispielsweise bei variablen Kosten von € 80,- von einem Netto-VKP von € 100,- aus, ergibt sich daraus ein Deckungsbeitrag von € 20,-. Zeigt die Praxis nun, dass im Auslandsmarkt ein zehnprozentiger Preisnachlass gewährt werden muss, reduziert sich der Netto-VKP auf € 90,-. Bei unveränderten variablen Kosten von € 80,- sinkt der Deckungsbeitrag aber um 50 % (von € 20,- auf € 10,-).

Die Auswirkungen auf die Ertragssituation sind in diesem Beispiel beträchtlich. Gleichzeitig fällt es in der Unternehmenspraxis oft schwer, einmal eingeführte Preise nachträglich zu erhöhen.

5.2.3 Versteckte Risiken mit mittlerer Priorität

Elemente Ihres Geschäftsmodells mit einem geringeren Grad an Unsicherheit, aber starken Auswirkungen auf den Erfolg können als *versteckte Risiken mit mittlerer Priorität* für eine weitere Überprüfung klassifiziert werden. Elemente Ihres Geschäftsmodells, die in diesem Quadranten eingeordnet werden, haben im Falle eines Irrtums ebenfalls große Auswirkungen auf den Erfolg. Gleichzeitig ist aber die Wahrscheinlichkeit, dass dieses Risiko eintritt, geringer. Daraus ergibt sich auch die mittlere Priorität, das heißt, dass bei begrenzten Ressourcen zuerst jene Elemente des Geschäftsmodells geprüft werden sollten, die in Quadrant 1 (hohe Unsicherheit und starke Auswirkungen) eingeordnet wurden.

Folgendes **Beispiel** kann dies verdeutlichen: Bei der Gestaltung Ihres Produkt-/Dienstleistungsangebots ist es wichtig, die Kundenerwartungen gut einzuschätzen, um ein konkurrenzfähiges Wertangebot zu erstellen. Eine Änderung bei Produkten und Dienstleistungen kann mit hohen Kosten verbunden sein und je nach Branche einen längeren Zeitraum in Anspruch nehmen. Aus diesem Grund sollten auf Auslandsmärkten nicht ohne weitere Prüfung die gleichen Produkte wie am Heimatmarkt angeboten werden. Haben Sie bei der Gestaltung Ihres Angebots daher zum Beispiel auch Konkurrenzangebote detailliert geprüft, dann ist die Wahrscheinlichkeit, dass Sie am Bedarf des Marktes vorbeigehen, gering. Ein „Restrisiko" bleibt in diesem Fall trotzdem bestehen, da Sie erst durch umfangreichere Kundenanalysen ein verlässliches Bild über die Kundenerwartungen gewinnen.

5.2.4 Offensichtliche Risiken mit niedriger Priorität

Elemente Ihres Geschäftsmodells mit einem hohen Grad an Unsicherheit, aber geringen Auswirkungen auf den Erfolg können als *offensichtliche Risiken mit niedriger Priorität* für eine weitere Überprüfung klassifiziert werden. Bei Elementen Ihres Geschäftsmodells, die in diesem Quadranten eingeordnet werden, haben Sie wenig Daten und Informationen aus dem Zielmarkt vorliegen, können Entscheidungen aber auch vergleichsweise schnell und mit geringem Risiko abändern. Vor dem Hintergrund beschränkter zeitlicher und finanzieller Ressourcen stehen diese Geschäftsmodellelemente nicht im Fokus für eine weitere Überprüfung vor dem Start der Geschäftstätigkeit am Auslandsmarkt.

Auch hier gibt es ein **Beispiel** dazu: Für eine erfolgreiche Kommunikation ist die Auswahl der richtigen Kommunikationskanäle (Touchpoints) eine wichtige Voraussetzung. Je nach Zielgruppe und Phase der Customer Journey stehen hier unterschiedliche digitale und klassische Kanäle zur Verfügung. Wenn die Auswahl dieser Kommunikationskanäle mehr auf Plausibilitätsüberlegungen als auf empirischen Daten basiert, besteht hier ein vergleichsweise großes Risiko, sich zu irren. Gleichzeitig lassen sich diese Entscheidungen – speziell im digitalen Marketing – relativ rasch und mit geringem Aufwand korrigieren, indem beispielsweise Budgets zwischen den definierten Kommunikationskanälen verschoben werden. Voraussetzung dafür ist natürlich eine zeitnahe Überprüfung des Kommunikationserfolgs durch die Definition geeignete Messmetriken und KPIs (Key Performance Indicators).

5.2.5 Akzeptable Risiken mit niedriger Priorität

Elemente Ihres Geschäftsmodells mit einem geringeren Grad an Unsicherheit und eher geringen Auswirkungen auf den Erfolg können als *akzeptable Risiken mit niedriger Priorität* für eine weitere Überprüfung klassifiziert werden. Elemente Ihres Geschäftsmodells, die in diesem Quadranten eingeordnet werden, haben im Falle eines Irrtums geringe Auswirkungen auf den Erfolg, beispielsweise weil Sie sie schnell und kostengünstig anpassen können. Gleichzeitig ist auch die Wahrscheinlichkeit, dass dieses Risiko eintritt, geringer, da Sie bei der Planung auf umfangreiche Informationen zurückgegriffen haben. Daraus ergibt sich auch die niedrige Priorität für eine Überprüfung von Geschäftsmodellelementen, die in diesem Quadranten eingeordnet werden.

Zum **Beispiel** hat der Aufbau von Kundenbindung in vielen Branchen große Bedeutung für den wirtschaftlichen Erfolg. Wenn Sie für die Entwicklung eines Kundenbindungsprogramms ausführliche Informationen aus dem Zielmarkt (Kundenerwartungen, Angebote von Mitbewerbern) und dem eigenen Unternehmen (Kalkulation der damit verbundenen Kosten) berücksichtigt haben, sind Sie damit auf der „sicheren Seite". Die Wahrscheinlichkeit, dass Sie grundsätzlich falsch liegen und umfangreiche und aufwendige Änderungen notwendig sind, ist gering.

5.3 Testen des Wertversprechens

Wenn sich beim Durchlaufen eines Geschäftsmodell-Stress-Tests ergibt, dass ein größeres Risiko darin besteht, ob die in Ihrem Geschäftsmodell geplanten Leistungsangebote von den Kunden am Markt auch entsprechend angenommen werden, bietet sich ein **Testen des Wertverprechens** an.

Hier geht es einerseits darum, eine **möglichst realistische Einschätzung der Kundenbedürfnisse im Zielmarkt** zu erhalten. Anderseits können Sie verschiedene Methoden einsetzen, um potenziellen Zielkunden Prototypen Ihrer Produkte oder Dienstleistungen vorzustellen und dadurch weitere Erkenntnisse darüber zu gewinnen,

5.3.1 Testen der Kundenbedürfnisse

In Abschn. 3.2. sind wir unter dem Stichwort „Customer Insights" bereits darauf eingegangen, wie wichtig es ist, die Kundenbedürfnisse möglichst gut zu verstehen. Wenn Sie also schon bei der Entwicklung des Wertversprechens nicht nur auf Plausibilitätsüberlegungen gesetzt haben, sondern Informationen über die Kundenbedürfnisse empirisch erhoben haben, sind Sie hier auf der sicheren Seite.

Für den Fall, dass Sie bei der Konzeption Ihrer Produkte und Dienstleistungen noch zu wenig Informationen einbezogen haben ist es jetzt der richtige Zeitpunkt, dies nachzuholen. Werfen Sie dazu noch einmal einen Blick auf die in Abschn. 3.2.3 beschriebene Vorgehensweise zur Identifikation von Customer Insights. Die dort beschriebenen Methoden und Instrumente eignen sich auch dazu, die identifizierten Kundenbedürfnisse einem Realitäts-Check zu unterziehen.

Dabei sollten Sie allerdings unbedingt vermeiden, sich zu schnell auf die von Ihnen angebotene Lösung zu konzentrieren. Versuchen Sie zunächst, das **Kundenproblem** möglichst gut zu verstehen. Worin liegt hier der Vorteil? Wenn Sie zum Beispiel in einem Interview mit einem potenziellen Kunden diesen zu den Vor- und Nachteilen Ihrer Lösung befragen, laufen Sie Gefahr, an der Oberfläche zu bleiben. Es gibt nämlich zwei Arten von Kundenproblemen: diejenigen, die von Kunden klar artikuliert werden können, wenn man sie danach fragt. Anderseits gibt es aber auch **„latente" Probleme,** die von den Kunden nicht geäußert werden, zum Beispiel weil sie ihnen zunächst gar nicht bewusst sind. Diese latenten Probleme lassen sich besser verstehen, wenn Sie auch das Umfeld verstehen, in dem ein Produkt oder Dienstleistung eingesetzt wird.

Nehmen Sie dazu das folgende **Beispiel:** Viele Unternehmen der Hotellerie beziehen ihre Wäsche (Tischwäsche, Bettwäsche, Handtücher usw.) von Mietwäscheanbietern, die ihnen die frisch gewaschene und aufbereitete Wäsche liefern bzw. die gebrauchte Wäsche wieder abholen. Die hier klar erkennbaren Kundenprobleme wären:

- Der Hotellier erwartet saubere und gut aufbereitete, faltenfreie Wäsche.
- Die Wäsche muss zuverlässig geliefert werden und der Anbieter sollte entsprechend flexibel agieren können, wenn ein Extrabedarf auftritt.
- Zudem sollte der Mietwäscheanbieter ein ansprechendes Sortiment zur Auswahl stellen, damit die Mietwäsche dem „Look and Feel" des Hotels entspricht.
- Dass diese Dienstleistung zu einem attraktiven Preis angeboten werden muss, versteht sich von selbst.

Wo bieten sich hier noch Differenzierungsmöglichkeiten an? Einen Ansatzpunkt bieten die auf den ersten Blick nicht sichtbaren („latenten") Kundenprobleme. Eines davon besteht im Handling der Wäsche: die Mitarbeiter im Hotel müssen die Wäschestücke zählen und dokumentieren, was viele „unproduktive" Arbeitsstunden pro Woche verursacht. Schließlich bezieht der Hotelier die Mietwäsche ja auch deshalb, damit er sich unproduktive Arbeitszeit spart. Wenn ein Mietwäscheanbieter dieses Problem erkannt hat, kann er alternative Abrechnungsmodelle entwickeln, zum Beispiel nicht pro Stück, sondern pro Kilo Schmutzwäsche. Durch das Wiegen würde auch Zeit für das Zählen wegfallen, die von den Mitarbeitern des Hotels dann anderweitig genützt werden kann.

Das Testen von Kundenbedürfnissen bzw. (latenten) Kundenproblemen werden Sie in der Regel im Rahmen von qualitativen Erhebungen durchführen. Solche Erhebungen (z. B. Interviews mit einzelnen Kunden) werden natürlich nie repräsentativ sein. Das ist aber auch nicht der Anspruch dieser Verfahren. Es geht hier vor allem darum, ein besseres Verständnis für das „Warum" und „Wieso" aus Kundensicht zu gewinnen. Damit die Ergebnisse solcher Erhebungen – trotz mangelnder Repräsentativität – auf die Zielgruppe übertragbar sind, sollten Sie bei der Auswahl der Interviewpartner besonders sorgfältig vorgehen. Die befragten Kunden müssen typisch für Ihre Zielgruppe sein. Bei der Auswahl dieser **typischen Kunden** kann Ihnen dann auch ein von Ihnen entwickelter Customer Avatar zugutekommen, der diesen typischen Kunden repräsentiert.

5.3.2 Testen des Leistungsangebots

Es gibt verschiedene Möglichkeiten, das Produkt, die Dienstleistung bzw. das Kundenerlebnis Ihres Unternehmens direkt im Zielmarkt zu testen, ohne dabei zu hohe Kosten zu verursachen.

Das Grundprinzip dabei ist, zunächst mit einem **Prototyp** des Produktes bzw. der Leistung zu arbeiten. Dabei geht es darum, die Produktidee für den Kunden erfahrbar zu machen, auch wenn es sich zunächst noch nicht um das fertige Produkt handelt. Das Ziel des Einsatzes von Prototypen ist es, von den Kunden Feedback zu bekommen bzw. zu testen, inwieweit das Produktkonzept bei den Kunden im Zielmarkt ankommt.

Hier sind einige von Bland und Osterwalder (2020) vorgeschlagene Varianten von Prototypen, die Sie mit Kunden im Zielmarkt testen könnten:

- **3D-Druck-Prototyp:** Mit 3D-Druckverfahren lassen sich einfach und schnell Modelle bzw. Prototypen physischer Produkte herstellen. Kunden bekommen so eine gute Vorstellung über das Produkt. Auch deren Funktionalität bzw. die Einfachheit der Handhabung können damit gut überprüft werden.
- **Papier-Prototyp:** Das ist eine sehr einfache Form eines Prototyps für digitale Produkte. Sie brauchen dafür nicht mehr als ein Blatt Papier und einen Stift (bzw. in etwas „professionellerer" Form ein entsprechendes Softwareprogramm, mit dem Sie eine Benutzerschnittstelle „zeichnen" können). Zeichen Sie einfach auf, wie Sie sich vorstellen, dass ein Softwareprodukt oder Online-Service funktioniert bzw. auf Eingaben von Nutzern reagiert (quasi als „gezeichnetes Interface") und lassen Sie

potenzielle Kunden in Ihrer Zielgruppe beurteilen, wie sie damit zurechtkommen bzw. ob diese Konzeption einer Benutzerschnittstelle ihren Anforderungen entsprechen würde.

- **Klickbarer Web-Prototyp:** Das ist sozusagen die Weiterentwicklung des Papier-Prototyps. Hier entwickeln Sie (bzw. die von Ihnen engagierten Webdesigner) schon eine Benutzerschnittstelle, die von den potenziellen Kunden auch schon durchgeklickt werden kann. Es wird dabei simuliert, wie sich die Software verhält, wenn der Kunde mit ihr interagiert. Viele Funktionalitäten des endgültigen Produkts (z. B. die Programmierung einer Datenbanklösung) fehlen hier noch, aber der Web-Prototyp gibt schon einmal einen recht guten Einblick, wie das Endprodukt zu nutzen sein wird. Diese Art von Prototypen kosten natürlich mehr wie ein einfacher Papier-Prototyp, andererseits aber auch viel weniger als die Programmierung eines kompletten Softwareproduktes oder Online-Services. Sie würden dann potenzielle Kunden beim Durchklicken des Prototyps begleiten und sie nach ihren Erfahrungen damit fragen, um das Feedback (bzw. auch Beobachtungen über den Umgang der Kunden mit dem Prototyp) dann für eventuelle Weiterentwicklungen des Produktes zu nutzen. So gibt es in verschiedenen Ländern auch unterschiedliche Nutzungsgewohnheiten von Webseiten, auf die man sich durch die Nutzung eines klickbaren Web-Prototyps besser einstellen kann (Alexander et al., 2017).
- **Der „Single-Feature"-Prototyp:** Das ist ein wirklich funktionierendes Produkt, allerdings mit einem sehr abgespeckten Leistungsumfang. Im Wesentlichen hat das Produkt nur eine einzige Funktion. Nehmen wir zum Beispiel einmal an, dass Sie eine Fakturierungssoftware für Kleinunternehmen anbieten wollen. Dann könnte so ein „Single-Feature"-Prototyp zum Beispiel nur eine Funktion dieser Software (z. B. eine Rechnung zu schreiben) beinhalten. Alle anderen Funktionalitäten des geplanten Endprodukts (z. B. Kundenkontaktverwaltung, Stornorechnungen, Mahnungen schreiben, Kassabuch, Inventarführung) werden vom Prototypen noch nicht abgedeckt. Sie könnten eine solche sehr reduzierte Version Ihres Produktes auch schon im Zielmarkt für Testzwecke zum Kauf anbieten. Wenn Sie damit bereits zahlende Kunden bekommen, ist das ein gutes Zeichen dafür, dass diese Funktionalität Ihres geplanten Produktes tatsächlich Wert für die Kunden im Zielmarkt schafft.
- **Datenblatt- oder Broschüren-Prototyp:** Erstellen Sie dazu ein vollständiges Datenblatt Ihres Produktes, das sowohl das Wertversprechen als auch alle technischen Daten bzw. Spezifikationen beinhaltet und auf einem Bild (bzw. in einer Zeichnung) Ihr Produkt auch entsprechend darstellt. Eine Variante davon wäre eine komplette Broschüre, die Ihr Produkt bzw. Ihre Dienstleistung anschaulich beschreibt. Sowohl das Datenblatt als auch die Broschüre sehen dabei aus „wie echt", mit dem einzigen Unterschied, dass es das Produkt bzw. die Dienstleistung in dieser Form eigentlich noch gar nicht gibt. Das Datenblatt bzw. die Broschüre werden potenziellen Kunden im Zielmarkt vorgestellt. Diese werden auch dazu befragt – z. B. nach ihrer Einschätzung des Nutzens des Angebots, aber auch zu möglichen Problemen oder Vorbehalten. Wenn Sie dann auch noch nach der Kaufabsicht fragen, kann Ihnen das

einerseits bei der Einschätzung des Marktpotenzials helfen, andererseits vielleicht aber auch schon erste Kunden bringen.

Der Datenblatt- oder Broschüren-Prototyp lässt sich nicht nur für physische Produkte anwenden, sondern auch für Dienstleistungen. Dienstleistungen und auch Kundenerlebnisse lassen sich auch mit sogenannten „**Storyboards**" testen (Bland & Osterwalder, 2020). Ein Storyboard ist eine Abfolge von einzelnen Bildern bzw. Illustrationen, die ein Kundenerlebnis visuell darstellen bzw. die Nutzererfahrung mit einem Produkt bzw. einer Dienstleistung abbilden. Wenn man mit potenziellen Kunden Schritt für Schritt ein solches „Drehbuch" für eine Dienstleistung bzw. ein Kundenerlebnis durchgeht, sollten diese ein gutes Gefühl dafür bekommen, wie die Leistung im Rahmen Ihres Geschäftsmodells aus Kundenperspektive aussehen wird.

Wie die vorher vorgestellten Varianten von Prototypen dient auch das Storyboard dazu, mit Kunden gemeinsam das Kundenerlebnis durchzugehen und deren Feedback dazu einzuholen. Diese Art von Tests helfen Ihnen dabei, die Stärken und Schwächen Ihres Produktes bzw. Ihrer Dienstleistung aus Sicht der Kunden im Zielmarkt besser zu verstehen, um dann die Leistungen entsprechend auf die Bedürfnisse der Zielgruppe abstimmen zu können.

> **Fallbeispiel Rubble Master HMH GmbH**
>
> Das Kerngeschäft der Rubble Master HMH GmbH mit Sitz in Linz umfasst die Entwicklung und Produktion sowie den Vertrieb von mobilen Sieb- und Brechanlagen. Das Management des Unternehmens erkannte früh die Notwendigkeit, sich dem Thema Digitalisierung zu widmen.
>
> Das digitale Geschäftsmodell von Rubble Master wurde schrittweise entwickelt. Im ersten Schritt ging es dabei vor allem um das Generieren von Daten, die dabei helfen können, besser zu verstehen, wie die Maschinen von Rubble Master von den Endkunden genutzt werden.
>
> Die Entwicklung und Testung eines Industrie-PCs mit kombiniertem Connectivity Modul, welches die Belastungen und das raue Umfeld einer Brech- oder Siebanlage auf der Baustelle Stand halten, nahm viel Zeit in Anspruch, um allen technischen und kundenbezogenen Anforderungen gerecht zu werden. Eine große Herausforderung bestand dabei darin, dass in einigen internationalen Märkten, in denen die Maschinen von Rubble Master Einsatz finden, keine mobile Internetverbindung vorhanden war, da die Maschinen auch in abgelegenen Regionen zum Einsatz kamen. Die gesammelten Daten konnten deshalb nicht einfach über eine mobile Internetverbindung übertragen werden.
>
> Das Rubble Master-Team hat sich daher intensiv mit den technischen Standards der Telemetrie vertraut gemacht. Die anfängliche Idee, Daten mittels LTE-Standard zu übertragen, musste man allerdings wieder verwerfen, da man sich als mittelständischer Maschinenbauer nicht befähigt sah, weltweit LTE-Daten-Tarife anzu-

bieten. Erst 2015 – rund fünf Jahre nachdem die Digitalisierungsinitiative gestartet wurde – gelang es, das Problem des fehlenden Internet-Zugangs zu lösen.

Parallel zu diesen Entwicklungen wurde bei Rubble Master an einem Daten-Backend gearbeitet, über welches die an den Maschinen gesammelten Daten in Form von Auswertungen für Kunden, Händler und Service-Partner zur Verfügung gestellt werden sollten. Dazu wurde eine Applikation für mobile Endgeräte entwickelt. Diese „RM GO! SMART App" wurde 2016 auf der BAUMA, der Weltleitmesse für Baumaschinen, als „minimum viable product" präsentiert.

Das Handy wurde dabei als eine Art „Zwischenpuffer" verwendet, um die Daten der Brechanlagen zu sammeln und dann – bei bestehender Internetverbindung (z. B. wenn der Bediener der Maschine abends nach Hause geht) – in eine Cloud zu übertragen. Dies war ein für die Industrie unkonventioneller Schritt zur gesicherten Datenübertragung, Mobile Apps waren 2015 noch dem Consumer Bereich vorenthalten und demnach Pionierarbeit im industriellen Umfeld. Heute werden mobile Apps im industriellen Umfeld immer mehr zum Standard. Die App wurde zunächst als Prototyp mit einigen Testanwendern (internen Kunden, Vertriebsmitarbeitern, dem Produktmanagement und „Alpha"-Usern in der DACH-Region) getestet.

Im Rahmen eines Workshops wurden die ersten Ergebnisse evaluiert. Die daraus gewonnenen Erkenntnisse führten dann zu weiteren Entwicklungsschritten in der Produktentwicklung. Dabei stellte sich auch heraus, dass Kunden das Handy nicht oder nicht immer als Intermediär für die Datenübertragung verwenden wollten. In weiterer Folge wurde auch das Daten-Backend zu einer Plattform weiterentwickelt, in welcher die gesammelten Daten visualisiert dargestellt werden konnten.

Die Feedback-Schleifen und die schrittweise Vorgangsweise verdeutlichen, wie das Geschäftsmodells von Rubble Master kontinuierlich weiterentwickelt wurde. Die Herausforderungen, vor denen das Unternehmen durch die Anforderungen in internationalen Märkten stand, waren dabei ein wesentlicher Treiber für die Anpassung und Weiterentwicklung des Geschäftsmodells. Diese Entwicklungen haben bei RUBBLE MASTER eine Plattform geschaffen, die zukünftig digitale Geschäftsmodelle wie Product-as-a-Service (PaaS) und Pay-per-use (Ppu) ermöglicht. Dadurch setzt RUBBLE MASTER einen weiteren Standard im Bereich der Digitalisierung. ◂

5.4 Testen der Kundenansprache

Beim Testen der Kundenansprache beantworten Sie die Frage, ob die gewählten Vertriebskanäle, Kommunikationskanäle und die Gestaltung von Kundenbeziehungen auch am Auslandsmarkt funktionieren. Dreh- und Angelpunkt dafür ist die **Customer Journey** Ihres typischen Kunden (des Customer Avatars). Mit der Customer Journey sind die Touchpoints des Kunden abgebildet. Damit sollten Ihnen sowohl physische Touchpoints (z. B. klassische Medien wie Zeitschriften, TV, Radio) als auch digitale

Touchpoints (z. B. soziale Medien, Blogs, Internetseiten) bekannt sein, die Ihre Kunden bei der Suche nach Informationen und dem Kauf nutzen.

Je nachdem, welches Element der Kundenansprache (Kommunikationskanäle, Vertriebskanäle oder Art der Kundenbeziehung) Sie näher überprüfen wollen, stehen Ihnen unterschiedliche Methoden zur Verfügung:

- **Nachkaufbefragungen:** Kunden, die gerade einen Kauf abgeschlossen haben, erinnern sich meist noch sehr gut daran, was den Anstoß für die Kaufentscheidung gegeben hat (Awarenessphase), welche Informationskanäle sie genutzt haben (Informationssuch- und -bewertungsphase) und wo sie das Produkt letztendlich gekauft haben (Kaufphase). Im Rahmen von leitfadengestützten Interviews können der Kaufprozess und die dabei genutzten Informationsquellen sehr gut erhoben werden. In der Regel genügen Ihnen fünf bis zehn Interviews, um ein umfassendes Bild zu gewinnen. Sollten Sie hier auf Touchpoints stoßen, die Sie bei der Gestaltung der Customer Journey nicht berücksichtigt haben, können Sie diese hier noch ergänzen.
- **Mediaanalysen:** Ergänzend zu den Nachkaufbefragungen bieten sich Mediaanalysen an, mit denen Sie das Mediennutzungsverhalten Ihrer Zielgruppen sekundärstatistisch erheben können. Für viele Länder stehen Ihnen diese Daten online zu Verfügung (z. B. von der Arbeitsgemeinschaft Mediaanalyse e. V. für Deutschland unter www.agma-mmc.de).
- **Store-Analysen:** Ebenfalls ergänzend zu den Nachkaufbefragungen können Sie in den von den Kunden genannten Vertriebskanälen recherchieren, in welchem Ausmaß (Sortimentsbreite und –tiefe), zu welchen Preisen und mit welchen Serviceleistungen Konkurrenzprodukte angeboten werden.
- **Analyse von Kundenbindungsmaßnahmen und Kundenbetreuungskonzepten:** In vielen Branchen gibt es „typische" Kundenbindungsmaßnahmen (z. B. Gutscheine, Kundenclubs, Kundenkarten oder Apps). Erheben Sie, welche Kundenbindungsmaßnahmen Ihre potenziellen Mitbewerber einsetzen. Damit lassen sich Mindestanforderungen identifizieren (jene Maßnahmen, die von der Mehrheit der Anbieter eingesetzt werden). Auch hier kann weiterführend im Rahmen qualitativer Interviews mit typischen Kunden erhoben werden, wie attraktiv bestimmte von Ihnen zusätzlich angedachte Kundenbindungsmaßnahmen sind.

5.5 Testen von Leistungserstellung und Gewinnformel

Um mit Ihrem Geschäftsmodell im Zielmarkt erfolgreich sein zu können, müssen Sie sicherstellen, dass Sie die hinter dem Wertversprechen für die Kunden stehenden Leistungen auch in der gewünschten Qualität und in einem angemessenen Kostenrahmen herstellen können.

Wenn diesbezüglich noch Unsicherheiten bestehen, ist es auch in diesem Bereich möglich, Hypothesen aufzustellen und zu testen.

5.5.1 Ist die Leistungserstellung in der geplanten Form im Zielmarkt umsetzbar?

Im Rahmen des Geschäftsmodell-Designs sollten Sie bereits festgestellt haben, welche Ressourcen und Fähigkeiten Sie für die Umsetzung Ihres Geschäftsmodells benötigen. Dabei kann es sich zum Beispiel um Kapital handeln, um Zugang zu Rohstoffen bzw. bestimmten Vorprodukten, um Mitarbeiter mit bestimmten Qualifikationen (z. B. mit Sprachkenntnissen), um Know-How, um lokale Marktkenntnis oder um bestimmte Rechte (z. B. Lizenzrechte oder Zertifizierungen).

Bevor Sie im Zielmarkt voll losstarten, macht es Sinn, noch einmal zu überprüfen, ob die **Schlüsselressourcen und -fähigkeiten** – also jene, die unbedingt benötigt werden, um das Geschäftsmodell erfolgreich umsetzen zu können – im Zielmarkt verfügbar sind.

Wenn Ihre Produkte **Zertifizierungen** brauchen (wie das bei technischen Produkten oder Medizinprodukten oft der Fall ist), dann erkundigen Sie sich bei Zertifizierungsstellen im Zielmarkt nach den Anforderungen, Kosten und Zeitrahmen. Wenn Sie in einem speziellen Bereich **qualifizierte Mitarbeiter** brauchen, können Sie im Zielmarkt schon einmal einen entsprechenden Job ausschreiben, um festzustellen, ob Sie geeignete Mitarbeiter am Markt finden können. Wenn Sie bestimmte **Rohstoffe** brauchen, kontaktieren Sie die entsprechenden Rohstofflieferanten und erkundigen Sie sich über Preise und Lieferfähigkeit.

Viele Geschäftsmodelle basieren auf einer Zusammenarbeit mit Kooperationspartnern. Hier empfiehlt es sich generell, vorab **Sondierungsgespräche mit potenziellen Partnern** (z. B. Lieferanten und Distributionspartner) im Zielmarkt zu führen, um auszuloten, ob die entsprechenden Fähigkeiten vorhanden sind bzw. eine Bereitschaft zur Zusammenarbeit gegeben ist. Auch Vorstellungen zu den möglichen Konditionen einer Zusammenarbeit können schon besprochen werden, um eine bessere Einschätzung dafür zu bekommen, ob das Geschäftsmodell in der geplanten Form mit Partnern vor Ort umgesetzt werden kann.

Ihrem Geschäftsmodell könnte zum Beispiel die Hypothese zugrunde liegen, dass es im Zielmarkt Distributionspartner gibt, die Ihr Produkt (so wie Sie das vom Heimmarkt gewohnt sind) mit einer Handelsspanne von maximal 30 % an eine bestimmte Kundengruppe bringen können und wollen. Diese Hypothese lässt sich durch Gespräche mit potenziellen Distributionspartnern gut überprüfen. Wenn die Distributeure im Zielmarkt auf mindestens 40 % Handelsspanne bestehen, lässt sich das Geschäftsmodell vielleicht nicht so wie geplant in diesen Markt übertragen.

Möglicherweise wollen Sie mit Kooperationspartnern im Zielmarkt auch schon einen Schritt weiter gehen und einen **Letter of Intent** unterzeichnen. Das ist eine schriftliche Vereinbarung über die wesentlichen Eckpunkte, die ein endgültiger Kooperationsvertrag beinhalten soll. Allerdings sind hier die lokalen rechtlichen Rahmenbedingungen zu beachten, weil ein Letter of Intent bzw. einzelne Bestimmungen daraus in manchen nationalen Rechtssystemen auch eine Bindungswirkung entfalten, woraus dann

Leistungs- oder Zahlungsverpflichtungen entstehen können (Ruhm, 2020). Die Inanspruchnahme einer qualifizierten Rechtsberatung ist hier auf jeden Fall zu empfehlen.

Eine Überprüfung der Umsetzbarkeit empfiehlt sich auch für die wesentlichen **Prozesse der Leistungserstellung.** Für die Kernprozesse können Sie hier zum Beispiel auf Methoden der **Geschäftsprozessmodellierung** zurückgreifen. Dabei wird der Ablauf von Geschäftsprozessen (oder von wesentlichen Teilen davon) zunächst einmal grafisch dargestellt. Gehen Sie dann den Geschäftsprozess Schritt für Schritt durch. Beantworten Sie dabei die Frage, ob die jeweiligen Prozessschritte im Zielmarkt einfach durchzuführen sind, oder ob es kritische Punkte im Prozess gibt, zum Beispiel weil bestimmte lokale rechtliche Vorgaben einzuhalten sind oder weil bestimmte Schnittstellen zu Kunden oder Partnern anders ausgestaltet sein müssen als im Heimmarkt.

Kunden im Zielmarkt können andere Anforderungen an den Leistungsprozess haben, zum Beispiel hinsichtlich Reaktionsgeschwindigkeit, Termintreue, persönlicher Betreuung oder Leistungsniveau (Gollner et al., 2019). Diese Anforderungen können im Rahmen von Kundengesprächen bzw. Fokusgruppen erhoben werden. Daraus können sich dann weitere Ansätze zur Optimierung der Geschäftsprozesse für den Zielmarkt ergeben.

5.5.2 Funktioniert die Gewinnformel im Zielmarkt?

Wahrscheinlich haben Sie zu diesem Zeitpunkt auch schon einen finanziellen Business Plan für Ihr Geschäftsmodell vorliegen, in dem die Kosten- und Erlösstruktur Ihres Geschäftsmodells ersichtlich ist.

Auf der **Kostenseite** gibt es einen einfachen Test: Holen Sie für die wesentlichen Kostenpositionen **konkrete Angebote** ein, um festzustellen, ob Sie mit Ihren Kosteneinschätzungen richtig liegen.

Auf der **Erlösseite** ist ein Vorab-Test eher schwierig umzusetzen. Natürlich können Sie Kunden nach deren Kaufinteresse und Zahlungsbereitschaft befragen. Sie können auch vorab erfragen, an welchem Bezahlmodell – zum Beispiel Einmalzahlung oder Abonnement – mehr Interesse besteht. Die tatsächliche Bereitschaft, Ihre Angebote zu einem bestimmten Preis zu kaufen werden Sie allerdings meist nur im „Echtbetrieb" feststellen können.

Dennoch gibt es auch hier verschiedene Testmöglichkeiten, bei denen Sie Ihre Leistungen dann auch tatsächlich schon am Markt anbieten:

- Eine Möglichkeit ist die **lokale Begrenzung eines Angebotes,** zum Beispiel physische Produkte zunächst testweise nur in einem Geschäft im Zielmarkt zu verkaufen, bevor das Angebot im gesamten Markt ausgerollt wird.
- Eine weitere Möglichkeit des Testens eines Erlösmodells liegt im **Vorverkauf** (*engl.* presale). Hier könnte man zum Beispiel die Leistungen schon zum Verkauf anbieten,

bevor sie überhaupt erhältlich sind (terminisiert, so dass die Kunden wissen, wann sie mit der Leistung rechnen können), um so das Kaufinteresse zu testen.
- Auch wenn Ihre Leistung sofort erhältlich ist, können Sie am Beginn Ihrer Tätigkeit am Auslandsmarkt eine Auswahl von **verschiedenen Bezahlmodellen anbieten** (z. B. unterschiedliche „Preis-Pläne" für verschiedene Leistungsumfänge). Damit können Sie feststellen, welche dieser Modelle von den Kunden im Zielmarkt besser angenommen wird. Nach einer gewissen Zeit können Sie dann evaluieren, mit welchen Modellen Sie einerseits mehr Kunden gewinnen und andererseits auch mehr Deckungsbeitrag erzielen.
- Verschiedene Angebots- und Preisvarianten lassen sich auch mit einem **A/B-Test** (auch Split-Test genannt) überprüfen. Dabei wird eine bestimmte Zielgruppe – zum Beispiel die Besucher einer Website – im Zufallsprinzip auf zwei Gruppen aufgeteilt, die dann jeweils zwei unterschiedliche Angebots- bzw. Preisvarianten erhalten.

Auch bei den **Zahlungsmethoden** besteht die Möglichkeit, zunächst eine Reihe verschiedener Varianten anzubieten (z. B. Kreditkarten, digitale Bezahlsysteme wie PayPal, Guthabenverfahren, Direktüberweisungssysteme oder mobiltelefonbasierte Zahlungssysteme) (Eixelsberger et al., 2016) und dann im „Echttest" festzustellen, welche Varianten von den Kunden am besten angenommen werden.

5.6 Auswertung des Geschäftsmodell-Tests

Wenn Sie einen Geschäftsmodell-Stress-Test durchgeführt haben, werden Sie jene erfolgskritischen Bereiche Ihres Geschäftsmodells kennen, bei denen in Bezug auf den Zielmarkt noch ein hoher Grad an Unsicherheit besteht. In diesen Bereichen werden Sie dann auch Ihren Fokus für weitergehende Tests in den einzelnen Bereichen des Geschäftsmodells – des Wertversprechens, der Kundenansprache, der Leistungserstellung und der Gewinnformel – legen.

Danach geht es noch darum, die Testergebnisse zusammenzuführen und Ihr **Geschäftsmodell auf Basis der Ergebnisse der Tests weiter zu optimieren.**

Das wird üblicherweise ein **iterativer Prozess** sein. Das heißt, Sie starten einmal mit einem Basis-Geschäftsmodell, stellen fest, wo es noch größere Unsicherheiten gibt, führen in diesem Bereich einen oder mehrere Tests durch und adaptieren das Geschäftsmodell basierend auf den Testergebnissen. Wahrscheinlich ist das Geschäftsmodell dann noch nicht „perfekt", sodass es weitere Testschleifen geben wird, um zusätzliche Optimierungen vorzunehmen.

Idealerweise steigt durch diesen Prozess das **Vertrauen in Ihr Geschäftsmodell.** Möglicherweise zeigt sich aber auch am Weg, dass das Geschäftsmodell im Zielmarkt nicht so funktioniert, wie Sie sich das eigentlich vorgestellt haben. Dann sollten Sie sich auch die Option offenhalten, die „Stopp-Taste" zu drücken und das geplante Geschäftsmodell im betroffenen Zielmarkt nicht umzusetzen.

Das ist ja auch ein Sinn des Testens – Risiken zu minimieren bzw. zu vermeiden, zu große Risiken einzugehen. Das Testen kostet vielleicht etwas Zeit und Geld, hilft Ihnen aber auch dabei, größeren Schaden abzuwenden, der durch eine ungeprüfte größere Investition in einen neuen Zielmarkt entstehen könnte.

Jeder Test ist eine zusätzliche **Lernmöglichkeit.** Sie werden schnell merken, ob Sie den richtigen oder den falschen Weg eingeschlagen haben und können dann Ihr Geschäftsmodell entsprechend weiterentwickeln. Wenn dann durch das Testen ein hohes Vertrauen in das Funktionieren des Geschäftsmodells im Zielmarkt entstanden ist, wird es Zeit für eine fokussierte Umsetzung. Damit werden wir uns im folgenden Kapitel beschäftigen.

Fazit

Mit einer Testphase zwischen dem Geschäftsmodell-Design und dem „Ausrollen" des Geschäftsmodells im geplanten Zielmarkt können Sie Unsicherheiten und Risiken minimieren. Der Geschäftsmodell-Stress-Test hilft Ihnen dabei, die Grundannahmen, die hinter Ihrem Geschäftsmodell stehen, zu überprüfen und erfolgskritische Bereiche Ihres Geschäftsmodells zu identifizieren. Mit gut formulierten Hypothesen und gezielt eingesetzten Tests lassen sich die Annahmen bestätigen. Vielleicht müssen Sie diese (und damit möglicherweise auch Ihr ganzes Geschäftsmodell) aber auch verwerfen. Gerade damit vermeiden Sie dann aber, Zeit und Energie in die Umsetzung von Geschäftsideen zu stecken, die im Zielmarkt nicht funktionieren. Gleichzeitig erhalten Sie damit eine weitere Lernchance, die Ihnen dabei helfen kann, Ihr Geschäftsmodell bestmöglich auf den Auslandsmarkt abzustimmen.

5.6 Auswertung des Geschäftsmodell-Tests

Tool 5a: Testen von Annahmen

1. Annahmen über das Wertversprechen testen

Welche Annahmen/Hypothesen sollten im Bereich des Wertversprechens bestätigt werden, damit das Geschäftsmodell im Zielmarkt erfolgreich umgesetzt werden kann?

	Annahme(n)	Wie testen?	Mit welchen Daten?
Kundenerwartungen			
Kundenanzahl/Nachfrage			
Sonstige			

2. Annahmen über die Kundenansprache testen

Welche Annahmen/Hypothesen sollten im Bereich der Kundenansprache bestätigt werden, damit das Geschäftsmodell im Zielmarkt erfolgreich umgesetzt werden kann?

	Annahme(n)	Wie testen?	Mit welchen Daten?
Effektivität von Vertriebskanälen			
Effektivität von Kommunikationskanälen			
Sonstige			

3. Annahmen über die Leistungserstellung testen

Welche Annahmen/Hypothesen sollten im Bereich der Leistungserstellung bestätigt werden, damit das Geschäftsmodell im Zielmarkt erfolgreich umgesetzt werden kann?

	Annahme(n)	Wie testen?	Mit welchen Daten?
Ressourcen am Zielmarkt			
Geeignete Partner am Zielmarkt			
Sonstige			

4. Annahmen über die Gewinnformel testen

Welche Annahmen/Hypothesen über die Gewinnformel sollten bestätigt werden, damit das Geschäftsmodell im Zielmarkt erfolgreich umgesetzt werden kann?

	Annahme(n)	Wie testen?	Mit welchen Daten?
Kosten			
Erlösmodell			
Sonstige			

Literatur

Alexander, R., Thompson, N., & Murray, D. (2017). Towards cultural translation of websites: A large-scale study of Australian, Chinese, and Saudi Arabian design preferences. *Behaviour & Information Technology, 36*(4), 351–363.

Bland, D. C., & Osterwalder, A. (2020). *Testing business ideas*. Wiley.

Eixelsberger, W., Sternad, D., & Stromberger, M. (2016). *E-Business im Export*. Springer Gabler.

Gollner, P., Krenn, M., Lehnert, S., Schwarz-Musch, A., & Sternad, D. (2019). *Leitfaden für den Dienstleistungsexport*. Wirtschaftskammer Kärnten.

Grots, A., & Pratschke, M. (2009). Design thinking—Kreativität als Methode. *Marketing Review St. Gallen, 26*(2), 18–23.

Haber, G., & Ogertschnig, M. (2020). Die Absicherung von Exportrisiken. In D. Sternad, M. Höfferer, & G. Haber (Hrsg.), *Grundlagen Export und Internationalisierung* (2. Aufl., S. 9–24). Springer Gabler.

Ruhm, T. (2020). Der Exportvertrag. In D. Sternad, M. Höfferer, & G. Haber (Hrsg.), *Grundlagen Export und Internationalisierung* (2. Aufl., S. 283–298). Springer Gabler.

Sternad, D. (2020). Die Internationalisierungsentscheidung. In D. Sternad, M. Höfferer, & G. Haber (Hrsg.), *Grundlagen Export und Internationalisierung* (2. Aufl., S. 321–338). Springer Gabler.

Launch – Das Geschäftsmodell erfolgreich im Zielmarkt etablieren

6

> **Zusammenfassung**
>
> In diesem Kapitel geht es darum, wie man ein gut auf den Zielmarkt abgestimmtes Geschäftsmodell erfolgreich am Markt einführen kann. Da die Einführung eines neuen Geschäftsmodells auf einem neuen Auslandsmarkt meist ein umfangreicheres Projekt darstellt, ist ein professionelles Projektmanagement dafür unerlässlich. Die Umsetzung von Geschäftsmodellen unter unsicheren Marktbedingungen auf Auslandsmärkten erfordert auch ein hohes Maß an Anpassungsfähigkeit. Das in diesem Kapitel vorgestellte „OKR-System" kann dabei helfen, klare Zielorientierung mit entsprechender Flexibilität in der Umsetzung zu verbinden. Zudem finden Sie in diesem Kapitel auch Hinweise zur operativen Abwicklung des Auslandsgeschäfts und zum Abschluss einige Tipps und Tricks dazu, wie man das Umsetzungsprojekt auch zum Lernen für weitere Geschäftsmodellentwicklungen und -einführungen nutzen kann.

Nach dem Durchlaufen der Design- und Testphase sollten Sie Ihr Geschäftsmodell soweit (weiter)entwickelt haben, dass es optimal auf den von Ihnen ins Auge gefassten internationalen Zielmarkt angepasst sein sollte. Jetzt geht es darum, das Geschäftsmodell im Zielmarkt auch wirklich erfolgreich „ins Laufen" zu bringen. Das Ziel der **„Launch"-Phase** ist das „Durchstarten" im Zielmarkt. Durch eine effektive Umsetzung wird das Geschäftsmodell im neuen Markt erfolgreich etabliert.

In diesem Kapitel werden wir uns mit einigen wesentlichen Fragen auseinandersetzen, mit denen Sie im Laufe der **Einführung eines neuen Geschäftsmodells in einem Auslandsmarkt** üblicherweise konfrontiert werden:

- Wie kann die Einführung des Geschäftsmodells im Zielmarkt so geplant und durchgeführt werden, dass die Erfolgschancen möglichst hoch sind?

- Wie kann man flexibel auf unvorhergesehene Ereignisse während der Umsetzungsphase reagieren?
- Was ist bei der operativen Abwicklung des Auslandsgeschäftes besonders zu beachten?
- Wie kann man die Einführungsphase des Geschäftsmodells auf einem neuen Zielmarkt auch zum Lernen nutzen?

Im Folgenden werden wir versuchen, diese vier Fragen zu beantworten.

6.1 Umsetzung eines neuen Geschäftsmodells im Zielmarkt als professionell geplantes Projekt

Das Etablieren eines neuen Geschäftsmodells auf einem neuen Auslandsmarkt stellt üblicherweise ein größeres Projekt dar. Um eine erfolgreiche Umsetzung zu gewährleisten, ist daher auch ein **professionelles Projektmanagement** gefragt. Das betrifft nicht nur eine gut strukturierte Projektplanung, sondern auch die zugleich konsequente aber auch flexible Organisation der jeweiligen Umsetzungsschritte.

6.1.1 Planung des Umsetzungsprojektes

Der erste Schritt in einem professionellen Projektmanagement ist immer eine klare **Projektdefinition.** Folgende Fragen sind hierbei zu beantworten:

1. Wie lautet in einem Satz zusammengefasst der **Kernauftrag für das Projektteam**? (z. B. *„Abschluss eines Vertrages mit einem Joint Venture-Partner im Land X, Aufbau der für die Etablierung des Geschäftsmodells notwendigen Strukturen vor Ort und Abschluss von Verträgen mit lokalen Kunden im Ausmaß von 0,5 Mio. EUR bis 31.12.20XX."*)
2. Was sind die **konkreten Ziele des Umsetzungsprojektes**? (Was genau ist bis wann zu erreichen? Gibt es auch Nicht-Ziele für das Projekt, die klar zu definieren sind?)
3. Wie sieht die **Projektorganisation** aus? (Wer leitet das Projekt und was sind die Aufgaben der Projektleitung? Wer ist noch im Projektteam mit dabei? Mit welchen Verantwortlichkeiten? Was ist in welcher Form von der Projektleitung an wen – z. B. eine ebenfalls einzurichtende Steuerungsgruppe – zu berichten?)
4. Welche **Ressourcen** stehen für das Umsetzungsprojekt zur Verfügung?

Im Projektteam ist dann vor allem auch zu überlegen, wie die **Aufgabenverteilung und Zusammenarbeit** funktionieren soll und welche **Kommunikationskanäle** in welcher Form genutzt werden sollen.

Wenn die grundlegenden organisatorischen Fragen für das Umsetzungsprojekt geklärt sind, ist, wie in allen größeren Projekten, die Entwicklung eines **Projektstrukturplanes** zu empfehlen. Dabei handelt es sich um eine strukturierte Unterteilung eines Gesamtprojektes in einzelne Arbeitspakete, für die dann in weiterer Folge jeweils konkrete Verantwortlichkeiten festgemacht werden können (siehe Abb. 6.1 für ein Beispiel dazu).

Wenn Sie einen ersten Projektstrukturplan aufgestellt haben, sollten Sie sich noch einmal die Frage stellen, ob Sie wirklich alle wesentlichen Aufgaben berücksichtigt haben. Das lässt sich am besten prüfen, indem man sich die Kernergebnisse des Projektes vor Augen führt und überlegt, ob alle notwendigen Aufgaben zum Erreichen der Kernergebnisse im Projektstrukturplan berücksichtigt wurden.

Wenn der Projektstrukturplan vollständig ist, folgen die weiteren Schritte:

- Eine Abschätzung, wie lange (wie viele Tage) die Umsetzung der einzelnen Arbeitspakete brauchen wird.
- Eine Überprüfung, welche Arbeitspakete von der Erledigung anderer Arbeitspakete abhängig sind.
- Eine klare Zuordnung von Verantwortlichkeiten – idealerweise ist eine Person hauptverantwortlich für die Erledigung eines bestimmten Arbeitspaketes.

Wenn Sie die Einschätzungen zum Zeitbedarf gemacht und alle inhaltlichen Abhängigkeiten zwischen den Arbeitspaketen identifiziert haben, können Sie auch einen **Projektablaufplan** erstellen. Die gängigste Art der Darstellung ist hier das sogenannte „Gantt-Diagramm", in dem die einzelnen Arbeitspakete untereinander grafisch auf einer horizontalen Zeitachse dargestellt werden.

Abb. 6.1 Projektstrukturplan für die Umsetzung eines neuen Geschäftsmodells in einem internationalen Zielmarkt (Beispiel)

Dabei ist es auch sinnvoll, für das Projekt klare **Meilensteine** zu definieren. Das sind für den Projektfortschritt ganz besonders wesentliche Ereignisse bzw. Ergebnisse, die bis zu einem bestimmten Zeitpunkt erreicht sein müssen. Auch Zwischenabnahmen bzw. -prüfungen („**Reviews**") haben sich im Projektmanagement bewährt, um sicherzustellen, dass ein Projekt „gut am Weg" ist. Daher ist zu empfehlen, sowohl Meilensteine als auch Review-Termine von Anfang an in die Planung des Umsetzungsprojektes mit aufzunehmen.

Eine weitere wesentliche Aufgabe in der Planungsphase ist die **Ressourcenplanung**. Hier geht es darum, festzustellen, wie viele Ressourcen – sowohl Personalressourcen als auch monetäre Ressourcen oder andere Ressourcen (z. B. bestimmte Informationen) – zur Umsetzung der einzelnen Arbeitspakete gebraucht werden.

In einem professionellen Projektmanagement kommt zudem üblicherweise auch noch eine **Risikoplanung** dazu. Dabei werden die wesentlichen Risiken, die mit dem Projekt verbunden sind, identifiziert und priorisiert, um dann auch zu überlegen, wie man die wesentlichen Risiken vermeiden bzw. zumindest vermindern kann.

Wenn diese grundlegenden Planungsschritte abgeschlossen sind (siehe dazu auch die Checkliste für die Planung eines Umsetzungsprojektes in Tool 6a), kann es dann auch schon losgehen mit der Umsetzung der Einführung des neuen Geschäftsmodells am anvisierten Zielmarkt.

6.1.2 Umsetzung des Projektplans

Während der Umsetzungsphase gibt es für den Projektmanager zwei wesentliche Aufgaben: erstens, zeitnah **Informationen über den aktuellen Stand der Umsetzung** in den einzelnen Arbeitspaketen zu bekommen, und zweitens, in Abstimmung mit den anderen Mitgliedern des Projektteams **Anpassungen** vorzunehmen, falls dies notwendig sein sollte.

Wesentlich sind dabei vor allem Informationen darüber, ob bestimmte Arbeitspakete gestartet oder erfolgreich abgeschlossen worden sind bzw. wie weit die Bearbeitung dieser Arbeitspakete bereits fortgeschritten ist, um abschätzen zu können, ob diese rechtzeitig und in der vereinbarten Qualität abgewickelt werden können. Sollte dies nämlich nicht der Fall sein, ist dann rasch zu überlegen, welche Maßnahmen gesetzt werden können, um das Projekt wieder zurück auf den geplanten Umsetzungspfad zu bringen.

Zudem wird es in den meisten Fällen für einen Projektmanager auch Sinn machen, eine priorisierte Liste der wesentlichen „**offenen Punkte**" zu führen, um immer einen Überblick zu behalten, was im Moment gerade die wichtigsten zu erledigenden Aufgaben sind.

Um die wesentlichen Informationen zeitnah zu erhalten, kann entweder ein von allen Teammitgliedern gemeinsam verwendetes **Projektmanagement- oder Aufgabenverwaltungstool** genutzt werden, oder **regelmäßige „Check-ins"** über E-Mail, Videokonferenzen oder persönliche Meetings („Projekt-Jour Fixe").

In vielen Umsetzungsprojekten wird man im Zielmarkt auf unvorhergesehene Herausforderungen oder Probleme stoßen. In diesem Fall kann es dann notwendig sein, Änderungen zum ursprünglich vorgesehenen Plan vorzunehmen. Das können zum Beispiel Änderungen des Zeitplans, Änderungen von (Zwischen-)Outputs oder Änderungen von Ressourcenzuteilungen sein, immer mit dem Ziel, die wesentlichen Projektziele zu erreichen.

Eine Schlüsselaufgabe in der Umsetzung von Geschäftsmodell-Einführungsprojekten in neuen Märkten ist auch die **Projektkommunikation.** Dabei geht es einerseits darum, den internen Informationsfluss sicherzustellen – was vor allem auch über effizient gestaltete Projektmeetings funktionieren kann. Andererseits ist es aber auch besonders wichtig, **externe Stakeholder** mit einzubinden bzw. entsprechend informiert zu halten. Zu den externen Stakeholdern können zum Beispiel Partner zählen, mit denen man im Zielmarkt zusammenarbeiten möchte, Behörden und Institutionen, die man für die Umsetzung des Geschäftsmodells einbinden muss (z. B. Zollbehörden oder Zertifizierungsinstitute) oder auch politische Entscheider oder Opinion Leader im Zielmarkt. Hier sollte es also auch einen klaren Plan geben, wer zu welchem Zeitpunkt welche Informationen erhalten bzw. in welcher Form mit eingebunden werden sollte.

> **Fallbeispiel Zumtobel Group AG**
>
> Für die Zumtobel Group AG als produzierendes Unternehmen erforderte die Umsetzung eines neuen, serviceorientierten Geschäftsmodells ein strukturiertes und funktionierendes Projekt- und Change-Management.
>
> Zumtobel beschäftigt sich mit der Entwicklung und Herstellung sowie dem Vertrieb von Lichttechnik und Leuchten. 2014 entstand seitens eines Kunden die Idee, die Leuchten nicht mehr als „Produkte" (oder „Assets") zu verkaufen, sondern zu verleasen und mit einem Serviceangebot zu kombinieren. Im Zuge des dienstleistungsorientierten Geschäftsmodells „Light as a Service" bietet Zumtobel die Modernisierung konventioneller Beleuchtung durch LED-Technologie an und kombiniert dies mit einem ganzheitlichen Serviceangebot, bei dem auch die Wartung inkludiert ist.
>
> Zu Beginn der „Light as a Service"-Initiative wurde auch eine Einschätzung des Risikoprofils des neuen Geschäftsmodells vorgenommen. Dabei gelangte man auch zur Erkenntnis, dass die neuen Dienstleistungen mit zusätzlichen Pflichten für das Unternehmen einhergehen. Außerdem erkannte man die Notwendigkeit, neue Strukturen zu schaffen, mit denen man die Verantwortlichkeiten als Service-Anbieter besser managen konnte.
>
> Da Zumtobel „Light as a Service" in Form von Modernisierungsprojekten bei Großkunden abwickelt, wurde die Rolle eines Bauprojektleiters eingeführt hat. Dessen Aufgabe ist es, das Bauprojekt von der Beauftragung bis zur Abnahme des Kunden zu begleiten und zu verantworten. Dies hatte auch weitreichende Folgen für die Abwicklung des internationalen Geschäfts. Zumtobel war vor der Ausrollung des

neuen Geschäftsmodells schon lange international tätig und sehr erfahren im Export von Leuchten. Die Internationalisierung von „Light as a Service" bedeutete für Zumtobel aber, sich auch in die komplexere Thematik des Dienstleistungsexports einzuarbeiten. Zudem mussten Herausforderungen bei der Ausgestaltung der Leasingverträge berücksichtigt werden, da das Leasingrecht national geregelt wird, sowie Know-How im Baurecht erworben werden, da die Ausführung und die Dokumentation der Lichtmodernisierung nach lokalen Standards in den Zielmärkten erfolgt.

Für die Umstellung des Geschäftsmodells war auch ein professionelles Change-Management erforderlich. Dies betraf insbesondere den Bereich Vertrieb, da das neue Geschäftsmodell auch die Vertriebswege veränderte. Hier war konsequente Überzeugungsarbeit notwendig, um alle Vertriebsmitarbeiter als auch Partner mit ins Boot zu holen. Damit kein Misstrauen und in Folge Diskussionen und Widerstand aufkamen, legte man im Zumtobel-Management zudem auch großen Wert auf eine proaktive Kommunikation mit Stakeholdern – eine Aufgabe, die im internationalen Kontext mit vielen unterschiedlichen lokalen Stakeholdern in den einzelnen Auslandsmärkten zusätzliche Komplexität gewinnt. ◄

6.2 Mehr Flexibilität in der Umsetzung mittels OKR-System

Zu den prominentesten Unternehmen, die sehr erfolgreich neue Geschäftsmodelle entwickeln und global auf den Markt bringen, gehört auf jeden Fall das US-amerikanische Technologieunternehmen Google. Es ist eines jener Unternehmen (von den es mittlerweile einige gibt), die ein System zur Umsetzung ihrer strategischen Vorhaben einsetzen, das eine klare Zielorientierung mit hoher Flexibilität – also einer schnellen Anpassungsfähigkeit auf sich ändernde Umfeldbedingungen – verbindet. Es handelt sich dabei um das sogenannte **„OKR-System",** das gerade auch für die Umsetzung von Geschäftsmodellen unter unsicheren Marktbedingungen auf Auslandsmärkten gut geeignet ist. Wir wollen dieses System im Folgenden näher vorstellen.

6.2.1 Grundlagen des OKR-Systems

Die Kernaufgabe des „OKR-Systems" ist es, sicherzustellen, dass ein Team **fokussiert an der Erreichung der wesentlichen Umsetzungsziele arbeitet** (in unserem Fall für ein Internationalisierungsvorhaben mit einem neu designten Geschäftsmodell). Entwickelt wurde das System im US-Unternehmen Intel unter der Führung des damaligen Intel-CEOs Andy Grove, der deshalb auch als „Erfinder" dieses Managementsystems gilt. Einer breiteren Öffentlichkeit wurde das System durch den Autor John Doerr bekannt, der es mit seinem Buch *Measure What Matters* sehr ausführlich beschrieben hat (Doerr, 2018). Viele der im Folgenden beschriebenen grundlegenden Überlegungen zum OKR-System basieren daher auch auf den Ausführungen in diesem Buch.

6.2 Mehr Flexibilität in der Umsetzung mittels OKR-System

OKR steht als Abkürzung für die englischen Begriffe **„Objectives"** (O) und **„Key Results"** (KR). Mit „Objectives" werden die wesentlichen Ziele bezeichnet, die (in unserem Fall bei der Umsetzung des Geschäftsmodells im Zielmarkt) zu erreichen sind. Idealerweise wird dabei nicht nur das konkrete Ziel definiert, sondern auch der Grund dafür, warum dieses Ziel erreicht werden soll. „Key Results" bedeutet Schlüsselergebnisse. Sie beschreiben, *wie* man ein Ziel erreichen will. Es handelt sich dabei um messbare Meilensteine – um klar definierte Ergebnisse, die bis zu einem bestimmten Zeitpunkt erreicht werden sollen.

Sehen wir uns dazu einmal ein Beispiel an (siehe Abb. 6.2). Nehmen wir an, wir haben ein Lizenzierungs-Geschäftsmodell entwickelt, für das wir bis Ende des Jahres einen passenden Lizenzpartner für den britischen Markt finden wollen. Das wäre dann also unser „Objective". Jetzt müssen wir uns überlegen, welche Meilensteine wir am Weg erreichen müssen, um dieses Ziel verwirklichen zu können. Im konkreten Fall wären das folgende **„Key Results"**:

1. Ein fertiger Anforderungskatalog, in dem mit klaren Kriterien festgelegt ist, was wir uns von einem Lizenzpartner in Großbritannien erwarten.
2. Eine Shortlist von drei potenziell infrage kommenden Lizenzpartnern (als konkretes Ergebnis einer Partnersuche).
3. Ein ausverhandelter und unterschriebener Lizenzvertrag mit einem neuen Partnerunternehmen vor Ort (idealerweise mit jenem Unternehmen, das die im Anforderungskatalog festgeschriebenen Kriterien am besten erfüllt).

Zu beachten ist hier, dass es sich bei den „Key Results" um konkret messbare Ergebnisse handelt, nicht nur um Aufgaben. Es kann also ganz klar mit „Ja" oder „Nein" festgestellt

OBJECTIVE (ZIEL)

Bis Ende 202X einen passenden Lizenzpartner für den Zielmarkt Großbritannien finden

WARUM?

Um unser Lizenzierungs-Geschäftsmodell erfolgreich im britischen Markt einzuführen

KEY RESULTS (SCHLÜSSELERGEBNISSE)

1	Anforderungskatalog fertig (Was muss ein Lizenzpartner mitbringen?)	30.7.202X
2	Shortlist erstellt – 3 potenzielle Lizenzpartner identifiziert	30.9.202X
3	Vertrag mit Lizenzpartner in Großbritannien unterschrieben	31.12.202X

Abb. 6.2 Beispiel für OKR

werden, ob ein „Key Result" erreicht wurde oder nicht. Wenn alle „Key Results" erreicht sind, sollte damit auch das „Objective" erreicht sein.

OKRs werden dabei abgeleitet von den Gesamtzielen des Umsetzungsprojektes für jedes Teammitglied festgelegt. Dabei sollten ein paar Grundregeln beachtet werden (Doerr, 2018):

1. **Weniger ist mehr:** Üblicherweise sollten pro „Objective" maximal drei bis fünf „Key Results" definiert werden, um den Fokus auf das Wesentliche nicht zu verlieren.
2. **Vereinbart statt verordnet:** OKRs werden nicht „diktiert", sondern sollten gemeinsam mit den Teammitgliedern vereinbart werden, damit sie auch eine entsprechende Motivationswirkung entfalten können.
3. **Gemeinsames „Draufbleiben":** Die OKRs werden in regelmäßigen Abständen gemeinsam überprüft, um sicherzustellen, dass die vereinbarten Ziele auch umgesetzt werden.
4. **Transparenz:** Die OKRs für einzelne Teammitglieder (wie auch die der Projektleitung) sind auch allen anderen Teammitgliedern bekannt, so dass die Umsetzung der Aufgaben auch gut aufeinander abgestimmt wird.

Der Einsatz von OKRs kann dabei helfen, klare Prioritäten bei der Umsetzung von Geschäftsmodellen im Zielmarkt zu setzen und während der ganzen Umsetzungsphase sehr zielorientiert zu arbeiten.

6.2.2 Flexible Anpassung bei der Umsetzung

In Abb. 6.3 wird der übliche **Ablauf einer Projektumsetzung mit dem OKR-System** dargestellt. Zunächst werden von jedem Projektmitglied auf Basis der Gesamt- bzw. Meilensteinziele des Umsetzungsprojektes eigene OKRs jeweils für die kommende Periode (z. B. ein Monat oder bei längeren Umsetzungsprojekten ein Quartal) definiert. Diese werden dann mit der Projektleitung abgestimmt, um eine klare Ausrichtung der Einzel-OKRs auf die Erreichung der Gesamtziele des Projektes sicherzustellen.

Dann arbeitet jedes Teammitglied an der Umsetzung der jeweiligen Aufgaben und an der Erreichung der eigenen „Objectives" und „Key Result".

In regelmäßigen Abständen – z. B. in einem wöchentlichen Jour Fixe – wird dann ein kurzes **Status-Update** eingeplant. Dabei wird über den aktuellen Stand der Umsetzung berichtet. Hier zeigt sich auch die eingebaute Flexibilität des OKR-Systems. Es gibt drei mögliche Ergebnisse des Status-Updates, im Folgenden mit den Farben grün, gelb und rot beschrieben (Doerr, 2018):

- „Grün": Alles läuft in der Umsetzung wie geplant.
- „Gelb": Es läuft nicht ganz nach Plan. Hier gibt es jetzt zwei Möglichkeiten: (a) einen „Rettungsplan" zu entwerfen, also gemeinsam zu überlegen, wie man die Ziele (z. B.

6.2 Mehr Flexibilität in der Umsetzung mittels OKR-System

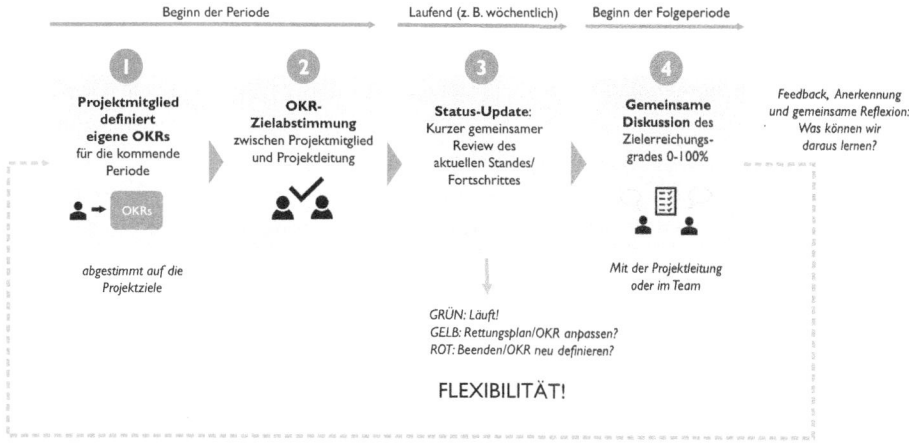

Abb. 6.3 Ablauf des OKR-Systems

mit zusätzlicher Unterstützung) doch noch erreichen könnte; oder (b) die „Objectives" und „Key Results" anzupassen, wenn dies als notwendig erscheinen sollte.
- „Rot": Es ist klar, dass das Ziel nicht zu erreichen ist. Dann kann man entweder entscheiden, das Ziel aufzugeben oder die entsprechenden OKRs neu zu definieren.

Wenn also beim oben angesprochenen Beispiel ein entsprechender Lizenzpartner nicht gefunden werden kann, könnte man entweder überlegen, die Anforderungen an den Lizenzpartner zu verändern oder vielleicht doch auch das Geschäftsmodell anzupassen (z. B. von einem Lizenzmodell auf ein Exportmodell). Dadurch, dass es solche Anpassungen „am Weg" erlaubt, ist das OKR-System gerade auch für die Umsetzung von neuen Geschäftsmodellen auf Auslandsmärkten sehr geeignet, weil hier sehr rasch auf unvorhergesehene Ereignisse und Entwicklungen reagiert werden kann, die ja gerade in Auslandsmärkten oft vorkommen können.

Ist ein ganzer OKR-Zyklus dann beendet (also z. B. ein Monat oder ein Quartal), sieht das OKR-System auch noch vor, dass man mit der Projektleitung bzw. im gesamten Team noch einmal den Grad der Zielerreichung und vor allem auch die **Lernerfahrungen** aus der abgelaufenen Periode reflektiert. Hier geht es also dann auch um die Frage: „Was können wir aus den jeweiligen Umsetzungsschritten für die weitere Marktbearbeitung bzw. eine eventuelle Weiterentwicklung unseres Geschäftsmodells noch lernen?" (mehr dazu auch in Abschn. 6.4).

6.3 Operative Abwicklung des Auslandsgeschäfts

Ein ganz wesentlicher Punkt in einem Projekt zur Einführung eines neuen Geschäftsmodells in internationalen Märkten ist üblicherweise auch die Organisation der operativen Abwicklung des Auslandsgeschäftes.

Wie die operative Umsetzung des Auslandsgeschäftes konkret auszugestalten ist, ist dabei abhängig vom Geschäftsmodell Ihres Unternehmens, von den Produkten und Dienstleistungen, von den Vertriebswegen und von der Markteintrittsstrategie. Wenn Ihr Geschäftsmodell zum Beispiel vorsieht, Waren von Ihrem Heimmarkt aus über einen Webshop auf internationalen Märkten zu vertreiben, so ist ein **Exportprozess** zu organisieren. Dabei sind zum Beispiel folgende Fragen zu beantworten:

- Wie gelangt die Ware zum Kunden?
- Fallen Zölle an (und falls ja, in welcher Höhe)?
- Welche Zahlungsmöglichkeiten bieten Sie Ihren Kunden im Ausland an?
- Möchten Sie Ihre Exporttätigkeit absichern?

Der **Export von Dienstleistungen** – und dazu zählen auch immaterielle bzw. digitale Güter wie beispielsweise ein Softwareangebot – ist mit anderen spezifischen Herausforderungen verbunden, zum Beispiel hinsichtlich spezieller steuerlicher Voraussetzungen.

Basiert Ihr Geschäftsmodell auf einer **vertraglichen Markteintrittsstrategie** wie beispielsweise Lizenzierung oder Franchising, so ist im Vorfeld eine präzise Suche und Auswahl von Partnern notwendig, mit denen Sie im Auslandsmarkt zusammenarbeiten wollen. Auch bei der Gründung eines **Joint Ventures** wird der Erfolg des Auslandsgeschäftes stark von der Auswahl und Zusammenarbeit mit dem richtigen Partnerunternehmen abhängen. Neben einem sorgfältigen Prozess der Partnerauswahl und der Verhandlungsführung sollten Sie dabei auch der Ausgestaltung der Vertragsinhalte besondere Aufmerksamkeit schenken.

Die konkrete Ausgestaltung der operativen Abwicklung des Auslandsgeschäfts wird sich von Unternehmen zu Unternehmen unterschiedlich gestalten. Dennoch gibt es ein paar wesentliche generell zu beachtende Punkte, auf die wir im Folgenden näher eingehen wollen.

Wir werden uns zunächst damit befassen, was Sie beim **Auslandsgeschäft mit Partnern** berücksichtigen sollten, wobei wir den Fokus vor allem auf die Suche nach geeigneten Partnern und die Vertragsgestaltung legen. Anschließend werfen wir dann noch einen Blick auf den **Ablauf des operativen Exportgeschäfts,** von vorbereitenden Maßnahmen (z. B. der Vorab-Prüfung, ob die Waren überhaupt in das Zielland exportiert werden dürfen und die Preiskalkulation) über die Durchführung des Exportgeschäfts (Logistik, Exportdokumente, Rechnungslegung, Zahlungsabwicklung) bis hin zur Nachbereitung (z. B. Einhaltung von Meldepflichten).

6.3.1 Auslandsgeschäfte mit Partnern

Wenn Sie im Zuge Ihres Geschäftsmodells bzw. der gewählten Markteintrittsstrategie auf die Zusammenarbeit mit Partnern angewiesen sind, müssen Sie sich zunächst eingehend mit der **Suche und Auswahl der richtigen Partner** für das Auslandsgeschäft beschäftigen.

In der Praxis sprechen viele Unternehmen von „Partnern", obwohl damit eigentlich auch Kunden gemeint sind (insbesondere bei B2B-Geschäften). So sind etwa die Lizenznehmer für den Lizenzgeber diejenigen, die für die Lizenz zahlen – und daher im eigentlichen Sinne Kunden. Da es sich bei den Lizenznehmern in der Regel um andere Unternehmen handelt, mit denen dann im Rahmen des Lizenzvertrags eine enge und langjährige Zusammenarbeit eingegangen wird, wird diese Beziehung allerdings als „partnerschaftlich" wahrgenommen.

Bevor geeignete Partner identifiziert werden, sollte zunächst überlegt werden, mit **wie vielen Partnern** man zusammenarbeiten will. Eine höhere Anzahl von Partnern erhöht möglicherweise das Skalierungspotential Ihres Geschäftsmodells. Gleichzeitig wirft das aber auch die Frage auf, wie die Zusammenarbeit organisiert bzw. koordiniert werden kann.

Bevor Sie Partner auswählen, sollten Sie außerdem überlegen, welche **Voraussetzungen** das Partnerunternehmen erfüllen soll. So wäre zum Beispiel im Vorhinein zu klären, über welche Ressourcen und Kompetenzen das Partnerunternehmen verfügen soll, ob es eine bestimmte Unternehmensgröße haben soll und ob es Präferenzen bezüglich des Standortes gibt (Krenn et al., 2016; Staubmann & Sternad, 2020).

Nachdem Sie festgelegt haben, welche Anforderungen die Partner erfüllen sollen, stellt sich die Frage, wie Sie **potenzielle Partner für eine Zusammenarbeit** finden können. Neben eigenen Recherchen über das Internet können Sie hier auch die internationalen Netzwerke der deutschen Außenhandelskammern bzw. der Wirtschaftskammer Österreich nutzen. Präsentationen auf Konferenzen oder Besuche von Fachmessen stellen weitere Möglichkeiten dar, um Kontakte vor Ort zu knüpfen. Zudem kann es sich anbieten, den Zielmarkt, in dem man nach Partnern sucht, vor dem Markteintritt zu besuchen, um im Rahmen einer „Erkundungsmission" erste Kontakte zu knüpfen. Dadurch kann man sich auch ein Bild über die Marktgegebenheiten vor Ort machen.

Sobald Sie geeignete Partner identifiziert und angesprochen haben, startet – sofern die potenziellen Kandidaten auch Interesse signalisieren – die **Verhandlungsphase.** Bei der Art und Weise, wie Ihre Verhandlungspartner ein solches Verhandlungsgespräch führen, kann es kulturell bedingte Unterschiede geben. Um darauf vorbereitet zu sein, helfen nicht nur Verhandlungstechniken, sondern auch eine gute Vorbereitung im Hinblick auf länderspezifische Besonderheiten. Besonderes Augenmerk sollten Sie dabei unter anderem darauf legen, wie in verschiedenen Kulturen Entscheidungen getroffen werden (z. B. hierarchisch oder gemeinsam im Team) und wer die wesentlichen Entscheider bzw. in weiterer Folge Vertragsunterzeichner sind (und ob dies möglicherweise voneinander abweicht) (Sebenius, 2002).

Die konkrete Zusammenarbeit mit Partnern im grenzüberschreitenden Geschäft wird dann in der Regel auf Basis eines Vertragswerks ausgestaltet. Dieser **Vertrag** über die geschäftliche Zusammenarbeit ist eine schriftliche Vereinbarung über die Rechte und Pflichten der einzelnen Partner. Je nach Form der Zusammenarbeit können dabei unter anderem folgende vertragliche Aspekte berücksichtigt werden (Krenn et al., 2016):

- Wer bringt welche **Ressourcen** ein (z. B. Personalressourcen, finanzielle Mittel, Produkte, Know-how, Marken, Webauftritt und Beziehungen)?
- Wer übernimmt welche **Aufgaben** im Rahmen der Zusammenarbeit?
- Wie erfolgt eine **Aufteilung der Geschäftsergebnisse**?
- **Welche Haftungs- und Gewährleistungsfragen** müssen behandelt werden?
- Welche **Dauer** hat die Zusammenarbeit?
- Wie sehen **Beendigungs- bzw. Kündigungsmöglichkeiten** im Falle einer unbestimmten Vertragsdauer aus?
- **Gibt es Konkurrenzbeschränkungen** (Wettbewerbsverbote) oder **Exklusivrechte**?
- Welche **organisatorischen Verpflichtungen** sind sinnvoll (z. B. Teilnahme an gemeinsamen Terminen, Einhaltung von Terminvorgaben oder von bestimmten Qualitätskriterien oder Transparenzregeln, z. B. für Kalkulationen bzw. die Abrechnung von Aufwendungen)?
- Welche **Sanktionen** treten bei der Verletzung der Pflichten ein bzw. welche Lösungen können für den Konfliktfall vereinbart werden?

Empfehlenswert bei der Vertragserstellung ist in jedem Fall eine **Beratung durch Rechtsexperten,** zum einen, um die rechtlichen Rahmenbedingungen im jeweiligen Zielmarkt entsprechend zu berücksichtigen, zum anderen aber auch, um standardisierte Verträge aufzusetzen (z. B. im Falle von Franchising und Lizenzierung), die dann nur mehr geringfügig für den jeweiligen Partner angepasst werden müssen.

6.3.2 Ablauf eines Exportgeschäfts

Wenn Ihr Geschäftsmodell vorsieht, dass Sie physische Produkte ins Ausland verkaufen (z. B. über einen Webshop), können wir die operative Abwicklung eines Auslandsgeschäfts als einen **Exportprozess** verstehen, der in der Regel einem gewissen Ablauf folgt.

Zu beachten ist zunächst, dass Lieferungen innerhalb der Europäischen Union (**innergemeinschaftliche Lieferung**) anders geregelt werden als **Lieferungen in Drittländer.** Diese Unterscheidung hat Auswirkungen darauf, welche Schritte bei der Ausfuhr von Gütern zu beachten sind. Abb. 6.4 zeigt den schematischen Ablauf des Exportprozesses, den wir nachfolgend skizzieren wollen.

6.3 Operative Abwicklung des Auslandsgeschäfts

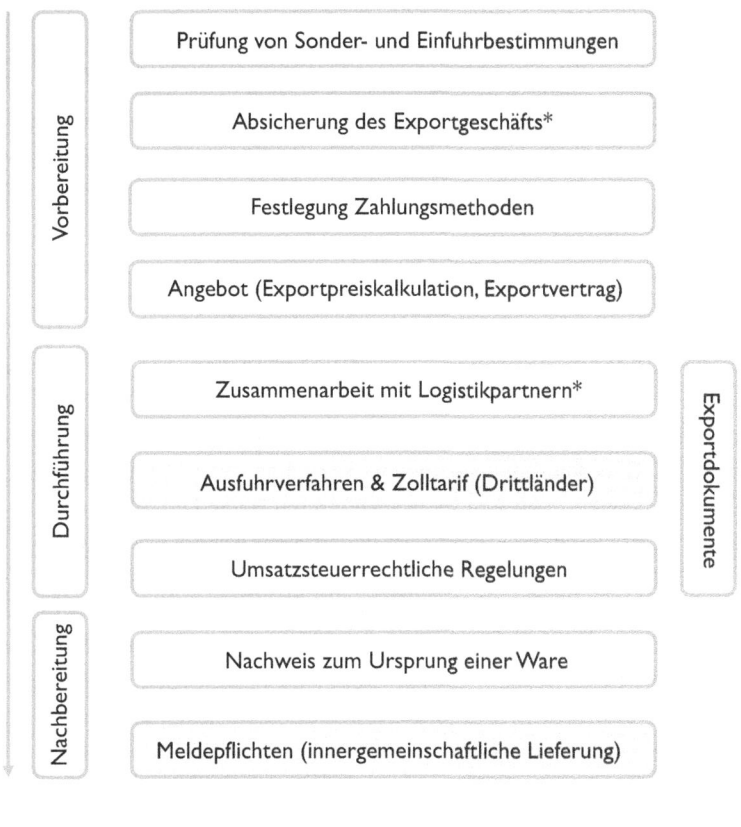

*optional

Abb. 6.4 Ablauf des Exportprozesses

Vor der eigentlichen Ausfuhr der Waren sollten Sie in einem ersten Schritt überprüfen, ob Sie die Waren überhaupt exportieren dürfen bzw. ob bestimmte Beschränkungen für den Export bestehen. Hier gilt es zum Beispiel bei der innergemeinschaftlichen Lieferung zu prüfen, ob **Sonderbestimmungen** gelten, wie das zum Beispiel für Kosmetika und Arzneimittel, tierische Produkte oder sogenannte „Dual Use"-Güter (die auch für militärische Zwecke verwendet werden können) der Fall sein kann. Bei einer Ausfuhr in Drittländer sind generell die **Einfuhrbestimmungen** im jeweiligen Land zu prüfen. Neben Zöllen kann es hier zum Beispiel auch Embargos, Importquoten oder bestimmte administrative Bestimmungen (z. B. die Notwendigkeit der Einhaltung technischer Normen) geben, die einen Export verhindern oder begrenzen können.

Vor dem Export werden Sie üblicherweise auch überlegen, ob Sie mit **spezialisierten Logistikdienstleistern** wie Speditionen oder Paketdiensten zusammenarbeiten wollen. Sie können die Versendung der Waren komplett an diese outsourcen bzw. Unterstützung bei der Versandabwicklung in Auslandsmärkte erhalten (Eixelsberger et al., 2016).

Wenn Sie mit **internationalen Paketdiensten** zusammenarbeiten, profitieren Sie davon, dass diese in der Regel europa- oder weltweit Lieferungen übernehmen. Dabei sollten Sie aber auch darauf aufpassen, dass Sie im Vorfeld überprüfen, welche Standards der Logistikdienstleister im Zielland erfüllt. Diese können hinsichtlich Lieferdauer, Paketgröße und anderen Leistungen unterschiedlich ausfallen. Außerdem sollten Sie die Transportkosten- und -modalitäten bereits zu dem Zeitpunkt ausweisen können, wenn der Kunde seine Bestellung aufgibt.

Im B2B-Geschäft können Handelsklauseln (**Incoterms®**) verwendet werden, um Kostenübernahme, Gefahrenübertragung, Transportversicherung und Pflichten zwischen Käufer bzw. Verkäufer zu regeln. Dies ist insbesondere auch deshalb wichtig, weil die Wahl der Handelsklausel Einfluss auf die Preiskalkulation und die Angebotslegung nehmen kann (Leitner et al., 2020).

Auch die **Wahl der Form des Gütertransports** kann eine Rolle bei der operativen Abwicklung des Exportgeschäftes spielen, vor allem dann, wenn größere Mengen von Gütern über weitere Strecken zu transportieren sind. Die Wahl unterschiedlicher Transportarten (Straßengüterverkehr, Eisenbahngüterverkehr, Binnenschifffahrtsverkehr, Seefrachtverkehr, Luftfrachtverkehr) ist dabei mit verschiedenen Vor- und Nachteilen verbunden (Leitner et al., 2020). Die Entscheidung, welche Transportart für Ihr Geschäftsmodell am geeignetsten ist, kann von verschiedenen Faktoren abhängen (Kosten, Verfügbarkeit, Transportweite- und -geschwindigkeit). Die zusätzlichen Kosten, die durch den Transport anfallen, sollten Sie auf jeden Fall in die Kalkulation des Angebots mit aufnehmen. Zudem können auch zusätzliche Kosten für Verpackungsmaterial, Versicherungen oder die Zahlungsabwicklung anfallen.

Das Thema der **Zahlungsabwicklung** ist im internationalen Geschäft besonders relevant. Hier ist zu überlegen, welche Zahlungsmethoden Sie Ihren Kunden anbieten wollen. Sollten Sie Ihre Produkte (und Dienstleistungen) über das Internet vertreiben, können Sie unter einer Vielzahl an Bezahlsystemen wählen, die auch international existieren. Dazu zählen kreditkartenbasierte Systeme, digitale Bezahlsysteme wie *PayPal*, Guthabenverfahren, Bankeinzugs- und Direktüberweisungssysteme und mobiltelefonbasierte Zahlungssysteme (Eixelsberger et al., 2016). Darüber hinaus können Sie auch Zahlung auf Rechnung anbieten bzw. im B2B-Geschäft auch dokumentäre Zahlungsmethoden wie zum Beispiel das Dokumentenakkreditiv, in dem es zusätzliche Sicherungsmechanismen über die eigene Hausbank bzw. die Bank des Kunden gibt. Wichtig ist im internationalen Kontext auf jeden Fall, dass Sie Zahlungsmethoden wählen, die a) von Kunden im Zielmarkt anerkannt sind bzw. dort auch entsprechend weit verbreitet verwendet werden und b) gleichzeitig auch vor eventuellen Zahlungsausfällen schützen können (Eixelsberger et al., 2016).

Bei der Abwicklung des Exports innerhalb der EU gilt grundsätzlich (bis auf die bereits erwähnten Sonderbestimmungen für bestimmte Güter) der freie Warenverkehr. Hingegen müssen Sie bei der Ausfuhr in Drittländer das sogenannte **Ausfuhrverfahren** abwickeln, bei dem Sie die Ausfuhr von Waren zunächst anmelden und dann bei der tatsächlichen Ausfuhr dafür eine Ausfuhrbestätigung erhalten.

Außerdem fallen beim Export in Drittländer oft **Zölle** an, die bei einer Lieferung innerhalb der EU aufgrund der Waren- und Dienstleistungsfreiheit wegfallen. Um die Zollhöhe bestimmen zu können, müssen Sie wissen, welchem Zolltarif Ihre Waren zuzuordnen sind. Eine verbindliche Zolltarifauskunft können Sie bei der Zollbehörde gebührenfrei beantragen. Der für das jeweilige Land gültige Zollsatz kann über eine Marktzugangsdatenbank festgestellt werden (Höfferer et al., 2020). Beim Versand physischer Waren ist außerdem während des gesamten Transportweges auf die Mitführung der vorgeschriebenen **Exportdokumente** (z. B. Packliste, Ursprungsnachweis, Frachtpapiere und Exportrechnung) zu achten (Höfferer et al., 2020).

Bezüglich der Rechnungsstellung stehen vor allen Dingen **umsatzsteuerrechtliche Regelungen** im Fokus. Bei innergemeinschaftlichen Lieferungen sollten Sie hier zunächst prüfen, ob Ihr Kunde ein Unternehmen oder eine Privatperson ist. Handelt es sich um ein Unternehmen, dann sind die UID-Nummern beider Geschäftspartner auf der Rechnung anzugeben und auf die Umsatzsteuerfreiheit verweisen. Beim Versandhandel an Privatkunden in anderen EU-Staaten ist seit dem 01.07.2021 die Umsatzsteuer des Empfängerlandes zu entrichten. Diese kann auf elektronischen Wege über das EU-OSS („One-Stop-Shop") an einer Stelle abgeliefert werden.

Besonderen Regelungen in Bezug auf das Umsatzsteuerrecht unterliegt der **Export von Dienstleistungen.** Dabei müssen Sie zunächst feststellen, in welchem Land die Umsatzsteuer abzuführen ist. Dies hängt davon ab, ob Sie eine Niederlassung oder Betriebsstätte im Zielland haben. In diesem Fall wird auf der Rechnung die im Zielland geltende Umsatzsteuer angeführt. Sie ist dann auch dort zu entrichten. Gibt es keine bestehende Niederlassung im Zielmarkt, dann ist zu prüfen, ob es sich bei dem Leistungsempfänger um eine Privatperson oder ein Unternehmen handelt. Bei Privatpersonen sind Sie als dienstleistungserbringendes Unternehmen umsatzsteuerpflichtig. Handelt es sich um ein Unternehmen, erfolgt die Besteuerung am Empfängerort. In diesem Fall ist zu prüfen, ob die Dienstleistung unter die sogenannte „Generalklausel" fällt, wobei in Folge das „Reverse Charge"-Prinzip zur Anwendung kommt. Darunter versteht man, dass der Leistungsempfänger die Umsatzsteuer berechnen und im eigenen Land abführen muss. Der Dienstleiser gibt dann statt der Umsatzsteuer auf der Exportrechnung einen Hinweis an, dass es sich um ein „Reverse Charge"-Geschäft handelt (Krenn et al., 2020).

Die Umsatzsteuerregelungen können – insbesondere für den Dienstleistungsexport in Drittländer – stark variieren. Nutzen Sie daher die **Beratungsangebote** von Wirtschafts- bzw. Außenhandelskammern oder von international erfahrenen Steuerberatungskanzleien. Generell sollten steuerliche und rechtliche Aspekte im Zuge des Auslandsgeschäfts nicht vernachlässigt werden, weil sie den Betrieb einschränken oder im schlimmsten Falle zu erheblichen finanziellen Verlusten führen können. Widmen Sie diesen daher in allen Phasen des Auslandsgeschäftes besondere Aufmerksamkeit (PWC, 2010).

Nicht vergessen werden sollte nach erfolgtem Export außerdem das **Einhalten von Meldepflichten,** zum Beispiel an das Finanzamt (regelmäßige zusammenfassende

Meldung von innergemeinschaftlichen Lieferungen) bzw. an das jeweils zuständige Statistikamt (Intrastat-Meldung) (Höfferer et al., 2020).

6.4 Einführung eines neuen Geschäftsmodells als Lernchance

Für die Entwicklung und Testung Ihres neuen Geschäftsmodells haben Sie eine Vielzahl an Daten benötigt, deren Erhebung und Aufbereitung Sie Geld und Zeit gekostet hat. Eine sorgfältige **Dokumentation und Speicherung von Daten und Datenquellen** gehört nicht zuletzt auch deshalb zu den Grundanforderungen eines professionellen Projektmanagements.

Im Zuge dieses Prozesses haben Sie aber nicht nur Daten gesammelt, sondern auch neue Erfahrungen gemacht und – zumindest auf individueller Ebene – viel gelernt. Dieses **neue Wissen** gilt es, für die Organisation nutzbar zu machen, um im nächsten Projekt schneller, effizienter und wirkungsvoller neue Geschäftsmodelle entwickeln bzw. weiterentwickeln zu können.

6.4.1 Wissen als Rohstoff für den Geschäftserfolg

Bei der Nutzung des erlangten Wissens als „Rohstoff" für Ihren Geschäftserfolg werden Sie mit Fragen des **Wissensmanagements** konfrontiert, das sich mit dem „Erwerb, der Entwicklung, dem Transfer, der Speicherung sowie der Nutzung von Wissen" beschäftigt." (Frost, o. J.). Worin besteht hier die große Herausforderung? Lassen Sie uns zur Beantwortung dieser Frage zunächst einen kurzen Blick auf die unterschiedlichen Arten von Wissen werfen.

Unter dem Begriff **„Wissen"** wird die Gesamtheit aller Kenntnisse und Fähigkeiten verstanden, die Individuen zur Lösung von Problemen einsetzen. Es entsteht, wenn Menschen Daten oder Informationen in ihre bisherigen Erfahrungen integrieren. Das bedeutet, diese Daten und Informationen werden vor dem Hintergrund der bisherigen Erfahrungen interpretiert. Im Gegensatz zu Daten und Informationen ist Wissen daher immer an eine Person gebunden (Probst et al., 2013).

Die Herausforderung dabei ist, dass ein großer Teil dieses Wissens implizit ist. Unter dem Begriff **implizites Wissen** versteht man jenes Wissen, das sich nicht so einfach in Worte fassen lässt (auch weil sich eine Person oft gar nicht bewusst ist, was sie alles weiß). Im Gegensatz dazu kann **explizites Wissen** ausgesprochen, formuliert und dokumentiert werden (Zollondz et al., 2016).

Ein gutes Beispiel für implizites Wissen sind die **praktischen Erfahrungen,** die ein Mitarbeiter bei der Recherche von Marktdaten (z. B. zu Marktpotenzial, Marktvolumen und dessen Entwicklung im Zeitverlauf) gesammelt hat. Während diese Daten im B2C-Bereich häufig von spezialisierten Marktforschungsunternehmen angeboten werden, müssen sie für B2B-Märkte oft selbst erhoben werden. Gerade im internationalen Kontext kann das schwierig sein, da nicht in allen Ländermärkten dieselben Informationsquellen zur Verfügung stehen und Daten oft schwer vergleichbar sind. Ein in dieser Aufgabe erfahrener Mitarbeiter wird in der Lage sein, diese Daten auch für völlig neue Märkte und Branchen zu erheben. Es wäre für ihn aber ungleich schwieriger, eine Handlungsanleitung zu schreiben, mit deren Hilfe ein unerfahrener Mitarbeiter diese Recherchen selbstständig erfolgreich durchführen kann.

Verlässt ein solch erfahrener Mitarbeiter das Unternehmen, geht sein implizites Wissen dem Unternehmen verloren. Aus diesem Grund ist es wichtig dafür zu sorgen, dass dieses implizite Wissen so gut wie möglich in explizites Wissen umgewandelt wird.

Von dem individuellen Wissen der einzelnen Mitarbeiter ist das **kollektive Wissen der Organisation (organisatorisches Wissen)** zu unterscheiden. Es entsteht erst durch ein koordiniertes Zusammenarbeiten der einzelnen Organisationsmitglieder und kann ebenfalls implizit oder explizit sein. In seiner impliziten Form handelt es sich um Wissen, das in organisationalen Routinen und „mentalen Modellen" ausgedrückt wird (Frost, o. J.).

Routinen sind wiederkehrende Handlungsabläufe, die auf Gewohnheiten basieren, unbewusst ausgeführt und in der Regel nicht hinterfragt werden (Kump, 2016). So kann es in einem Unternehmen zur Routine geworden sein, bei der Entwicklung einer Kampagne immer mit einer bestimmten Werbeagentur zusammenzuarbeiten. Grundsätzlich könnte die Marketingabteilung ja auch bei anderen Agenturen anfragen, „aus Gewohnheit" bleibt man aber bei der alten Agentur, weil deren Konzepte in der Vergangenheit immer für alle Ländermärkte gut funktioniert haben.

Im Hintergrund kann auch ein **„mentales Modell"** stehen – zum Beispiel die Grundannahme, dass eine Werbeagentur nur dann gut arbeiten kann, wenn sie die Besonderheiten des Unternehmens und der Branche gut versteht. Explizites organisatorisches Wissen hingegen drückt sich in den Strukturen, Prozessen, Regeln und Verfahrensrichtlinien eines Unternehmens aus (Zollondz et al., 2016). „Intelligente" Strukturen, Prozesse und Regeln sind eine wesentliche Voraussetzung für den Unternehmenserfolg.

Aus dem bisher Gesagten ergeben sich zwei Fragen, die Sie im Zusammenhang mit dem Wissen, das Sie bei der Entwicklung und Umsetzung eines neuen Geschäftsmodells gewonnen haben, lösen müssen:

- Auf der **individuellen Ebene:** Wie wandeln wir das implizite Wissen unserer Mitarbeiter in explizites Wissen um?
- Auf der **organisatorischen Ebene:** Wie wandeln wir das individuelle Wissen unserer Mitarbeiter (personales Wissen) in organisatorisches Wissen um?

6.4.2 Aufbau von organisatorischem Wissen

Wie das von Ihren Mitarbeitern bei der Entwicklung des neuen Geschäftsmodell aufgebaute Wissen in die Organisation „integriert" werden kann, möchten wir Ihnen anhand des Modells der **„Wissensspirale"** von Nonaka und Takeuchi (1995) zeigen. In dem wohl bekanntesten Modell des Wissensmanagements beschreiben die beiden japanischen Organisationsforscher vier verschiedene Formen der Wissensübertragung zwischen implizitem und explizitem Wissen (Zollandz et al., 2016; Frost, o. J.):

1. **Sozialisierung:** Bei der Sozialisierung wird **Wissen „von implizit zu implizit" übertragen.** Dies geschieht im Rahmen von **„Learning by Doing"** durch Beobachtung, Übung und Nachahmung. Wir empfehlen Ihnen hier die Einführung eines **„Buddy-Systems":** Klären Sie zunächst, welche Aufgaben bei der Entwicklung des neuen Geschäftsmodells besonders erfolgskritisch waren und von welchen Mitarbeitern diese übernommen wurden. Wenn es die Ressourcen erlauben, sollte diesen erfahrenen Mitarbeitern andere Mitarbeiter zur Seite gestellt werden, welche diese Aufgaben dann mit ihnen gemeinsam lösen. Denk- und Handlungsroutinen können so leicht übertragen werden und implizites Wissen ist in weiterer Folge bei mehreren Mitarbeitern vorhanden.
2. **Externalisierung:** Bei der Externalisierung wird **implizites Wissen in explizites Wissen umgewandelt.** Eine wichtige Voraussetzung dafür ist **intensive persönliche Kommunikation,** zum Beispiel im Rahmen von Workshops. Eine für unseren Anwendungsfall geeignete Methode dafür ist die Durchführung eines **„After-Action-Review"-Prozesses,** bei dem die Erfahrungen in interdisziplinären Team-Workshops aufgearbeitet werden. Wir stellen diese Methode im nächsten Abschnitt näher vor.
3. **Kombination:** Bei der Kombination wird **explizites Wissen einzelner Mitarbeiter zusammengeführt** und damit neues Wissen generiert. Dieser Wissensaustausch erfordert – anders als die Externalisierung von Wissen – nicht unbedingt eine intensive persönliche Kommunikation; dieser Prozess kann sehr gut **informationstechnisch unterstützt** werden. Wichtig dabei ist, dass die an der Geschäftsmodellentwicklung beteiligten Mitarbeiter ihr Wissen gut dokumentieren. Dafür gibt es mittlerweile eine Vielzahl an Software-Lösungen, die das Wissensmanagement unterstützen (z. B. Wikis).
4. **Internalisierung:** Bei der Internalisierung wird **explizites Wissen** wieder (teilweise) **in implizites Wissen umgewandelt.** Mitarbeiter erlernen Handlungsroutinen, die vorher explizit ausformuliert wurden. Sie greifen dazu zum Beispiel auf **Beschreibungen, Checklisten, „How-to"-Anleitungen und Ähnliches** zurück, die Ihnen dabei helfen, eine Aufgabe (z. B. die Erhebung von Kundenbedürfnissen am Auslandsmarkt) umzusetzen.

Die Grundidee hinter dieser Wissensspirale – auch als **SEKI-Methode** bekannt (**S**ozialisierung, **E**xternalisierung, **K**ombination, **I**nternalisierung) – ist, dass durch ein kontinuierliches Durchlaufen dieser Schritte immer mehr und komplexeres organisatorisches Wissen geschaffen wird, auf das ein Unternehmen zurückgreifen kann. Es steht dem Unternehmen auch dann zur Verfügung, wenn einzelne Wissensträger das Unternehmen verlassen.

Da Unternehmen speziell aus großen Projekten, wie sie zum Beispiel zur Entwicklung und Einführung neuer Geschäftsmodelle am Auslandsmarkt abgewickelt werden, sehr viel lernen können, ist ihre nachträgliche Aufarbeitung besonders wichtig. Wie ein Prozess dazu aussehen kann, zeigen wir Ihnen im folgenden Abschnitt.

6.4.3 Durchführung eines „After-Action-Review"-Prozesses

Folgende Grundüberlegung steht hinter einem **„After-Action-Review"**: Menschen lernen besonders effizient, wenn sie während oder nach einer Handlung über ihr Verhalten und die Reaktion der Umwelt reflektieren (Pawlowsky, 2019). Der „After-Action-Review" wurde zuerst in der US-Army eingesetzt und dient dazu, Erfahrungen innerhalb eines Teams systematisch auszutauschen und durch diese **„Manöverkritik"** zu lernen (Busch & Oelsnitz, 2006). Dabei werden in strukturierter Form einige Leitfragen abgearbeitet.

Die nachfolgende Beschreibung und die zu beantwortenden **Leitfragen** bauen auf der Darstellung des idealtypischen Ablaufs eines „After-Action-Review"-Prozesses nach Busch und Oelsnitz (2006) auf:

1. **Soll/Plan:** In einem ersten Schritt rekapitulieren Sie die Erwartungen und Zielsetzungen: Was sollte erreicht werden, wie sollte es erreicht werden, welche Erwartungshaltungen bestanden im Unternehmen?
   – Sollte ein bestehendes Geschäftsmodell adaptiert werden, um für einen bestimmten ausländischen Markt besser zu funktionieren? Falls ja, für welche Ländermärkte?
   – Welche Elemente Ihres Geschäftsmodells sollten angepasst werden und was sollte damit erreicht werden? (z. B. bessere Erfüllung von Kundenerwartungen, Berücksichtigung spezifischer rechtlicher oder technischer Rahmenbedingungen etc.)
   – Sollte ein komplett neues Geschäftsmodell entwickelt werden? Hatten Sie bereits bei der Entwicklung einen/ mehrere bestimmte Ländermärkte im Kopf?
   – Welche konkreten wirtschaftlichen Ziele wollten Sie mit dem neuen Geschäftsmodell erreichen? (Umsatz, Marktanteile)?
2. **Ist:** Nachdem Sie die Ziele und Erwartungshaltungen konkret festgehalten haben, beschreiben Sie den erreichten Ist-Zustand. Was ist das reale Endergebnis und wie ist es (auch in zeitlicher Hinsicht) zustande gekommen? Orientieren Sie sich hier an den Fragen, die Sie bei der Definition des Soll-Zustands beantwortet haben, also zum Beispiel:
   – Haben die einzelnen Elemente des Geschäftsmodells und ihr Zusammenspiel so funktioniert, wie es ursprünglich geplant war? Haben Sie beispielsweise mit Ihrem Wertversprechen die Kundenerwartungen getroffen und wird Ihr Erlösmodell von den Kunden angenommen (z. B. Miete anstelle von Kauf eines Produktes)?
   – Wie sieht Ihre wirtschaftliche Performance am Auslandsmarkt konkret aus? (Umsatz, Marktanteile)?

3. **Vergleich/Ursachen- und Abweichungsanalyse:** Vergleichen Sie nun die Ziele (Soll) mit den tatsächlichen Ergebnissen (Ist) und gehen Sie möglichen Abweichungen auf die Spur. Sollte es Abweichungen gegeben haben, ist es wichtig, zu verstehen, warum ein bestimmtes Ziel nicht erreicht wurde.
   – Sind Sie von falschen Annahmen ausgegangen (z. B. über Kundenerwartungen)?
   – Haben Ihnen Informationen gefehlt, um die Sachlage richtig einzuschätzen? Falls ja, welche Informationen hätten Sie zusätzlich benötigt?
   – Hat es Entwicklungen gegeben (z. B. Preisschwankungen, Reaktionen von Mitbewerbern), die Sie nicht beeinflussen konnten?
4. **„Lessons Learned":** Nun sollten Sie alle Informationen vorliegen haben, um reflektieren und in der Rückschau folgende Fragen beantworten zu können:
   – Was ist positiv gelaufen und sollte daher beibehalten werden?
   – Was ist nicht so gut gelaufen und sollte daher in Zukunft geändert oder vermieden werden?
   – Was müsste zusätzlich getan werden, damit das Geschäftsmodell funktionieren kann?

Mit den „Lessons Learned" dokumentieren Sie Ihre Schlüsselerfahrungen und stellen sicher, dass das Wissen darüber der Organisation auch für die Zukunft zur Verfügung steht. Damit verbessern Sie die Fitness Ihres Unternehmens in der (Weiter-)Entwicklung von Geschäftsmodellen im internationalen Kontext.

Fazit

Ein sorgfältig entwickeltes und gut auf den anvisierten internationalen Zielmarkt abgestimmtes Geschäftsmodell stellt eine wesentliche Basis für den internationalen Markterfolg dar. Ob sich dieser dann auch tatsächlich wie geplant einstellt, hängt vor allem auch von einer effektiven Umsetzung ab. Dazu bedarf es einerseits eines strukturierten Projektmanagements, das gleichzeitig aber auch so offen und flexibel ausgestaltet sein sollte, dass man rasch auf unvorhergesehene (und sich möglicherweise auch ändernde) Umfeldbedingungen reagieren kann. Andererseits ist auch eine effiziente Abwicklung des operativen Auslandsgeschäftes notwendig – verbunden mit dem Aufbau des entsprechenden Know-Hows in diesem Bereich – um das Geschäftsmodell „mit Leben zu erfüllen". Der ganze Prozess der Einführung eines neuen Geschäftsmodells in einem neuen Markt sollte dabei immer auch als Lern- und Entwicklungsprozess verstanden werden. Erfolgreiche Geschäftsmodelle entstehen meist nicht alleine am Reißbrett, sondern aus einer Kombination von strukturierten Überlegungen und gezielten Weiterentwicklungen, basierend auf praktischen Lernerfahrungen im Zielmarkt.

Tool 6a: Checkliste Umsetzungsprojekt

Verwenden Sie dieses Tool, um Ihr Projekt für die Umsetzung Ihres Geschäftsmodells am Zielmarkt zu planen. Gehen Sie die Checkliste durch, um alle wesentlichen Umsetzungsschritte in Ihrer Projektplanung zu berücksichtigen.

- ○ Kernauftrag für das Projektteam klar definiert
- ○ Projektziele definiert (Was ist bis wann zu erreichen? Was sind Nicht-Ziele?)
- ○ Projektsteuerungsgruppe eingesetzt
- ○ Projektleitung und Teammitglieder im Projektteam festgelegt
- ○ Verantwortlichkeiten im Projektteam definiert
- ○ Berichtsprozess festgelegt
- ○ Ressourcenzuordnung zum Projekt
- ○ Projektstrukturplan entwickelt
- ○ Projektablaufplan festgelegt / Meilensteine definiert
- ○ Ressourcenplanung im Projekt
- ○ Risikoplanung
- ○ Kommunikationsplan
- ○ Projektcontrolling-System eingerichtet
- ○ System für die Projektdokumentation eingerichtet
- ○ OKRs für die erste Projektphase vereinbart
- ○ Review-Termine (Status-Updates) vereinbart

Literatur

Busch, M. W., & von der Oelsnitz, D. (2006). Teamlernen durch After Action Review. *Personalführung, 39*(3), 54–62.

Doerr, J. (2018). *Measure what matters: OKRs – The simple idea that drives 10x growth*. Penguin Random House.

Eixelsberger, W., Sternad, D., & Stromberger, M. (2016). *E-Business im Export – Eine kompakte Einführung*. Springer Gabler.

Frost, J. (o. J.). Definition: Was ist Wissensmanagement. https://wirtschaftslexikon.gabler.de/definition/wissensmanagement-47468/version-270732. Zugegriffen: 9. Juni 2021.

Höfferer, M., Lenger, T., & Sternad, D. (2020). Der Ablauf des Exportprozesses. In D. Sternad, M. Höfferer, & G. Haber (Hrsg.), *Grundlagen Export und Internationalisierung* (S. 191–218). Springer Gabler.

Krenn, M., Gollner, P., & Sternad, D. (2020). Dienstleistungsexport. In D. Sternad, M. Höfferer, & G. Haber (Hrsg.), *Grundlagen Export und Internationalisierung* (S. 251–268). Springer Gabler.

Krenn, M., Sternad, D., Eixelsberger, W., Stromberger, M., Schwarz-Musch, & Knapp, M. (2016). *Leitfaden für Internet-Exportkooperationen*. Wirtschaftskammer Kärnten & Fachhochschule Kärnten.

Kump, B. (2016). Wie Routinen entstehen – und wie sie verändert werden können. *Wissens.blitz* (169). https://wissensdialoge.de/routinen/. Zugegriffen: 9. Juni 2021.

Leitner, W., Tschreppl, T., & Krumpel, P. (2020). Logistik, Transport und Lieferbedingungen. In D. Sternad, M. Höfferer, & G. Haber (Hrsg.), *Grundlagen Export und Internationalisierung* (S. 219–250). Springer Gabler.

Nonaka, I., & Takeuchi, H. (1995). *The knowledge-creating company: How Japanese companies create the dynamics of innovation*. Oxford University Press.

Pawlowsky, P. (2019). *Wissensmanagement*. de Gruyter Oldenbourg.

Probst, G., Raub, S., & Romhardt, K. (2013). *Wissen managen: Wie Unternehmen ihre wertvollste Ressource optimal nutzen* (7. Aufl.). Springer Gabler.

PWC. (2010). Richtig vorbereitet ins Ausland. https://www.pwc.de/de/internationalisierung/vorbereitung.html. Zugegriffen: 4. Juni 2021.

Staubmann, C., & Sternad, D. (2020). Kooperationen im grenzüberschreitenden Geschäft. In D. Sternad, M. Höfferer, & G. Haber (Hrsg.), *Grundlagen Export und Internationalisierung* (S. 83–110). Springer Gabler.

Sebenius, J. K. (2002). The hidden challenge of cross-border negotiations. *Harvard Business Review, 80*(3), 76–85.

Zollondz, H.-D., Ketting, M., & Pfundtner, R. (Hrsg.). (2016). *Handbuch des modernen Managements auf Basis des Qualitätsmanagements* (2. Aufl.). De Gruyter.

The manufacturer's authorised representative in the EU is Springer Nature Customer Service Centre GmbH, Europaplatz 3, 69115 Heidelberg, Germany. If you have any concerns regarding our products, please contact ProductSafety@springernature.com

Printed and bound by CPI Group (UK) Ltd, Croydon, CR0 4YY

25/03/2026

02078228-0010